✱ F₁. 243.
C. a - 2.

1863

3658

DROIT MARITIME

DE L'EUROPE.

DE L'IMPRIMERIE DE CHARLES,
RUE DE SEINE, n°. 38, F. S. G.

DROIT MARITIME
DE L'EUROPE,

Par M. D. A. AZUNI,

Ancien Sénateur et Juge au Tribunal de Commerce et Maritime de Nice, Membre des Académies des Sciences de Turin, de Naples, de Florence, de Modène, d'Alexandrie, de Carrare, de Rome, de Trieste, de l'Athénée des Arts, de l'Académie de Législation de Paris, et de l'Académie des Sciences et Arts de Marseille.

Quid decent, quid non; quò virtus, quò ferat error.
Horat. de Arte Poet. vers. 308.

TOME SECOND.

A PARIS,

CHEZ { L'Auteur, rue du Colombier, n°. 34.
Ant. Aug. Renouard, libraire, rue Saint-André-des-Arts, n°. 42.

XIII. — 1805.

DROIT MARITIME DE L'EUROPE.

SECONDE PARTIE.

Du Droit maritime de l'Europe en temps de Guerre.

CHAPITRE PREMIER.

DES DROITS DES PUISSANCES EN ÉTAT DE GUERRE OU DE NEUTRALITÉ.

ARTICLE PREMIER.

De l'origine et des causes des Guerres maritimes.

§. 1. L'HOMME, depuis son origine, n'a pensé qu'à éviter la douleur, et à chercher la jouissance, par tous les moyens qui pouvaient l'éloigner de la première, et le rapprocher de la seconde. Etre harmonique, composé de fibres susceptibles de toutes les habitudes, irritables à chaque impression, il se sentait cruellement déchirer par les sensations de la douleur, et flatter agréablement par celles du plaisir. Son bien-être fut donc le premier et l'unique objet auquel il a toujours aspiré, et l'inclination dominante à laquelle il rapporte toute son existence (1).

§. 2. Quelque qu'ait pu être l'état des hommes avant la formation de la société civile, on ne peut mettre en doute que la cause impulsive de leur réunion en corps politique, n'ait été la tendance naturelle du genre humain à sa propre conservation, à la tranquillité, à la paix; et qu'ainsi la nature ne l'ait destiné à vivre en société avec ses semblables : c'est en effet dans cet état seul qu'il trouve et conserve cette portion de calme et de repos, sans lequel il ne pourrait parvenir à la jouissance

---

(1) Principio generi animantium omni est a natura tributum, ut se, vitam, corpusque tueatur, declinetque ea, quæ nocitura videantur, omniaque, quæcumque ad vivendum sint necessaria adquirat, et paret, ut pastum, ut latibula, ut alia generis ejusdem. Cicero, *de officiis*, lib. 1. cap. 4.

de cette félicité qu'il a ambitionnée dès le premier moment de son existence. Aussi n'est-ce que dans cet état que j'aperçois les premiers élémens de la vie sociale ; élémens conformes au but que la nature s'était proposé en créant l'homme ; élémens gravés dans le cœur humain par l'Auteur suprême de la nature.

§. 5. L'union mystérieuse des deux sexes a suffi pour propager l'espèce humaine, de la même manière qu'un terrain plein de sucs vitaux, et fécondé par des pluies opportunes et par les rayons bienfaisans du soleil, a suffi à la réproduction des plantes. L'homme placé dans la classe sublime des êtres organisés, apprit, à la voix impérieuse de la nature, qui lui avait communiqué la puissance électrique de la fécondité, à partager l'amour de soi-même avec la douce compagne de ses plaisirs, tandis que le développement instinctif d'un méchanisme intérieur et secret le portait, spontanément à chercher sa réproduction dans le germe qui s'animait au sein des entrailles maternelles. Un sentiment tendre favorisé par la complaisance réciproque, qui faisait trouver agréable la longue habitude des secours mutuels, intéressa les deux sexes l'un envers l'autre, et les engagea, chacun suivant sa destination naturelle, à cette communauté de soins et de secours assidus que réclamaient d'eux les enfans auxquels tous les deux avaient donné l'existence. Le sein fécond de la mère offrit le premier aliment aux premiers besoins de l'enfance, et le bras vigoureux du père procura la subsistance à la vie adolescente (1).

§. 4. La fréquente combinaison des deux sexes accrut bientôt la population domestique : l'usage des biens et la nécessité du travail firent multiplier les individus : le grand nombre augmenta les besoins : une seule famille devint une pépinière de plusieurs autres : celles-ci s'étendirent de proche en proche à un tel point que, ne pouvant vivre sous le même toit, elles se trouvèrent dans la nécessité de se séparer, pour chercher de nouvelles habitations, qui formèrent dans la suite des bourgades, des villes, des peuples entiers. Cette séparation n'a donc pas été l'effet d'une force repoussante qui ait porté les hommes à se haïr réciproquement et à se fuir. En vain l'extra-

---

(1) Commune autem animantium omnium est conjunctionis apetitus, procreandi causa, et cura quædam eorum quæ procreata sunt. Cicero, *de Officiis lib.* 1. *cap.* 4.

vagance de quelques prétendus philosophes a cherché à trouver dans les premières impressions de la nature, ce principe rebutant et haineux : il ne put s'insinuer dans le cœur de l'homme, ni se déclarer que dans des occasions particulières, où l'opposition des intérêts excita la jalousie et la rivalité.

§. 5. La première guerre qui a troublé le calme du genre humain n'a pu être qu'une rencontre de peuples chasseurs, également avides et jaloux de posséder les endroits les plus fréquentés par des bêtes sauvages. Des hordes exercées dans le métier de tuer, qui avaient déjà les armes à la main, et la fierté dans le cœur, ont pu bientôt passer du massacre des animaux à celui des hommes. L'intérêt excita les combattans, la victoire termina le conflit, le champ de bataille resta au plus fort, et la chasse devint la première conquête. Depuis cette malheureuse découverte que les hommes firent sur le résultat de la supériorité des forces, les passions et l'intérêt ne manquèrent pas de subvertir et de séduire ceux d'entre eux qui étaient les plus hardis à en répéter l'exemple. Voilà, selon moi, la vraie origine de la guerre, et le premier moment où les hommes devinrent cruels et homicides.

§. 6. La cupidité, l'avarice, l'ambition, l'orgueil, le fanatisme, la cruauté, bien plus que les intérêts des peuples sagement consultés, ont nécessité l'origine et l'établissement du droit de la guerre (1); droit dont l'exercice destructeur couvre trop souvent la terre de sang et de ravages; droit funeste, mais devenu inévitable par les passions humaines, qui portent les chefs des nations à se persuader que leur grandeur dépend de la ruine des autres (2). D'après cette malheureuse per-

---

(1) *Nullum inter homines bellum non ex exitio nascitur : aliud ex voluptatum cupiditate, aliud ex avaritia, aliud ex honorum aut imperii nimii studio conflatur.* Plutarch., tom. 2, pag. 1049, édit. Wech. *Ex cupiditatibus odia, dissidia, discordiæ, seditiones, bella nascuntur.* — Cic., lib. 1, *de Finib.*, cap. 13. — Diogène Laerce cite ce beau distique du philosophe Athénée, lib. 10, §. 2 :

In malo sudatis miseri; sine fine cupido
Vos agit in rixas bellaque præcipites.

(2) Horace a dit élégamment à ce sujet, liv. 1, p. 2 :

Quidquid delirant reges plectuntur achivii :
Seditione, dolis, celere, atque libidine et ira,
Illiacos intra muros peccatur et extra.

suasion, le métier de la guerre a pris le dessus sur tous les arts productifs et conservateurs. Chaque nation agrandit ses arsenaux et les remplit d'armes; que dis-je! l'Europe toute entière n'est aujourd'hui qu'un vaste arsenal, où s'entassent à l'envi tous les instrumens de la destruction du genre humain (1). Les machines les plus meurtrières sont les mieux reçues; et l'inventeur d'un moyen d'exterminer une nation entière d'un seul coup, serait regardé aujourd'hui comme un grand homme, et bien au-dessus de celui qui aurait trouvé le moyen d'augmenter la population, ou d'assurer le bonheur et le repos de la terre (2).

---

(1) Une maladie nouvelle, dit Montesquieu (*Esprit des Lois*), s'est répandue en Europe; elle a saisi nos princes, et leur fait entretenir un nombre désordonné de troupes. Elle a ses redoublemens et devient nécessairement contagieuse; car sitôt qu'un état augmente ce qu'il appelle ses troupes, soudain les autres augmentent les leurs, de façon qu'on ne gagne rien par là que la ruine commune. Chaque monarque tient sur pied les mêmes armées qu'il pourrait avoir si ses peuples étaient en danger d'être exterminés, et on nomme paix cet état d'effort de tous contre tous.

(2) Quali sono i soli oggetti, che hanno fino a questi ultimi tempi occupati i sovrani d'Europa? Un

§. 7. Tant que la vie des hommes ne sera qu'une sorte de jeu de hasard, et que la destruction de l'espèce dépendra du caprice de la guerre et du sort des armes, il n'y aura rien de certain et tout système d'économie publique sera chancelant dans le monde; les gouvernemens n'auront aucun point d'appui, et la plus faible cause pourra à chaque instant renverser les royaumes et anéantir les nations. Ces empires anciens, qui paraissaient devoir être éternels, ont déjà disparu de la surface du globe. Sans l'histoire, on aurait oublié jusqu'au nom des Assyriens, des Egyptiens, des Macédoniens, des Grecs, des Carthaginois, des Romains et de tant d'autres formidables états, jadis arbitres de la terre, aujourd'hui soumis, démembrés, ou transformés en forêts, ou réduits en déserts arides.

---

arsenale formidabile, un' artiglieria numerosa, una truppa bene agguerita. Tutti i calcoli, che si sono esaminati alla presenza de' principi, non sono stati diretti, che alla soluzione d'un solo problema; trovar la maniera d'uccidere più uomini nel minor tempo possibile. Filangieri, *Scienza della Legislazione*. Introd., pag. 1.

§. 8. La guerre fut de tout temps le plus grand fléau des peuples. Le massacre des hommes, la dévastation des villes et des champs, l'augmentation des impôts, l'accroissement de la misère, l'affaiblissement des iois, la corruption des mœurs, l'oubli enfin de la constitution de l'état, tels sont les maux inévitables qu'elle entraîne à sa suite. Les temps les plus reculés nous en offrent mille exemples funestes (1); et nous en avons de trop récens pour les avoir oubliés. La terre fume encore du sang humain; les ossemens épars dans les campagnes retardent presque partout la charrue du paisible laboureur. Les villes saccagées ne sont plus que des solitudes ou des décombres. Quel horrible spectacle ne présente pas tous les jours l'action de la guerre! Le faible vieillard abandonne en tremblant la demeure de ses aïeux : la mère éplorée traîne dans sa fuite ses tendres enfans: le cultivateur désolé pleure en

---

(1) Virgile, dans le premier livre de l'*Enéide*, décrit avec une élégante précision la fureur et les désastres de la guerre :

. . . . *Furor impius, intus*
Sæva sedens super arma, et centum vinctus ahenis
Post tergum nodis, fremit, horridus, ore cruento.

vain sa ruine et le dégât de ses moissons: ici la voix de la raison et des lois étouffée par le bruit du canon, laisse, à l'abri du désordre, régner en sûreté la licence sans frein, l'avide rapacité, l'injustice, l'inhumanité; là, tout tremble et se tait devant le vainqueur superbe traînant à sa suite, pour lui servir de trophée, les dépouilles sanglantes des vaincus. Tous les âges, tous les empires, offrent des conquérans précédés de l'effroi, suivis de la mort, de l'esclavage, et arrosant des larmes de l'humanité les germes de leur gloire.

§. 9. Comme si la Terre n'offrait pas un assez vaste champ à la destruction des hommes, on y a joint la Mer, dont on a fait un immense cimetière. Il semble que faute de pouvoir tenter d'autres conquêtes on veuille se disputer les élémens. La mer a toujours inspiré une fierté naturelle aux hommes qui la parcourent habituellement. Le commerce maritime, ce lien général des nations séparées par l'immensité de l'océan, n'est plus qu'un instrument d'ambition et de tyrannie. Aussi voyons-nous que depuis plus d'un siècle on ne se bat guères que pour le commerce, dont les bénéfices ne sont plus fécondés que par le sang des peuples. Dans le continent de l'Europe, les états moins inégaux, plus bornés, comprimés pour ainsi dire, par une gravitation réciproque qui est toujours en raison de leur étendue, de leur population ou de leur situation plus ou moins avantageuse, ne s'élancent guères au-delà de leurs limites; ils se balancent, ils s'agitent sans se détruire entièrement. Les antiques et gigantesques idées d'Empire du monde, de monarchie universelle en Europe, sont abandonnées; elles ne demandent qu'à renaître sur l'eau.

§. 10. Le partage des flots trouble plus que jamais la terre. La monarchie universelle cherche à se reproduire sous le nom d'*Empire des mers*, de commerce exclusif. La jalousie commerciale et l'économie politique sont aujourd'hui les deux passions dominantes de tous les Gouvernemens européens. Le fanatisme religieux et l'orgueil gothique des mœurs féodales ont fait place aux systèmes modernes de finances. La science du calcul et les spéculations commerciales sont très-étroitement liées avec la prospérité des empires. L'esprit des conquêtes continentales s'est trouvé presque banni insensiblement de la politique européenne. On ne songe plus à s'agrandir que dans des climats éloignés; et presque toutes les guerres qui se sont passées depuis plus d'un siècle n'ont guères eu pour objet que le commerce et les colonies. Ce nouvel ordre de choses accélère encore la ruine des états, étend le domaine de la guerre et multiplie malheureusement les têtes de cette hydre hideuse. Il faut combattre à la fois dans toutes les parties du monde, et sur toutes les portions de l'élément qui les sépare : voilà la devise de la diplomatie moderne.

§. 11. C'est sur cet élément que l'intérêt général de toutes les Nations du monde demande impérieusement que l'on rétablisse un autre équilibre, sans lequel celui du continent ne serait qu'une vaine chimère, et toute pacification qu'un fantôme trompeur. Il est temps d'effacer des pages de la diplomatie cette maxime atroce, que l'ambition a consacrée au despotisme, à la tyrannie et à la honte éternelle des autres puissances maritimes: « Que » celle qui tient le sceptre des mers tient le » sceptre du monde ». Tant qu'il y aura despotisme, tyrannie, opression sur cet élément, l'agriculture, le commerce, l'industrie des autres peuples non maritimes seront écrasées, le développement de leurs facultés industrielles s'arrêtera ; en un mot, il n'y aura plus de richesses sans l'entière liberté des mers, car c'est dans cette liberté que consiste l'équilibre politique. Il n'y aura d'équilibre, de paix, de prospérité dans le monde, que lorsque chaque puissance, chaque nation aura repris ses droits et la portion que la nature lui a départie dans le domaine général de la propriété et de l'industrie, de la liberté de son commerce et de la navigation; que lorsque enfin, par une volonté ferme, magnanime et constante, toutes les puissances se seront accordées à détruire tout système de monopole, d'exclusion et de prohibition qui dessèche et détruit les sources du commerce, qui arme les rivages contre les rivages, les peuples contre les peuples, les gouvernemens contre les gouvernemens; qui tue dans les entrailles de la terre, et au fond des ateliers les germes des produits que l'industrie libre des hommes en eût fait sortir.

§. 12. L'Europe en elle-même forme un système politique, un corps social où tout est lié par les relations et les divers intérêts des nations qui l'habitent. Ce n'est plus comme dans les siècles reculés, un amas confus de pièces isolées, dont chacune se croyait peu intéressée au sort des autres, et se mettait rarement en peine de ce qui ne la touchait pas immédiatement. L'attention continuelle des gouvernemens à tout ce qui s'opère chez leurs voisins, les ministres toujours résidans, les négociations perpétuelles, font de l'Europe moderne une espèce de république fédérative, dont les membres indépendans, mais liés par l'intérêt commun, se réunissent pour le maintien de l'ordre et de la liberté. C'est ce qui a donné naissance à cette fameuse idée de la balance politique de l'Europe ou de l'équilibre du pouvoir. On entend par-là une disposition de choses, au moyen de laquelle toute puissance est hors d'état de prédominer, et de donner la loi aux autres.

§. 13. D'après les liaisons que le commerce a formés entre toutes les nations civilisées de l'Univers, chaque état dépendant, pour ainsi dire, de quelque autre, du moins quant aux besoins réciproques que le commerce alimente, ils se trouvent tous intéressés dans les divisions générales et dans les querelles qui s'élèvent de temps à autres. Il ne saurait y avoir aujourd'hui d'indifférence réelle entre les puissances. Ce ne sont pas toujours les nations qui se battent qui souffrent le plus de la guerre. Souvent celles qui paraissent ne pouvoir y prendre aucune part, s'y trouvent les plus lésées. C'est en vain que les états les plus éloignés du théâtre des divisions politiques se croient hors d'atteinte ; les contre-coups des maux que ces divisions causent, portent sur eux comme sur les autres. La correspondance parmi les nations est telle aujourd'hui, que si la guerre cause des dommages à l'industrie des états belligérans, il faut que celle de tous les autres s'en ressente. Il ne saurait y avoir désormais de calamités particulières en matière de dissentions politiques. Dans quelque partie de l'Europe que la guerre s'allume, toute sa sphère en éprouve les malheureux résultats.

§. 14. Mais il est une situation politique dans laquelle une nation peut se placer d'elle-même : situation avantageuse, et qui seule est capable de la garantir des maux inévitables de la guerre. C'est la Neutralité. Chaque peuple est parfaitement en droit de continuer ses relations amicales envers chacune des puissances belligérantes, c'est-à-dire de rester neutre : ainsi, tant qu'il satisfait aux obligations qui résultent de l'état de parfaite indifférence qu'il a adopté, il en résulte pour les autres le devoir d'en agir de même envers lui. D'après ce principe incontestable, la neutralité est le parti le plus convenable que puissent prendre les petits états ; parce que leur véritable intérêt est d'être uniquement occupés de leur conservation, et d'éloigner d'eux toute idée d'agrandissement. Un état faible doit toujours être l'ami de tous pendant la paix, sans devenir ni l'ami, ni l'ennemi de personne pendant une guerre étrangère. L'observation exacte de ce système est ce qui peut le maintenir le plus long-temps. Si la fidélité aux engagemens qu'on a contractés, et la bonne foi conviennent à tous, c'est encore plus particulièrement aux états trop faibles pour se défendre par eux-mêmes que cette politique est nécessaire. Des fautes légères d'attention peuvent leur être aussi préjudiciables que des torts essentiels ; ces fautes fournissent toujours aux plus puissans les prétextes que souvent ils désirent; au lieu que s'ils se renferment dans une exactitude scrupuleuse, cette conduite doit reculer ou même empêcher leur anéantissement.

§. 15. La paix est un état positif qui place les nations parmi lesquelles elle règne dans un système de bienveillance réciproque : la neutralité est un état négatif qui exige de celles qui s'y renferment, une parfaite indifférence, une sévère impassibilité au milieu de la lutte dans laquelle se trouvent engagés les belligérans. Cette situation, quoiqu'en apparence

rence assez tranquille, est cependant plus difficile a soutenir que la guerre elle-même : *Neque amicos parat, neque amicos tollit*, dit un général des Samnites, dans Tite-Live. Il vaut mieux, selon les réflexions d'un grand historien, être spectateur tranquille des malheurs de nos voisins que d'y prendre part, à moins que d'y être forcé par des raisons très-importantes ; parce que souvent une ruine complète finit par envelopper ceux-là seulement qui ne se sont mêlés qu'après coup à la conflagration publique, sans tomber sur ceux qui l'avaient allumée (1).

§. 16. La guerre est véritablement un état trop violent pour les nations qui y sont engagées ; aussi, celles même qui restent tranquilles, et ont le bonheur de conserver exactement leur neutralité, doivent toujours s'attendre à éprouver quelques embarras dans l'exercice de leurs droits et de leurs relations

---

(1) Vicinæ calamitates potius quam licet absque periculo spectandæ, quam sese illis, absque causa gravissima implicandum, ne tota clades in nos ipsos tandem, quam vis dumtaxat incendio supervenientes, non autem in incendii autores incumbat et ruat. Thucydid., *Historiar.*, lib. 1.

commerciales ; mais ce qu'on peut raisonnablement exiger d'elles à cet égard ne saurait aller jusqu'à intercepter et rompre ce commerce légitime, fondé sur l'échange de leurs productions respectives, par lequel la nature paraît avoir voulu rapprocher les distances, réunir tous les peuples, perfectionner la civilisation, agrandir le bonheur de l'espèce humaine, et engager les hommes par leurs propres besoins à n'être jamais ennemis. C'est pour cela que rarement cette mère commune fait naître dans une même contrée tout ce qui est nécessaire à l'usage de ses habitans. Chaque pays, chaque climat est plus propre à un genre de productions qu'à un autre. C'est ce que Virgile décrit si bien dans ses Géorgiques (1), et que M. l'abbé Delille a rendu en français avec toute l'élégance qui lui est naturelle (2). Ainsi l'établisse-

---

(1) Virg., *Georg.*, lib. 1, v. 54 et seq.

(2) Dans ces riches vallons la moisson jaunira ;
Sur ces côteaux rians la grappe noircira ;
Ici sont des vergers qu'enrichit la culture,
Là règne un verd gazon qu'entretient la nature;
Le mole est parfumé d'un safran précieux ;
Dans les champs de Saba l'encens croit pour les Dieux ;

ment du commerce et des échanges est la conséquence nécessaire de la création de l'homme, que ses besoins obligent à avoir avec ses semblables une communication intime et réciproque, et à former avec eux des liaisons d'amitié.

§. 17. Malheureusement une politique ambitieuse met de trop fréquens obstacles à cette communication indispensable des nations: et au commerce maritime, qui facilite si prodigieusement les échanges. Les querelles des gouvernemens produisent souvent des guerres nationales. Le but principal des belligérans est de se rendre malheureux, en se faisant le plus de mal possible, et en tâchant de s'appauvrir mutuellement. Chacun emploie toutes ses forces à détruire le commerce de son adversaire, à établir le sien sur les ruines de celui de son ennemi: politique aussi inhu-

---

L'Euxin voit le Castor se jouer dans ses ondes;
Le Pont s'énorgueillit de ses mines fécondes;
L'Inde produit l'ivoire; et dans ses champs
 guerriers,
L'Epire, pour l'Elide, exerce ses coursiers.
Ainsi jadis le Ciel partagea ses largesses.
    Trad. de DELILLE.

2 *

maine que dangereuse ! Le mal qu'une partie se propose de faire à l'autre, retombe fréquemment sur l'auteur ; car souvent les accidens de la guerre font avorter les entreprises les mieux concertées. Mais l'acharnement qui porte les peuples, en état de guerre, à vouloir détruire le commerce de leurs ennemis, est trop violent, pour les laisser disposés à écouter la voix douce et bienfaisante de l'humanité. C'est, selon les sentimens qui leur sont suggérés par la jalousie et par la haine, un avantage, que d'écraser les adversaires, sans approfondir s'ils ne s'exposent pas aux risques de se ruiner eux-mêmes.

§. 18. Que les belligérans aient adopté le système atroce de se faire entr'eux le plus de mal possible, c'est une malheureuse nécessité que les passions irritées ont consacrée comme loi dans le Code destructeur du genre humain ; mais que dans les guerres maritimes de nos jours, ils ne fassent aucune distinction, en opérant le mal entre l'ennemi et l'ami, c'est un reste de la barbarie qui dominait autrefois les idées des puissances de l'Europe. Il fut un temps que les peuples n'avaient point le vrai sentiment du juste et de l'injuste : la force seule décidait du droit, la victoire le consolidait ; aussi on réputait comme bonne acquisition, tout ce qu'on était en état de ravir violemment à un autre. Ces principes donnèrent naissance aux pirateries de l'ancien et du moyen âge. A ces époques, les guerres maritimes se faisaient sans ordre et sans discipline ; elles n'étaient qu'une espèce de brigandage général. L'avidité armait autant de vaisseaux que les facultés de l'armateur le lui permettaient ; chaque navire rencontré en mer était traité en ennemi, quoiqu'il ne le fût pas, et jugé, sans autre forme, de bonne prise.

§. 19. Les mœurs s'étant adoucies, les gouvernemens ne purent se refuser à adopter des principes plus analogues aux vrais intérêts des nations : ils reconnurent la différence qu'il y avait entre le droit et l'injustice, entre les amis et les ennemis. Ils apprirent qu'il n'était pas permis de poursuivre et d'attaquer les premiers, lorsqu'ils n'avaient rien de commun avec les seconds ; mais la politique, toujours active à inventer des motifs d'envahissement, trouva celui de saisir les bâtimens des neutres, sous prétexte que le chargement en provenait de propriété ennemie. Ces procédés ayant donné lieu à des réclamations de la part des peuples qui supportaient ces déprédations, les belligérans trouvèrent à propos d'établir chez eux des tribunaux pour examiner si les marchandises chargées à bord des bâtimens pris étaient propriété ennemie ou non : dans le premier cas, on les adjugeait au capteur ; dans le second, on déclarait le vaisseau et la cargaison libres.

§. 20. Ce nouveau système, quoique contraire aux principes du Droit des gens universel, n'obtint pas moins la force de coutume, au point que les puissances belligérantes sur mer se crurent parfaitement autorisées à pouvoir réduire le commerce des neutres et à le restreindre dans de certaines limites. Ce droit étrange de prescrire des lois aux nations neutres fut encore étendu plus loin. On ne voulut pas permettre non plus qu'il fût porté des armes ni des munitions de guerre à l'ennemi, sous peine de confiscation du navire et de sa cargaison. Ces violences, qui contrastent si évidemment avec les principes du droit naturel, furent considérées comme permises et justes, parce qu'un long usage en avait formé le titre, quoique ce ne fussent que les préjugés du temps et des hommes qui les eussent sanctionnées, en les faisant valoir par la force des armes. Ce n'est donc que l'avidité des anciennes puissances maritimes, et l'erreur des siècles postérieurs, qui ont formé les lois de la guerre sur les mers, et les prétendus droits des belligérans sur les nations paisibles et neutres.

§. 21. Dans cet état de choses, chaque guerre maritime amène des prétentions usurpatrices de la part des états armés, et de nouvelles réclamations de la part des neutres. Ceux-ci demandent pendant les hostilités une liberté presque entière pour leur navigation et leur commerce : les belligérans la leur refusent, prétendant la restreindre plus étroitement qu'elle ne l'était dans les guerres passées. Tous les deux en appellent au droit des gens, et tous les deux se flattent d'y trouver une décision favorable à leurs prétentions (1) ; mais comme les principes du droit des gens sont interprêtés dans ces occasions selon les vues de ceux qui veulent s'en appuyer, il sera néces-

---

(1) « Tout prouve combien l'Europe doit regretter qu'à l'époque où les intérêts continentaux étaient constitués et garantis en 1648 à Munster et à Osnabruck, les intérêts maritimes n'aient pas été solennellement discutés, et ensuite fixés d'une manière invariable par un accord général des puissances maritimes et continentales ». *Résultat des guerres,* par M. Arnould, chap. 3.

saire d'en fixer l'idée, et de les dégager par là de l'ambiguité dont ils sont susceptibles. D'après le système que je me suis proposé, je tâcherai d'examiner les droits et les devoirs des puissances belligérantes, ainsi que ceux des neutres, de-là l'étendue de la liberté que celles-ci réclament pour leur commerce maritime en temps de guerre, la collision des droits respectifs de ces puissances, ceux que les premières peuvent exercer sur mer, et les effets qui doivent en résulter par rapport aux secondes.

ARTICLE II.

De la Neutralité et du prétendu Droit des Gens à ce sujet.

§. 1. La neutralité des puissances qui n'ont point contracté l'obligation, ou qui n'ont pas de justes motifs de prendre part aux querelles de deux ou plusieurs nations belligérantes, c'est-à-dire la continuation de l'état de paix, heureux résultat de la sage détermination qu'a prise une nation de rester neutre, est le plus grand bien auquel puissent aspirer les peuples. C'est le moyen salutaire et unique d'éloigner d'eux les orages destructeurs et les sanglantes dévastations de la guerre. Et quoi de plus propre à faire rentrer en elles-mêmes les nations contendantes que ce spectacle séduisant de calme et de félicité dont jouissent les pays neutres? Vertueux exemple qui peut souvent devenir l'heureux instrument de la concorde et de la pacification universelle!

§. 2. D'après cette idée préliminaire de la neutralité, il est facile de juger combien il importe de traiter, selon les principes de la raison et de la justice universelle, une matière qui forme une des parties les plus essentielles du Droit de la nature et des gens, et qui, malheureusement, a été négligée ou oubliée par la plupart des publicistes, dont plusieurs se sont contentés d'en donner de faibles notions élémentaires, désavouées souvent, quelquefois contestées, presque jamais suivies, parce qu'elles étaient toujours dictées par une partialité nationale.

§. 3. Toute guerre maritime trouble ou détruit la navigation et le commerce, non seulement des nations belligérantes, mais encore des peuples pacifiques et neutres, par le droit que se sont arrogé les premières de restreindre et de circonscrire dans des limites arbitraires le trafic des seconds, en leur interdisant le transport de certaines marchandises dans les ports ennemis, en leur prescrivant certaines lois sur la manière de continuer leurs relations mercantiles, en arrêtant leurs navires en pleine mer, en séquestrant leur chargement dans les cas de contraventions supposées, et en établissant des tribunaux pour décider des prises et déclarer, suivant ces cas, si elles doivent être relâchées ou confisquées au profit du capteur.

§. 4. Ces procédés des belligérans dans les guerres maritimes ont toujours été une source inépuisable de plaintes et de réclamations de la part des neutres; mais portées au tribunal des puissances armées en guerre, elles sont toujours jugées conformément aux droits arbitraires que chacune d'elles s'attribue de se faire réciproquement le plus grand mal possible, même au préjudice des nations pacifiques et tranquilles. Voilà ce qu'on a revêtu du faux nom de *Droit de nécessité*, de *Droit de guerre*, et enfin de *Droit des gens*.

§. 5. Ces droits exercés en temps de guerre et soutenus par la force des armes, ont formé une espèce de nœud gordien que les publicistes n'ont pas su ou n'ont pas voulu dénouer. Les uns ont évité cette discussion ou éludé soigneusement d'entrer en matière ; retenus, soit par l'intérêt national, soit par la crainte de dire la vérité; les autres n'ont écrit que d'après les circonstances, ou pour justifier des actes de violence contraires à tous les principes du droit, et aux théorèmes de la jurisprudence universelle. Pour moi, qui n'ai d'autre but que le bien de l'humanité, d'autre loi que la justice, d'autre objet que la recherche du vrai par tout où je croirai le découvrir, j'énoncerai mon opinion avec franchise, sans égards, sans partialité et sans préjugés nationaux. Je prendrai donc pour base les principes fondamentaux de l'immuable droit de la nature et des gens; et fort de cet appui solide, je discuterai cette matière aussi délicate qu'importante, et qui seule peut fournir la règle propre à décider les contestations qui s'élèvent en temps de guerre entre les nations neutres et les belligérantes. Je ne craindrai point de combattre dans l'occasion les opinions des publicistes qui m'ont précédé dans cette carrière, et qui, quoique en petit nombre, n'en sont pas moins partagés et contraires dans leurs systèmes.

§. 6. Les théologiens-moralistes du treizième siècle furent les premiers qui commencèrent à traiter incidemment quelques questions relatives à l'état de neutralité; mais leurs idées sont si confuses, ils ont adopté une telle variété de principes puisés dans l'Evangile et les Saints-Pères, dans les Canons de l'église, et dans le Droit naturel souvent mal entendu ou mal appliqué, que leur décision finit par n'avoir aucun rapport avec la question proposée: aussi nous n'avons eu d'eux que des systèmes capricieux qui se détruisent réciproquement. Quoique leur but fût de prescrire les devoirs respectifs des gouvernemens entre eux on peut dire qu'ils les ont mal définis et n'ont pas su les appuyer sur les véritables bases de la raison et de la justice, puisqu'ils n'ont pas considéré que toutes les prétentions des belligérans en temps de guerre se réduisent à insulter la faiblesse et à abuser de la bonne-foi (1).

§. 7. Alberic Gentilis, italien, professeur de jurisprudence en l'université d'Oxford, publia, en 1588, un ouvrage intitulé: *De Jure Belli*. Il est à mon avis le premier des publicistes qui ait parlé de la neutralité, quoique très-légèrement, et à l'occasion de la question qu'il prétendit traiter, mais qu'il ne décida pas, concernant les droits qu'exercent les nations en guerre d'interdire le commerce des neutres, et la faculté qu'ont ceux-ci de pouvoir les continuer sans faire tort aux premières.

---

(1) De ce nombre furent Lessius, Suarez, Soto, Victoria, Molina, Castropalao, Conninge et autres écrivains de moindre réputation. C'est dans ce genre que Schiara traite, dans sa *Theologia Bellica*, la question 26 de la seconde partie : *An deferentes ad Turcas aliosque Christiani nominis hostes biremes, triremes, et alia bellica navigia incurrant in excommunicationem Bullæ Cœnæ, et aliorum jurium.*

§. 8. A l'époque ou Gentilis écrivait, la guerre était déjà allumée entre l'Espagne et l'Angleterre. Philippe II, en affectant l'empire de la mer, traitait avec mépris et dureté les peuples qui cherchaient à en partager les avantages. Ces procédés avaient irrité la reine Elisabeth; aussi la guerre entre l'Espagne et l'Angleterre fut vive et animée. Cette princesse avait déclaré hautement qu'elle ne pouvait reconnaître un droit public qui, sous prétexte de ménager les intérêts des commerçans et de quelques ports, éternisait la guerre, en donnant successivement à ses ennemis les moyens de la continuer; que cette conduite était contraire aux droits des belligérans, et qu'elle se verrait obligée d'user de représailles, et de comprendre les neutres dans les hostilités. Gentilis fut chargé par Elisabeth de justifier cette doctrine; ce qu'il fit peut-être malgré lui; car il avoue, après avoir posé l'état de la question, qu'elle était difficile à résoudre, les Anglais réclamant de leur côté les droits d'une juste défense, et les Neutres ceux de la liberté du commerce (1).

---

(1) Magna quæstio, hinc jure stricto, pro hiis, illhinc stante pro Anglis æquitate. Alber. Gent., *de Jure belli*, pag. 18.

§. 9. Hugues Grotius, regardé communément comme le maître de la science du Droit public, par la méthode neuve qu'il a employée dans son ouvrage immortel *de Jure belli ac pacis* (quoiqu'il n'ait fait autre chose que charger d'une immense et souvent inutile érudition les matières traitées avec précision par Gentilis), n'osa pas discuter d'une manière plus étendue les droits et les devoirs des neutres, à cause des grandes difficultés qu'il avoue lui-même avoir rencontrées à la solution de ces questions qui s'étaient déja élevées de son tems : n'ayant trouvé, dit-il, dans l'histoire des peuples anciens, aucun exemple d'après lequel on put former une règle de conduite générale pour toutes les Nations en temps de guerre (1).

§. 10. Puffendorf paraît aussi avoir évité

---

(1) Sed et quæstio incidere solet, quid liceat in eos, qui hostes non sunt, aut dici volunt, sed hostibus res aliquas subministrant. Nam et olim, et nuper de ea re acriter certatum scimus, quum alii belli rigorem, alii commerciorum libertatem defenderent. . . . . . . Hanc autem quæstionem ad jus naturæ ideo retulimus, quia ex historiis nihil comperire potuimus ea de re jure voluntario gentium esse constitutum. Grot., *de Jure belli ac pac.*, lib. 3, cap. 1, §. 5.

soigneusement de traiter la question de la neutralité, dans son grand ouvrage *de Jure naturali et gentium :* il en dit un seul mot à la fin du paragraphe dernier du livre II, chap. 6, en parlant du droit et des privilèges de la nécessité. Cependant il nous a laissé une lettre qui fut publiée en 1701, dans un livre imprimé à Hambourg, sous ce titre : Jo. Groningii, *Bibliotheca universalis librorum juridicorum,* etc. etc., page 105. M. Groningius, avait formé le dessein de composer un traité, avec le titre : *de Libera Navigatione.* Avant que d'exécuter son projet, il écrivit en 1692, à M. de Puffendorf pour le consulter, et lui exposa en même temps en gros, les principes sur lesquels il bâtissait son ouvrage. Je vais traduire la réponse que celui-ci lui adressa de Berlin, et dont le célèbre M. Thomasius s'est servi dans sa *Paulo plenior historia Jur. nat.,* puisqu'elle contient l'opinion d'un grand publiciste, concernant le sujet que je traite : « L'ouvrage, monsieur, que vous promettez, touchant *la Liberté de la Navigation*, excite ma curiosité. C'est un beau sujet, et sur lequel personne, que je sache, n'a encore fait de traité particulier. Je crains bien néanmoins, à en juger par ce que vous m'indiquez dans

dans votre lettre, que vous ne trouviez des gens qui vous contesteront vos idées. La question est certainement du nombre de celles qui n'ont pas encore été établies sur des fondemens clairs et indubitables, qui puissent faire règle par tout le monde. Dans tous les exemples qu'on allègue, il y a presque toujours quelque chose de droit, et quelque chose de fait. Chacun d'ordinaire permet ou défend le commerce maritime des peuples neutres avec les ennemis, selon qu'il lui importe d'entretenir amitié avec ces peuples, ou qu'il se sent des forces pour obtenir d'eux ce qu'il souhaite. Les Anglais et les Hollandais peuvent dire, sans absurdité, qu'il leur est permis de faire tout le mal qu'ils peuvent aux Français avec qui ils sont en guerre, et par conséquent d'employer le moyen le plus propre pour les affaiblir, qui consiste à traverser ou empêcher leur commerce : qu'il n'est pas juste que les peuples neutres s'enrichissent à leurs dépens, et en attirant à eux un commerce interrompu pour l'Angleterre et la Hollande, fournissent à la France des secours pour continuer la guerre : d'autant plus que l'Angleterre et la Hollande favorisent ordinairement d'une autre manière le commerce de ces peuples, et leur donnent occasion de transporter et débiter ailleurs les marchandises de leur cru ou de leurs fabriques: en un mot, qu'on veut bien leur laisser en son entier le commerce qu'ils ont accoutumé de faire en temps de paix; mais qu'on ne doit pas souffrir qu'ils l'augmentent à l'occasion de la guerre, au préjudice des Anglais et des Hollandais. Mais comme cette matière du commerce et de la navigation ne dépend pas tant des règles fondées sur une loi générale, que sur les conventions particulières entre les peuples, pour pouvoir porter un jugement solide de la question dont il s'agit, il faut examiner avant toutes choses, quels traités il y a eu là-dessus entre les puissances du Nord et l'Angleterre, ou la Hollande, et si celles-ci leur ont offert des conditions justes et raisonnables. D'autre côté néanmoins, si les puissances du Nord peuvent maintenir leur commerce avec la France, en faisant escorter les navires marchands par des vaisseaux de guerre, pourvu qu'il n'y ait point de marchandises de contrebande, personne n'y trouvera à redire. La loi de l'humanité et de l'équité, entre les nations, ne s'étend pas jusqu'à exiger que, sans aucune nécessité, un peuple se prive de son profit en faveur d'un autre. Mais comme l'avidité des commerçans est si grande, que pour le moindre gain, ils ne se font aucun scrupule d'aller au-delà des justes bornes, les nations belligérantes peuvent faire visiter les vaisseaux des neutres, et s'il s'y trouve des marchandises défendues, les confisquer de plein droit. D'ailleurs je ne suis pas surpris que les puissances du Nord aient plus d'égards à l'intérêt général de toute l'Europe qu'aux plaintes de quelques négocians avides de gain, qui ne se soucient pas que tout aille sens dessus dessous, pourvu qu'ils satisfassent leur avarice. Ces mêmes puissances jugent sagement, qu'il n'est pas à propos pour elles de prendre des mesures précipitées, pendant que d'autres peuples travaillent de toutes leurs forces à réduire dans un état de juste médiocrité cette puissance insolente, qui menace de mettre toute l'Europe dans ses fers, et en même temps de ruiner la religion protestante. Ce qui étant aussi de l'intérêt des couronnes du Nord, il ne serait ni juste, ni raisonnable, que pour un petit profit à temps, elles troublassent un dessein si salutaire, dont on tâche de venir à bout tant qu'il ne leur en coûte rien, et qu'ils ne courent aucun risque ».

§. 11. Vattel, dans son ouvrage intitulé :

Droit des gens, livre III, chap. 8, a parlé amplement de la neutralité ; mais il s'est borné à rapporter les maximes générales enseignées avant lui par Grotius et ses commentateurs Gronovius, Barbeyrac et les deux Cocceii, et traitées ensuite dans les dissertations particulières de Bynkershoek, d'Henri Cocceii et d'Heineccius (1). Au reste, il n'y a rien ajouté du sien, content d'avoir rassemblé et compilé confusément les principes de la justice avec les conseils de la politique qui sont rarement d'accord : ce qui jette de la confusion dans son ouvrage et rompt la chaîne des argumens et des preuves, de laquelle seule dépend la certitude de la doctrine du droit public universel.

§. 12. Les Français qui ont écrit beaucoup sur toute sorte de matières, se sont contentés jusqu'ici du *Traité des Prises* de Valin, publié à la Rochelle, en 1763, en deux volumes in-8°. Mais ce savant écrivain ne fait que répéter les principes de la jurisprudence française,

---

(1) Bynkershoeck, *Questiones jur. publ.*, lib. 1, cap. 9, 10 et 14. — Henric. Cocceii, *de Jure belli*, et dans une autre dissertation, *de Commissis*. — Heineccius, *de Navib. ob vect. Vetitarum mercium commissis*.

concernant les prises maritimes, relativement aux dispositions, tant de l'ordonnance de la marine du mois d'août 1681, que des arrêts du Conseil du Roi, et des édits et réglemens rendus sur cette matière, principes qu'il avait posés dans son Commentaire sur l'*Ordonnance de la Marine*. Il y a ajouté un précis de la procédure qui devait être observée à cet égard, et il y a fait quelques additions qui servent à modifier, ou à corriger quelques passages de son Commentaire. Valin ne parle des neutres dans cet ouvrage, que par incident, dans le chapitre cinquième, où il a indiqué quelques règles, que les vaisseaux neutres, amis ou alliés doivent observer pour se garantir de prise.

§. 13. Le chevalier d'Habreu a donné à l'Espagne un excellent traité sur les prises maritimes, avec le titre suivant : *Tratado Juridico-politico sobre las presas maritimas*, publié à Madrid, en 1756 (1). L'auteur qui traite cette matière avec beaucoup d'érudition et de

---

(1) Cet ouvrage vient d'être traduit en français par M. Bonnement, jurisconsulte distingué. Il y a ajouté de savantes notes puisées dans les principes établis par les décisions du Conseil des Prises à Paris.

sagesse, rapporte son opinion aux principes établis par les publicistes de son temps, et aux maximes de jurisprudence consacrées en Espagne par les lois qui portent les noms, de *Fuero Real, Fuero jusgo, leyes de Partidas, leyes de la recopilacion, curia Philippica.* Habreu ne parle que très-légèrement de la neutralité, lorsque dans le chapitre neuvième, il agite la question de la prise des marchandises des ennemis, chargées sur des vaisseaux neutres. Ainsi, cette matière n'est pas assez approfondie, ni décidée d'une manière générale et satisfaisante, puisque tout son ouvrage n'est qu'une espèce de commentaire de la jurisprudence espagnole, sur la course, en temps de guerre.

§. 14. Hubner, dans son traité *de la Saisie des bâtimens neutres*, publié à la Haye, en 1759, est le premier qui ait raisonné, et même avec plus d'étendue qu'aucun autre, sur cette partie du Droit public; mais il n'a pas traité généralement des droits de la neutralité et des devoirs des neutres; il s'est contenté de n'en parler qu'autant qu'il lui était nécessaire pour éclaircir la question de la prise de leurs bâtimens, seul objet qu'il s'était proposé : aussi son ouvrage est sans méthode, et dénué de cette clarté que la matière exigeait : il s'y contredit souvent lui-même, surtout lorsqu'il veut adopter aveuglément, et sans les analyser, les opinions des écrivains qui l'avaient précédé : ce qui lui fait étendre les droits des belligérans, et resserrer ceux des neutres, plus que ne l'ont fait quelques-uns des publicistes dont il s'appuie.

§. 15. Galliani, dans son ouvrage italien, intitulé : *Dei doveri dei Principi neutrali verso i principi guerreggianti, e di questi verso i principi neutrali*, publié à Naples, en 1782, est en Italie le premier des publicistes qui ait eu le courage de traiter cette matière, suivant les principes de la morale et de la justice ; mais il l'a considérée moins d'après les théories générales du droit des gens, et du droit conventionnel de l'Europe, que par rapport aux devoirs naturels et essentiels des nations, aux droits d'asile et de protection appartenant aux puissances neutres, sur leur territoire, à leur commerce avec les nations en guerre, et aux usages actuels observés entr'elles. Quoique cet ouvrage, que l'auteur dit, dans son avis au lecteur, avoir fait *par ordre irrésistible, en peu de temps, et sans le secours d'aucun livre*, (ce que personne ne croit) ait les défauts ordinaires à toutes les productions de cet illustre écrivain, qui veut toujours tout attaquer, et étayer ses opinions d'une érudition tantôt étrangère, tantôt contradictoire à son système, cependant j'ai retiré quelque fruit des diverses questions qu'il y agite en vrai et savant publiciste. S'il n'a pas réussi à les résoudre entièrement, du moins les a-t-il discutées avec assez de philosophie, pour que d'autres puissent en profiter, en appliquant avec moins de prévention, la théorie à la pratique, et en faisant de la pratique une analyse plus judicieuse.

§. 16. Lampredi, célèbre professeur de Droit public en l'Université de Pise, dans son ouvrage sous le titre, *Juris publici universalis, sive Juris naturæ et gentium Theoremata*, imprimé à Livourne en 1778, avait incidemment indiqué quelques principes sur cette matière ; mais il n'avait pu les traiter alors avec toute l'étendue qu'il leur donna ensuite dans son second ouvrage publié à Florence en 1788, intitulé : *del Commercio de' popoli neutrali in tempo di guerra* (1).

---

(1) Cet ouvrage a été traduit en français par M. Peuchet, avec une *appendice* contenant quelques vues sur la visite des bâtimens neutres et les traités

Quoique cet écrivain, dont les œuvres feront à jamais honneur à sa patrie, se soit proposé de traiter uniquement du commerce des neutres en temps de guerre, il semble cependant qu'il n'en ait voulu donner qu'un essai. Il a su exposer avec la plus grande précision les seuls principes fondamentaux du droit des gens ; mais il n'a pas eu la patience d'en tirer toutes les conséquences qu'il aurait dû, pour en faire résulter un jugement équitable dans tous les cas possibles. Cette production ne paraît être, à mon avis, que le discours préliminaire d'un ouvrage plus considérable qu'il avait peut-être médité d'exécuter, si la mort ne l'eût pas enlevé aussi promptement à la république des lettres, à laquelle il aurait rendu de très-grands services par la vaste étendue de ses connaissances. Malgré le laconisme, je dirai même la précipitation de son travail, j'avoue que je l'ai souvent pris pour guide dans mes discussions, et qu'en l'examinant de près, j'y ai trouvé quelques articles traités de main de maître, quoiqu'ils ne le soient pas toujours d'une manière décisive.

---

de paix conclus entre les puissances de l'Europe après la publication de l'ouvrage de Lampredi.

§. 17. Parmi les prises maritimes qui ont le plus fixé, dans la dernière guerre, les yeux de toute l'Europe, on distingua celle du riche vaisseau espagnol à regître, le *S.-Yago*, enlevé le 5 avril 1795, par l'armateur français *le Dumourier*, et repris neuf jours après par un vaisseau de guerre anglais, l'*Edgard*. Le procès qui s'éleva en Angleterre au sujet de la restitution de cette reprise, engagea M. Martens, savant professeur en l'université de Gottingue, et auteur très-distingué de plusieurs ouvrages de Droit public, à donner en 1795, un Essai concernant les armateurs, les prises et les reprises maritimes. Il emploie le premier chapitre à tracer l'histoire de la course depuis le moyen âge jusqu'à nos jours, et continue dans le chapitre second, à faire des observations très-rapides sur les droits *modernes* des armateurs; il y répète les principes généraux établis par Valin dans son *Traité des Prises*, et par Émérigon, dans le *Traité des Assurances*. Le chapitre troisième, qu'il divise en deux sections, est employé à établir des théories du droit des gens universel et du droit des gens positif, au sujet des reprises ou recousses. Il donne une idée, mais très-imparfaite, des anciens Codes des lois maritimes, et indique légèrement les lois et les traités de quelques puissances du Nord sur le même objet; mais il passe sous silence les lois anciennes et modernes de plusieurs états d'Italie, dont j'ai donné une notice assez étendue dans le premier volume de cet ouvrage. Au reste, l'Essai de M. Martens contient beaucoup d'érudition : ce qui le rendra toujours instructif et très-utile à ceux qui s'intéressent aux progrès de la science de la législation maritime.

ARTICLE III.

De l'Essence de la Neutralité.

§. 1. La Neutralité est *la continuation exacte de l'état pacifique d'une puissance qui, lorsqu'il s'allume une guerre entre deux ou plusieurs nations, s'abstient absolument de prendre part à leurs querelles.*

§. 2. Galliani qui, dans le chapitre premier de l'ouvrage cité, page 7, *défin* 5, a voulu définir la neutralité avec la plus grande précaution, pour ne pas commettre, dit-il, les mêmes erreurs qu'il prétend relever dans Hubner, en a commis lui-même une qui mérite autant de blâme qu'il a mis de prétentions et même d'amertume dans la discussion.

§. 3. Il appelle neutralité « *la position* d'un prince qui, se trouvant en état de repos, d'amitié ou *d'alliance* avec d'autres princes qui étaient en paix entr'eux, continue à rester dans le même état à leur égard, quoiqu'il se soit élevé parmi eux un sujet de rupture ou de guerre (1) ».

§. 4. Dans le susdit chapitre premier, intitulé *Définitions et Axiômes*, (vraiment puériles) et dans la définition 4, Galliani avait entendu par état d'*alliance* « l'union de deux souverains par des traités où seraient stipulés des pactes et promesses relatifs au cas prévu de quelque guerre future ». Si cette définition est juste, de quelle manière, dans quel cas, en quel temps, *un prince en état d'alliance*, telle qu'il la définit, *Défin.* 5, pourra-t-il devenir neutre? Si *la claire lumière de la raison*, comme il s'en vante, enseigna à Galliani, chap. 5, §. *de Sovrani Alleati*, pag. 151, « qu'une alliance renferme la promesse d'unir dans toutes les guerres de l'allié, manifeste-

---

(1) Le peu de réflexion avec laquelle j'ai traité cette matière à l'article *Neutralité*, tom. 3 de mon ouvrage sur la *Jurisprudence mercantile*, me fit adopter aveuglément la définition de Galliani, ainsi que d'autres principes qu'il a exposés sur ce sujet. Je remercie le ciel de m'avoir accordé assez de force et de vie pour avouer ma faute et la corriger.

Ipse ego librorum video delicta meorum.
   Ovid., *ex Ponto*, lib. 3, epist. 9.

ment justes, la totalité de ses forces, ou une quantité stipulée, et même dans les guerres douteuses, lorsqu'il y a des raisons en faveur des deux partis », quel autre *lumière* lui aura indiqué le moyen d'introduire l'alliance dans son nouveau système de neutralité? Si un prince allié, comme il le dit encore peu-à-près, pag. 133, « lorsque le cas de la convention arrive, obligé de s'unir à l'autre allié, ne peut prétendre à vouloir rester neutre », dans quel sens, donc, a-t-il voulu comprendre aussi les *alliés* dans sa définition de la neutralité, s'ils ne peuvent, aux termes de sa quatrième définition, *se dispenser de prendre part à la guerre actuelle?*

§. 5. En vain, pour justifier ses erreurs, Galliani entasse, dans le chap. 5 déjà cité, des argumens métaphysiques pour distinguer les cas de guerres justes de ceux de guerres injustes, les offensives des défensives ; toutes ces raisons ne conduisent à autre chose qu'à établir le droit que peut avoir l'ennemi belligérant de déclarer ou non la guerre à l'allié, et ne sauraient couvrir le vice de la définition qui accorde aux *alliés*, sans distinction de cas, la faculté de pouvoir devenir absolument neutres. C'est ce qu'il exprime dans le paragraphe suivant de la même page : « Je dis enfin que, quelle que soit la formule d'un traité d'alliance, un prince qui déclare la guerre à un autre, n'a pas le droit de la déclarer en même temps, et sans préalable, à l'allié de son ennemi ; mais il doit commencer par lui demander s'il se croit ou non dans le cas prévu par son traité, et si, en conséquence, il entend s'unir et faire cause commune avec son allié, ou s'en isoler et rester neutre. (1) »

§. 6. Galliani, dans la note 1, pag. 7, prétend que la définition d'Hubner manque de justesse, en ce qu'il y a exprimé la formule du devoir essentiel de celui qui veut rester neutre, au lieu de donner la définition de la neutralité (2). Ensuite, se servant d'une com-

---

(1) Cette opinion de Galliani serait encore susceptible d'une ample critique ; mais la matière que je me suis proposé de traiter, ne me permet pas de perdre le temps à de perpétuelles réfutations, ayant d'ailleurs beaucoup à le combattre dans des points plus essentiels et analogues à mon objet.

(2) Voici les paroles d'Hubner : « La neutralité consiste dans une inaction entière relativement à la guerre, et dans une impartialité exacte et parfaite manifestée par les faits à l'égard des belligé-

paraison un peu grossière, comme il le dit lui-même (et je ne le contredis pas) autant qu'elle est claire, il veut qu'Hubner ait défini la neutralité « de la même manière que quel-
» qu'un à qui l'on demanderait de définir
» l'homme, et qui répondrait que l'homme
» est un animal obligé d'aimer et servir Dieu
» dans cette vie. Certainement, poursuit-il,
» celui qui parlerait ainsi, exprimerait le pre-
» mier et le plus essentiel devoir de l'homme,
» mais ne le définirait pas, puisque celui
» qui ne s'acquitterait point de ce devoir n'en
» aurait pas moins le nom et la figure hu-
» maine (1) ».

§. 7. Je ne sais sur quel fondement Galliani a prétendu que le sentiment d'Hubner, rap-

---

rans, en tant que cette impartialité a rapport à cette même guerre, et aux moyens directs et immédiats de la faire ».

(1) La comparaison de Galliani (soit dit avec la permission de ses aveugles admirateurs) prouverait, à mon avis, qu'il manquait de logique et de bonne morale, si l'on ne savait d'ailleurs qu'il était un des plus illustres littérateurs de l'Italie. Tout ce que je puis dire pour le soustraire au reproche injuste qu'on pourrait lui en faire, c'est que, dans le cours de son ouvrage, il a sacrifié son propre sentiment

porté

porté ci-dessus, était une définition du mot *neutralité*. Hubner n'a eu d'autre intention que d'exprimer le véritable état de la neutralité : voilà tout ce qu'on peut inférer du paragraphe cité. Il ne paraît pas qu'il ait pensé à donner de ce mot une définition qu'il croyait inutile à ses lecteurs. Son sentiment ne peut donc être critiqué avec justice sous ce rapport puisqu'il a voulu exprimer les devoirs des puissances neutres. A plus forte raison ne doit-on pas s'appuyer de la comparaison de Galliani précédemment rapportée sur l'essence de l'homme, parce qu'il ne pouvait point ignorer que la vraie religion, en nous assurant la croyance et la connaissance du vrai Dieu, notre créateur et notre bienfaiteur, nous apprît aussi qu'il n'exige de nous d'autres devoirs que les sentimens intérieurs d'amour, de reconnaissance et de résignation. Si quelqu'un, par dépravation ou par ignorance, ne l'aime pas ou ne remplit pas ces devoirs intimes qui lui sont prescrits, quoique physiquement il ne cesse pas

---

à la manie d'attaquer tous ceux qui, nés même avant lui, avaient osé traiter cette partie du Droit public, qu'il croyait lui avoir été exclusivement réservée par la nature. Heureusement pour moi, c'est après sa mort que j'écris.

d'être un homme, c'est-à-dire, de ressembler à son espèce ; cependant on ne pourra jamais dire qu'il remplisse l'objet de sa création ; de même qu'on ne pourrait pas appeler neutre une puissance qui, se vantant de l'être, négligerait de montrer une exacte et parfaite impartialité vis-à-vis des belligérans. Il est d'ailleurs si vrai qu'Hubner n'a pas entendu définir la neutralité, mais donner seulement une idée des devoirs essentiels d'un neutre, qu'il avertit peu après, dans le même paragraphe « que tout peuple qui, par des faits, ne prend aucun parti dans une guerre en qualité d'auxiliaire ou autrement, doit être regardé comme neutre, quand même il ne l'aurait pas expressément déclaré (1) ».

§. 8. La définition, que je viens de donner de la neutralité, paraîtra peut-être trop concise à ceux qui ne réfléchissent que sur la pratique actuelle de l'Europe et sur les prétentions indiscrètes et injustes de quelque puissance qui n'appuie ses droits que sur le crédit de ses finances ou sur la force imposante de ses armes. Ces lecteurs inattentifs croiront que la neutralité ne doit pas exempter des vicissitudes de

---

(1) Hubner, *de la Saisie des Bât. neut.*, ch. 2, §. 1.

la guerre, mais même qu'elle est sujette à toutes les exceptions que certain sophiste a prétendu introduire dans cette matière.

§. 9. Pour prévenir toutes les critiques qu'on pourrait faire de ma définition, je dirai qu'à mon avis, on ne peut donner de la neutralité d'autre définition générique que la mienne, et que tout ce qu'on pourrait y ajouter pour la rendre plus claire, l'exposerait à des discussions inévitables (1).

---

(1) M. Boucher, professeur de Droit commercial et maritime à l'académie de législation de Paris, après m'avoir comblé d'éloges dans son ouvrage intitulé : *Institution au Droit maritime*, sur tout ce que j'ai avancé dans mon premier ouvrage concernant cette matière, voulant traiter, dans le chapitre 32, de la neutralité, trouve ma définition peu exacte. Voici comme il raisonne à ce sujet dans le §. 1830, pag. 458 : « Le mot *pacifique* est un adjectif qui signifie bien *qui aime la paix*, mais aussi ne présente-t-il pas l'idée de la vexation soufferte patiemment dans l'intention de maintenir la paix ? Si cela est ainsi, j'avoue que la définition de la neutralité, que je vais essayer de donner, est inexacte ; car vouloir entreprendre d'écrire après M. Azuni sur une pareille matière, c'est sans doute faire une entreprise au-delà de ses forces. Néau-

4 *

§. 10. Une puissance est dans un état de parfaite neutralité lorsqu'elle conserve une

---

moins, comme j'ai conçu la ferme résolution de ne jamais composer avec ma manière de voir, quel que soit l'auteur que je crois être autorisé de combattre, je vais entrer en matière. » D'après, ce modeste préambule, j'attendais, de la part de M. Boucher, une autre définition de la neutralité qui caractérisât plus précisément son essence. Mon attente a été trompée, en lisant le texte du §. 1831 suivant, qui est conçu en ces propres termes : « La neutralité est l'état d'un gouvernement en situation de repos, qui ne prend aucun parti actif ni passif dans la guerre que se font deux nations. Les nations peuvent cesser d'être neutres dans deux circonstances. La première, lorsqu'elles se présentent avec l'intention évidemment démontrée par des faits, de favoriser un des belligérans au préjudice de l'autre : sous ce rapport, prenant une part active, quoiqu'indirecte, dans la guerre, elles cessent d'être neutres ; la seconde, lorsqu'elles souffrent que leur pavillon soit vexé par l'un des belligérans, en ayant par devers elles des moyens pour le faire respecter. Ou si une nation neutre porte des choses à un autre neutre, que les lois de la guerre lui défendent d'apporter chez l'un des belligérans, et qu'elle se les laisse enlever par l'un d'eux sans demander réparation de cet affront, elle renonce tacitement à la

scrupuleuse impartialité en temps de guerre, quand elle ne prend aucune part aux querelles des parties belligérantes, et qu'elle ne change rien à sa conduite avec elles.

§. 11. La neutralité n'est pas un nouvel état dans lequel entre une nation qui veut rester neutre en temps de guerre : c'est une persévérance dans l'état de paix où elle se trouvait déjà, et une continuation de correspondance et d'amitié, accompagnée toutefois d'une rigoureuse impartialité envers les puissances belligérantes. Selon ces principes, l'état de guerre où se trouveraient plusieurs nations ennemies, n'altère en rien l'indépendance naturelle et la liberté des autres peuples pacifiques qui regardent d'un œil tranquille et indifférent l'état violent qui trouble et agite les autres. Ils ne font, par conséquent, aucun tort à personne, en jouissant des fruits précieux de la

---

neutralité, en prenant un parti passif en faveur de la nation qui l'a spoliée ». Je n'ai pas assez d'intelligence pour comprendre ce que M. Boucher a voulu dire dans ces deux paragraphes; aussi je me dispense de répliquer à sa critique, et m'en rapporte à la décision du public, qui nous jugera en lisant cette note.

paix et en entretenant avec ces nations la même correspondance qu'ils avaient avec elles avant la guerre, pourvu qu'ils le fassent sans donner à personne de faveur ou de préférence décidée : unique obligation des peuples neutres à l'égard des puissances belligérantes (1). Il est donc vrai que la définition, par laquelle j'explique que la neutralité n'est autre chose que la continuation de cet état impartial, exact et parfait, n'est susceptible d'aucune interprétation qui puisse altérer l'essence de cette position.

§. 12. Il pourra s'élever quelque doute dans l'application de ma définition aux différens systèmes qu'ont suivi les nations dans la pratique de la neutralité; et quoique cela forme alors une diversité d'espèces, on pourra toujours y adapter la maxime tirée de l'esprit de la définition, qui est une exacte et impartiale continuation de l'état où se trouvait une nation avant la guerre.

---

(1) *Voyez* Ranucci, illustre professeur de Droit public à l'Université de Pise, dans son savant *éloge de Lampredi*.

ARTICLE IV.

Des différentes espèces de Neutralités.

§. 1. Quelques publicistes ont divisé la neutralité en *générale* et en *particulière*. Ils appellent neutralité *générale* l'état d'une nation qui, sans être alliée d'aucune des puissances belligérantes, s'acquitte envers toutes et chacune en particulier des obligations réciproques et communes à toutes. Ils entendent ensuite par neutralité *particulière* l'état d'une nation qui, en vertu de quelque traité, est expressément obligée de rester neutre dans la guerre intentée.

§. 2. D'autres ont subdivisé la neutralité *particulière* en neutralité *pleine et entière* et en neutralité *limitée*. La première a lieu lorsqu'on est convenu de se conduire à tous égards avec l'une des parties belligérantes de la même manière qu'avec l'autre. La seconde est le cas ou un peuple neutre s'oblige de favoriser l'une des deux parties plus que l'autre, relativement à certaines choses ou à certaines actions,

Mais cette subdivision est plutôt fondée sur l'usage que sur le droit universel.

§. 3 En réfléchissant sur la nature de la neutralité, et sur l'esprit de ma définition, on voit combien ces divisions et ces subdivisions sont contraires au droit naturel et des gens. Chacun sait qu'une nation en guerre, quelque puissante qu'elle soit, n'a aucun droit légitime d'obliger une autre nation également libre et indépendante à convenir d'une neutralité particulière, ni de la lui faire déclarer, et encore moins de la contraindre à une neutralité limitée. De pareilles conventions seraient des traités d'alliance et de subsides; jamais des traités de neutralité. Il est vrai qu'ils ne sont pas sans exemples; mais ils ne servent qu'à prouver que les puissances, ainsi que les particuliers, ne suivent pas toujours les lois de l'équité et de cette juste modération qui doit caractériser des peuples civilisés, lorsqu'à la faveur de leurs armées, elles foulent bien souvent aux pieds les droits de leurs semblables, qui ne sont autre chose que ceux de la justice et de l'humanité.

§. 4. Galliani, ayant observé que les nations refusent tout quelquefois, et que souvent elles accordent tout aux puissances belligérantes, imagina une nouvelle distinction de la neutralité en *refus impartial* et en *concession impartiale*.

§. 5. En adoptant cette distinction, il n'a pas considéré qu'elle deviendrait nulle à l'égard des puissances qui, au commencement d'une guerre, se trouveraient dans un état d'indifférence totale et absolue, c'est-à-dire, sans aucuns rapports de commerce avec les nations belligérantes. Mais aujourd'hui, aucune ne peut être dans ce cas, à moins qu'on ne veuille prendre pour exemple la Perse et la Chine, relativement à la Sardaigne; il est évident que le défaut de relations et de besoins réciproques retient absolument ces états dans une mutuelle indifférence. Que la guerre s'allume entre les deux premières, la troisième pourrait se déclarer neutre dans un des sens de la susdite distinction, refuser tout impartialement tant à la Perse qu'à la Chine, parce que jamais elles n'ont eu de liaison avec la Sardaigne. Mais en supposant la guerre entre la France et l'Angleterre, la Hollande et l'Espagne, Naples et Gênes, comment la Toscane pourrait-elle adopter la neutralité dans le sens de la distinction de Galliani? Ces nations, ainsi que le reste de l'Europe, ont toutes des rapports de correspondance entre elles, et des liaisons de commerce actif ou passif. Au commencement d'une guerre entre deux ou plusieurs de ces puissances, comment la Toscane pourrait-elle rompre assez-tôt toute correspondance avec ces nations, en adoptant la neutralité d'*impartial refus*, pour ne pas ruiner son propre commerce, puisque dans ce cas il ne lui en resterait aucun ? Certes, elle ne pourrait d'aucune manière exercer cette espèce de neutralité. Les négocians qui se seraient pourvus des marchandises qu'ils avaient coutume de vendre annuellement aux nations ci-dessus désignées, se trouveraient, au commencement de la guerre, dans la dure nécessité de rester oisifs et embarrassés de leurs fonds, jusqu'au rétablissement de la paix.

§. 6. Galliani s'était bien aperçu qu'il était possible qu'il y eût des nations auxquelles sa distinction ne pourrait pas convenir ; aussi dans le chapitre troisième de l'ouvrage cité, en discutant la question, *s'il est permis à un prince de rester neutre*, il donne cette solution, page 26 : « il ne viendra jamais en pensée à un homme de bon sens d'examiner si, dans le cas de guerre entre des princes très-éloignés, un souverain, qui n'a avec eux aucune liaison ni aucun rapport de commerce, est tenu d'entrer en guerre (de se déclarer neutre eût été mieux dit). Car quel est l'homme sensé qui, dans l'hypothèse d'une guerre entre la Chine et le Japon, s'amuserait à considérer si des devoirs de justice obligent le roi de Maroc d'y prendre part? Il en est de même d'une petite nation vis-à-vis de deux puissances formidables, comme seraient la France et la maison d'Autriche ».

§. 7. Il est facile, d'après ce qui vient d'être dit, de juger que la susdite division de la neutralité n'est pas juste, même dans le sens de l'auteur; puisque la première espèce qu'il dénomme *refus impartial* ne peut en aucun cas, être reçue, attendu qu'elle est nulle de fait, et qu'elle n'est ni générique, ni applicable à toutes les nations; et que la seconde n'est dans le fond que le genre même de la neutralité. En voilà assez pour en démontrer l'inexactitude, puisqu'elle n'embrasse pas la diversité des idées applicables au genre divisé, caractère essentiel d'une bonne division.

§. 8. Après avoir établi sa distinction, Galliani voudrait encore que, dans toutes les guerres, on adoptât sa neutralité *d'impartiale concession*. La raison qu'il en donne, est que si tous les neutres refusaient aux parties belligérantes les moyens de continuer la guerre, ou qu'elle dût cesser, lorsqu'elles trouveraient les ports neutres fermés, la neutralité *d'impartial refus* finirait par avoir généralement la préférence. Mais dirai-je à cela, si ce refus ne fait que préjudicier au commerce des neutres, sans arrêter le fléau de la guerre, pourquoi se priveraient-ils d'un avantage dont d'autres profiteraient? Notre auteur a donc reconnu que la neutralité négative, quand même elle serait praticable de nos jours, ne pouvait qu'être contraire aux intérêts d'un état, ainsi que je l'ai démontré. J'ajouterai encore à ses réflexions que la liberté qu'auraient les neutres d'accorder tout à tous, tire toujours la nation neutre d'embarras, en prévenant les contraventions, et ôtant tout prétexte aux plaintes continuelles des parties belligérantes, et laisse au négociant le champ libre pour acheter non seulement en temps de paix, mais encore en temps de guerre, toutes sortes de marchandises pour en retirer du profit, tant pour le commerce que pour les besoins de l'état.

§. 9. En réfléchissant sur les principes exposés jusqu'ici, il ne me sera pas difficile de démontrer combien est préférable et plus sûre la division que j'ai imaginée le premier, de la neutralité en deux espèces réellement distinctes et séparées, qui ne peuvent être confondues ensemble, et que l'Europe a toujours adoptées, sans leur donner de dénomination spécifique.

§. 10. Il n'y a pas de nation qui ne soit aujourd'hui commerçante. Chacune, ou porte à une autre les espèces de marchandises qui lui manquent, et prend en échange celles qui lui sont nécessaires, et alors elle fait ce qu'on appelle un commerce *actif*; ou elle souffre que d'autres introduisent chez elle les marchandises dont elle fait usage, pour en exporter d'autres qui sont recherchées ailleurs : dans ce cas, le commerce n'est que *passif*.

§. 11. En adaptant à ces théories l'esprit de ma définition, on trouvera que la neutralité est divisée en *active* et en *passive*. Ainsi, toute nation qui veut rester impartiale à l'égard des belligérans, n'a qu'à se maintenir dans le même état où elle se trouvait au commencement de la guerre, sans s'immiscer dans les querelles qui se sont élevées entre deux ou plusieurs puissances; alors elle restera ou *activement* neutre, c'est-à-dire qu'elle continuera son commerce avec les nations en guerre sans partialité ni diminution; ou *passivement* neutre, c'est-à-dire qu'elle ne cessera pas de permettre que les autres nations introduisent et exportent les marchandises qu'on introduisait dans son pays, ou qu'on en exportait avant la guerre.

§. 12. Cette division de la neutralité en *active* et *passive* me paraît d'autant plus analogue à sa définition, qu'il est vrai, suivant l'axiome tiré des principes fondamentaux du droit public, qu'en supposant qu'une nation ait plus de rapports et de liens de commerce avec une des puissances belligérantes qu'avec l'autre, elle n'est pas obligée pour cela, en se déterminant à rester neutre avec toutes les deux, de diminuer son commerce avec l'une ou de l'accroître avec l'autre, puisque la déclaration de neutralité n'est pas pour elle un état nouveau, mais seulement une continuation de celui où elle était avant leur rupture (1).

---

(1) Galliani vient à l'appui de mon opinion, ch. 6, pag. 143 : « Ce n'est pas, dit-il, une exacte égalité de rapports envers deux nations belligérantes qui caractérise la *neutralité*, c'est la continuation des mêmes relations morales qu'on avait avec elles avant la guerre ».

C'est encore le sentiment d'Hubner, quoiqu'en cela il se soit contredit lui-même en plusieurs en-

§. 13. Il est encore une autre espèce de neutralité, qu'on appelle *neutralité armée*, adoptée depuis peu par quelques puissances. Ce fut la Russie qui la proposa la première, avec la ferme résolution de l'exiger comme un droit, et de la soutenir avec les forces réunies de toutes les nations qui auraient embrassé son projet. Les treize États-Unis de l'Amérique l'avaient déjà obtenue par convention de la France et de la Suède, dans les traités de 1778 et de 1782.

§. 14 En 1780 l'Europe éprouvait les effets de la commotion violente, partie trois ans auparavant des contrées septentrionales de l'Amérique. L'Angleterre, la France, l'Espagne, la Hollande, armaient sans cesse de nouvelles escadres, et ensanglantaient les mers des deux mondes, pour décider si les habi-

---

droits, liv. 1, ch. 2, §. 1 : « La neutralité la plus rigoureuse ne nous empêche pas d'entretenir un commerce plus grand avec une partie belligérante qu'avec l'autre, suivant que nos propres affaires l'exigent, que nous pouvons mettre plus de confiance dans l'une que dans l'autre, et avoir par conséquent avec elle une communication plus ou moins étroite dans la même proportion ».

tans de Boston et de Philadelphie seraient libres. Les Hollandais dès long-temps en possession du commerce de la Baltique, voulant éviter que les vsaiseaux qu'ils y employaient tombassent au pouvoir des Anglais, les firent naviguer sous le pavillon neutre des Danois. Mais ce pavillon fut peu respecté des corsaires, et les navires qui le portaient étaient souvent conduits à Londres ou à Plymouth. Ceux d'Hambourg, de Brême et de Lubeck eurent le même sort. Les négocians de ces villes implorèrent alors la protection de Cathérine, impératrice des Russies, et pour mieux réussir auprès de cette souveraine, ils surent, en donnant de l'argent à ses ministres, l'engager à leur être favorable.

§. 15. Son propre intérêt l'y avait déjà disposée : sa fierté d'ailleurs était blessée de ce que les Anglais ne respectaient pas les navires qui se chargeaient dans ses ports, et de ce qu'ils osaient même quelquefois attaquer ceux qui naviguaient sous son pavillon. Un autre motif acheva de la décider à protéger la navigation du Nord. Le comte de Vergennes, ambassadeur de France, dont les intrigues à Constantinople avaient autrefois irrité Cathérine, venait d'acquérir beaucoup de considération auprès d'elle, en pressant M. de Saint-Priest, ambassadeur de France à la Porte, de déterminer les Turcs aux sacrifices qu'exigeait la Russie. Vergennes avait, par ce moyen, réussi à enlever aux Anglais le secours des flottes russes. Ce n'était point assez : il forma un projet vaste et plus digne d'un homme d'état. Il traça, enfin, le plan de la neutralité armée, à laquelle accédèrent successivement presque toutes les puissances de l'Europe. Connaissant bien l'orgueil de l'Impératrice, Vergennes sut l'intéresser à l'exécution de son projet. Il le lui fit suggérer par les ministres de Danemarck et de Suède. On le lui présenta avec tant d'art, qu'elle n'hésita pas à l'adopter ; et elle se persuada presque, qu'elle l'avait créé elle-même, ou du moins, elle parut vouloir le persuader aux autres.

§. 16. Dès-lors, elle résolut d'employer la force pour protéger ses navires, et proposa à la cour de Copenhague et à celle de Stockolm, d'armer chacune une escadre, qui se réunirait à la sienne pour défendre leur neutralité. Les vœux du Danemarck avaient devancé cette invitation. Le prudent ministre Bernstorff qui gouvernait cet état, connaissait le prix d'une alliance, sans laquelle les Anglais se seraient joués de tous les armemens du Nord. Il consentit au traité proposé par l'impératrice, le 19 juillet. La Suède, après avoir obtenu quelques éclaircissemens qu'elle demanda sur la manière dont cet armement protégerait le commerce, signa le traité, le 21 juillet.

§. 17. Catherine n'avait pas attendu l'accession de ces deux puissances pour faire connaître ses volontés aux cours de Londres, de Versailles et de Madrid; ses ambassadeurs leur remirent une déclaration, dans laquelle elle se plaignait que les droits des nations avaient été violés envers ses sujets; que leur commerce avait été gêné, leur navigation interrompue; et que pour prévenir désormais de pareils abus, elle se préparait à soutenir par la force des armes, les droits qui appartenaient à tous les peuples neutres. Voici comment étaient spécifiées ses principales réclamations:

1°. Que tous les vaisseaux neutres pourront naviguer librement d'un port à l'autre sur les côtes des nations en guerre:

2°. Que les effets des puissances belligérantes seront en sûreté dans tous les vaisseaux neutres, à l'exception des marchandises prohibées:

3°. Que l'impératrice entend par marchandises prohibées, celles qui sont spécifiées dans l'article X et XI de son Traité de commerce avec la Grande-Bretagne, étendant son obligation à cet égard aux autres puissances qui sont en guerre :

4°. Que par un port bloqué, on doit entendre seulement un port si bien gardé par les vaisseaux des puissances qui l'attaquent, qu'il est dangereux d'y entrer :

5°. Que ces principes seuls doivent servir de règle pour juger de la légalité des prises.

L'impératrice ajoutait qu'en publiant ces articles, elle déclarait que pour les faire exécuter, et pour protéger l'honneur de son pavillon, la sûreté de son commerce, et la navigation de ses sujets, elle allait armer la plus grande partie de ses forces navales; que ces mesures ne nuiraient en rien à la neutralité qu'elle était disposée à observer aussi long-temps qu'elle ne serait point provoquée, ni forcée de sortir des bornes d'une juste modération et de la plus parfaite impartialité.

§. 18. Le cabinet de Saint-James s'empressa de répondre, que depuis le commencement de la guerre, il avait ordonné de la manière la plus précise aux commandans de ses vaisseaux, de respecter le pavillon de Russie. Malgré cette assurance, les Anglais continuèrent quelques temps à arrêter des navires russes, et à faire juger par les tribunaux de l'Amirauté britannique, la validité de leurs prises. L'Impératrice récusa ces tribunaux. La contestation fut prête à devenir sérieuse. Les Anglais y mirent fin, en relâchant les navires. La Prusse, l'Autriche, même le Portugal, et Naples, se réunirent aux autres puissances neutres, et cette confédération navale mit un frein puissant au despotisme de la nation qui prétend s'arroger la souveraineté exclusive des mers (1). Les autres nations s'en remirent sur ce point, à leurs conventions particulières, et au droit des gens universel.

§. 19. Au reste, cette neutralité armée n'est pas cependant une nouvelle espèce de nature différente que les deux indiquées dans ma division; ce n'est que le moyen de garantir l'exercice des droits de la neutralité, quelle que soit celle des deux que j'ai définies, qu'on ait adoptée.

---

(1) *Voyez* les pièces diplomatiques insérées dans le 2ᵉ et 4° volumes du *Recueil des Traités*, par M. Martens.

ARTICLE V.

De la Déclaration de la Neutralité.

§. 1. Il résulte de l'esprit de ma définition, ainsi que de la nature de ma division, la conséquence nécessaire que, pour jouir de l'état de neutralité, la nation qui veut se rendre neutre n'a pas besoin de le manifester par un acte public, comme un édit, une déclaration ou autre : elle n'est pas non plus obligée d'en convenir par traité avec les puissances belligérantes, parce que ce n'est pas un nouvel état qu'elle choisit, mais seulement la continuation de celui où elle était avant la guerre, joint à la précaution d'une rigoureuse impartialité. C'est pourquoi il suffira d'observer sans interruption la même conduite égale et pacifique que l'on tenait auparavant avec les nations qui ont pris les armes, pour prouver à toutes qu'il n'y a ni changement, ni altération, ni équivoque dans ses sentimens antérieurs; d'où l'on doit inférer qu'on a adopté la neutralité (1). Ce

---

(1) Tout peuple qui ne prend aucune part à la

serait une injustice de la violer ou de la regarder comme douteuse, sous le prétexte spécieux qu'elle n'a pas été solennellement déclarée.

§. 2. L'étroite correspondance qu'entretiennent aujourd'hui entr'elles presque toutes les puissances, par le moyen des ministres qui résident dans les cours respectives, donne la facilité d'interpeller les souverains auprès desquels ils agissent, et de connaître leurs intentions sur la guerre qui s'est élevée, afin que, d'après les réponses positives qu'on en reçoit, la neutralité qu'on veut adopter soit assurée, avant même que le temps et les faits aient pu la manifester.

§. 3. Quoiqu'il ne soit pas nécessaire, pour prétendre aux droits de la neutralité, de la stipuler entre les puissances amies par un traité public, il n'est cependant pas inutile de le faire, soit pour en assurer plus positivement les belligérans par l'acte le plus solennel et le plus sacré que les hommes aient imaginé pour faire connaître leurs intentions secrètes de paix et

---

guerre par des réalités, est censé neutre, quand même il ne l'aurait pas déclaré expressément. Hubner, *de la Saisie des Bâtimens neutres*, ch. 2, §. 2, pag. 52.

de modération, soit pour détruire plus efficacement les soupçons, et avoir par là un titre plus direct à la paisible jouissance des droits de la neutralité.

§. 4. Un traité de neutralité servira encore à fixer d'une manière précise et à limiter, comme on le jugera convenable, la conduite de la puissance contractante vis-à-vis des belligérans. Voilà le seul moyen de se maintenir en paix, et de prévenir toute difficulté et toute contestation, en faisant par fois quelque changement ou quelque modification aux règles générales ou aux principes du droit public universel (1).

§. 5. Lorsqu'une puissance est convenue de rester neutre par un traité fait avec tous les belligérans, les stipulations du traité doivent être la seule règle et l'unique mesure de ses obligations. Il suit de ce principe, que la neutralité contractée avec une seule des nations belligérantes ne lie en rien les autres, comme étant un acte passé sans leur concours, et qui leur est étranger (2), à moins que le traité ne

---

(1) Vattel, *Droit des Gens*, liv. 3, ch. 7, §. 108. — Galliani, chap. 5, dans l'endroit cité.

(2) *Res inter alios acta, aliis non potest præjudicium facere*. Leg. 1. Cod. *Res inter alios acta*, etc.

renfermât des articles qui ne leur fussent ni préjudiciables ni nuisibles ; car il deviendrait obligatoire pour elles, si les clauses ajoutées au traité leur étaient utiles et avantageuses. Dans ce cas, elles devraient le tenir pour valable et approuvé, quoiqu'elles n'y eussent aucune part, supposé même qu'on ne leur en eût pas donné connaissance. Hors, de-là, il ne pourrait pas obliger les non-contractans, par la raison qu'en stipulant des articles et des conditions qui ne seraient utiles qu'à l'un des belligérans, et nuisibles aux autres, on cesserait d'être impartial et neutre, et l'on deviendrait l'allié du contractant et l'ennemi des autres.

§. 6. Les grands-ducs de Toscane, de la maison de Médicis, qui ne voulaient pas choquer les princes et les puissances belligérantes, étaient dans l'usage de faire assembler, en présence du gouverneur de Livourne, au moment où une guerre venait à éclater, les consuls des nations entrées en hostilité, munis des pouvoirs nécessaires de la part de leurs souverains respectifs, pour qu'ils convinssent entre eux des conditions de la neutralité des ports toscans. Le grand-duc François I.er de Lorraine, qui succéda aux Médicis, suivit cette méthode dans la première guerre qui s'éleva en

1739. Il publia en conséquence son manifeste, le 28 décembre; mais dans la guerre de 1757, étant alors empereur, il publia, de son propre mouvement (*motu proprio*), son manifeste, en date du 5 février, sans égard pour l'ancien usage de convoquer les consuls.

§. 7. Il est certain qu'en adoptant le système d'avoir plus de considération pour les gouvernemens en état de guerre, que pour ses propres ports et le commerce de ses sujets, la méthode des Médicis était préférable à toute autre, parce qu'avec le consentement mutuel des parties belligérantes, ils pouvaient obtenir quelque avantage qu'on n'aurait pu rétracter dans la suite. Mais le grand-duc Pierre-Léopold, prince éclairé, ayant plus à cœur la liberté du commerce de la Toscane et le bien de ses sujets, lors de la guerre entre la Grande-Bretagne d'une part, et de l'autre, les colonies d'Amérique, la France, l'Espagne et la Hollande, publia, le premier août 1778, son manifeste, pour établir la maxime constante de la parfaite neutralité de la Toscane dans toutes les guerres maritimes de l'Europe, afin que le commerce de ses états ne fût interrompu par aucun évènement (1). Le grand-

(1) C'est sur le même pied à peu près et dans

duc Ferdinand III, héritier des vertus de son père, n'écoutant, ne suivant d'autre politique que celle de procurer toute la félicité possible à son pays, adopta, au commencement de la dernière guerre, les mêmes maximes, et en ordonna la rigoureuse et entière observation, le 28 avril 1792 : il renouvella cette même ordonnance de son propre mouvement, (*motu proprio*) le 1.er mars 1795 (1).

---

le même esprit que furent publiées à cette époque les neutralités de Venise, par la déclaration du 9 septembre 1779 ; de Naples, par l'édit royal du 19 septembre 1778 ; de Gênes, le 1er juillet 1779 ; des états du Pape, par édit du 4 mars 1779. La Sardaigne, Raguse et Malte ne publièrent point de manifestes ; mais on sait qu'elles observèrent une entière neutralité.

(1) Venise, Gênes, la Suède et le Danemarck, à l'exemple de ce jeune prince, publièrent aussi leur neutralité suivant les mêmes principes.

ARTICLE VI.

Des droits et des devoirs attachés à la Neutralité.

§. 1. Une nation, qui s'est engagée tacitement ou expressément à rester neutre, a promis par-là même, de ne prendre aucun parti dans les querelles et les différends des nations qui se font la guerre. Conséquemment, les devoirs des neutres doivent se réduire au seul principe établi dans la définition de la neutralité, dont l'esprit est fondé sur une parfaite impartialité envers les peuples belligérans, soit lorsqu'il s'agit de remplir à leur égard les devoirs de l'humanité, soit dans l'exercice de leur commerce actif ou passif, aux termes de la division que j'ai donnée précédemment.

§. 2. Le droit des nations est immuable; ses principes ne dépendent point des circonstances. Dans la guerre, un ennemi peut exercer sa vengeance contre ceux qui le perdent de vue, et il en résulte, sans préjudice du droit, une terrible réciprocité ; mais aucune puissance neutre, qui vit en paix, ne peut entrer dans une pareille compensation, ni la connaître. Elle ne peut se mettre à couvert que par son impartialité, et par l'observation des traités. On ne lui pardonne point de se désister de ses droits, lorsqu'elle le fait pour favoriser l'une des puissances en guerre. Le fondement de ces droits est le droit commun public, devant lequel il n'y a lieu à aucune exception. Le neutre doit donc tenir pour légitime tout ce que chacune des puissances en guerre fait à l'égard de l'autre ; et aucun acte militaire ne doit passer dans son esprit pour injuste (1). Ceux qui ne sont pas juges des nations contendantes, et qui n'ont pris aucune part à la guerre, ne sont en droit ni de connaître, ni de décider de la justice de leur cause ; ces parties n'ayant point de juges, ne peuvent être ni convaincues ni condamnées : il faut donc nécessairement que tout ce que chacune d'elles fait pendant la guerre, soit

---

(1) Reliqui populi qui neutri partium addicti sunt, quidquid utrinque in bello fit, pro jure habent, nihilque, quod armis ab utraque parte agitur pro injuria. Coccei, *Disput. de Postlim.*, sect. 1, §. 4.

regardé de toutes les puissances neutres comme fait avec droit (1).

§. 3. Si une puissance neutre ne doit prendre aucune part aux opérations des belligérans, ceux-ci de leur côté lui doivent un traitement égal et une conduite semblable. Rien de tout ce que le droit de la guerre, même le moins exagéré, permet contre un ennemi, ne peut être permis contre un neutre. Il doit conserver dans toute son étendue le droit qu'il avait avant la guerre, et les puissances belligérantes ne peuvent non plus lui imposer des obligations auxquelles il n'était pas assujéti avant la rupture de la paix.

§. 4. Il est en conséquence sévèrement défendu, tant d'après le droit des gens universel, que conformément aux lois et traités de toutes les nations, de commencer ou de continuer des voies de fait contre un navire quel-

---

(1) Neque enim cognoscere, aut statuere de injustitia partium jure possunt qui earum judices non sunt, neque partes quæ judicem non habent, injuriæ ab aliis convinci vel condemnari. Necessariò igitur utriusque partis factum quod vi armorum peragitur, apud omnes reliquas gentes pro j ro erit. *Id. ibid.*

conque, dans l'enceinte de la jurisdiction maritime d'un état ami et neutre, laquelle, d'après le principe que j'ai établi à l'article 2, chap. 2. du premier volume de cet ouvrage, s'étend pour le moins à la distance de la portée du canon placé sur le rivage. C'est pourquoi les états qui restent neutres ont coutume de publier, au commencement d'une guerre, des manifestes, dans lesquels ils défendent rigoureusement ces sortes d'hostilités : d'ailleurs, dans une multitude de traités, on s'est promis réciproquement de ne point commettre, ni souffrir que l'on commette, commence ou achève de telles hostilités dans l'enceinte de la jurisdiction maritime des puissances contractantes (1).

---

(1) Traité entre la France et la Hollande, de 1739, art. 36; entre la Sicile et la Porte, de 1740, art. 16; entre la France et la Porte, de 1604 et 1740, art. 81; entre la France et le Danemarck, de 1742, art. 33; entre la Suède et Tripoli, de 1741, art. 7; entre la Suède et la Sicile, de 1742, art. 29; entre le Danemarck et la Sicile, de 1742, art. 33; entre la Hollande et Maroc, de 1752, art. 9; entre la Hollande et la Sicile, de 1753, art. 16; entre la France et les Provinces-Unies de l'Amérique, de 1778, art. 6; entre Maroc et la Toscane, de 1778, art. 7; entre

§. 5. Pour que cette neutralité soit d'autant moins violée, dans le cas où deux vaisseaux

la Porte et l'Espagne, de 1782, art. 16; entre la Hollande et les Provinces-Unies de l'Amérique, de 1782, art. 5; entre la Suède et l'Amérique, de 1783, art. 1er *séparé*; entre l'Espagne et Tripoli, de 1784, art. 6 et 14; entre la Prusse et l'Amérique, de 1785, art. 7; entre l'Espagne et Alger, de 1786, art. 4; entre la Grande-Bretagne et la France, de 1786, art. 41; entre la France et la Russie, de 1787, art. 28; entre l'Amérique et Maroc, de 1787, art. 10; entre la Porte et la Russie, de 1787, art. 24; entre l'Angleterre et Tunis, de 1762, art. 3 et 4; entre le Danemarck et Gênes, de 1789, art. 13.

La déclaration de la Porte-Ottomane, du 23 septembre 1802, mérite d'être connue par la sagesse qui la caractérise : elle est conçue en ces termes :

« Les bâtimens appartenans aux puissances belligérantes doivent s'abstenir de tout acte de violence et d'hostilité les uns contre les autres dans l'intérieur des ports et échelles de la Sublime Porte, sous le canon des forteresses, et même à une distance de trois milles de son territoire d'Europe et d'Asie.

» Il est défendu à tous Rayas ou autres Musulmans de s'enrôler au service de France ou d'Angleterre pendant la guerre entre ces deux puissances. Ils ne peuvent pareillement charger des marchandises ni effets sur les bâtimens anglais ou français, sans être

ennemis l'un de l'autre se trouveraient en même temps sur la rade, ou dans le port neutre, l'un ne doit mettre à la voile que vingt-quatre heures après que l'autre aura levé l'ancre, à moins de donner une caution suffisante qu'il ne se commettra point d'hostilités (1). Cette maxime se trouve même spécifiée dans quelques traités, surtout avec les Africains, dans lesquels on a différemment fixé le nombre des heures (2).

---

préalablement munis d'un acte en forme, des agens commerciaux de l'une ou l'autre nation résidans dans les échelles ou ports de la Turquie. Enfin, il est convenu que les capitaines de la flotte ottomane, ni aucuns autres officiers ne prendront part aux engagemens qui pourraient avoir lieu au-delà des limites de la neutralité entre les bâtimens des deux nations belligérantes ».

(1) *Voyez* les Manifestes de neutralité cités à l'art. V ci-dessus, surtout celui de Toscane, art. 4 et 5; de Gênes, art. 2, 3 et 4; de Venise, art. 11, 12, 13 et 14; du Pape, dans l'introd. à l'édit de 1779.

(2) Traité entre la Sicile et la Porte, de 1740, art. 18. Le traité entre la Suède et Tripoli, de 1741, art. 7, fixe le terme de deux jours; celui entre l'Angleterre et Maroc, de 1750, art. 15, et de 1761, art. 22, fixe 40 heures; de même que celui entre

§. 6.

§. 6. Le territoire d'un peuple neutre doit donc être inviolable, c'est-à-dire, qu'on ne peut ni ne doit y exercer le plus petit acte d'hostilité. Les armées ennemies ne peuvent par conséquent, sous aucun prétexte, y lever des taxes, y faire des emprunts, y commettre des exactions et des violences ; elles doivent au contraire en respecter les personnes et les propriétés.

§. 7. Ce ne sont donc que les traités et les conventions expresses, qui peuvent limiter ce droit naturel des nations ; et si quelquefois l'inexorable nécessité met une puissance belligérante dans le cas d'empêcher le transport à l'ennemi des marchandises d'un neutre, et de les arrêter, elle contracte naturellement l'obligation de réparer tous les dommages que la saisie a pu occasionner : ce serait en effet une violence et une injustice manifeste, que d'entraîner un peuple neutre et pacifique dans les calamités de la guerre, et de le réduire à la misère et à la détresse, sans égard pour sa constante et fidelle neutralité.

---

la Hollande et Maroc, de 1752, art. 10 ; le traité entre l'Espagne et Tripoli, de 1784, art. 15, fixe 48 heures ; celui entre les Provinces-Unies d'Amérique et Maroc, de 1787, art. 11, fixe 24 heures.

§. 8. C'est pourquoi il serait injuste et contraire à la saine morale et aux principes du droit des gens, de vouloir imposer aux neutres des conditions qui rendraient leur position pénible et misérable, en les mettant dans la dure alternative de renoncer à tout commerce, ou d'irriter justement l'une des deux nations belligérantes (1).

§. 9. L'histoire de l'Europe nous offre néanmoins des exemples de puissances, qui, malgré leur neutralité déclarée, n'ont pas cessé de fournir des troupes, des recrues, de l'argent, des munitions de guerre, et des appro-

---

(1) Leg. 74. ff. *de Reg. jur. Non debet alteri per alterum iniqua conditio inferri.* Les Athéniens avaient adopté la méthode d'en imposer aux plus faibles par un ton impérieux, lorsque voulant tourner à leur profit la neutralité des habitans de Potidée, ils leur imposèrent des conditions si dures, que ceux-ci, par désespoir, se jetèrent dans la confédération de Sparte : ils firent ainsi acomplir la maxime, qu'une rigueur outrée avec les puissances neutres les contraint souvent, malgré elles, à passer de l'état d'indifférence à celui de l'inimitié. *Pristinos quidem hostes augetis, illos vero, qui ne unquam quidem hostes vobis esse statuerant, invitos impellitis.* Thucid. *de Bello Pelopon.* lib. 5.

visionnemens de toute espèce à l'une des puissances belligérantes. Mais ces exemples ne sont considérés que comme de vrais abus des droits de la neutralité, mis en pratique par des nations qui ont la certitude morale de n'être pas attaquées en raison des secours qu'elles fournissent, soit à cause de la situation avantageuse de leur pays, soit à cause des garanties et de la complication des droits d'autres souverains : ceci est tellement vrai, qu'on a vu souvent des nations rester exemptes du fléau d'une guerre, sans avoir fait pourtant aucun traité spécial pour s'en garantir.

§. 10. On a vu d'autres fois, et peut-être le verra-t-on encore, des traités d'alliance et de subsides conclus et stipulés entre un des peuples belligérans et un autre supposé neutre, en vertu desquels celui-ci fournissait des troupes auxiliaires, des recrues avec solde ou gratuitement, sans qu'il s'en soit suivi de rupture avec l'autre partie belligérante. Pour ne pas rendre odieux les traités trop récens de puissances européennes, je n'aurai recours, pour prouver ce fait, qu'à des exemples plus éloignés de notre siècle.

§. 11. Les états-généraux des Provinces-Unies secoururent de cette manière le Danemarck dans la guerre qu'il fit à la Suède en 1658 et 1659, et l'aidèrent de toutes leurs forces navales et d'une grande partie de leurs troupes, sans que la guerre se soit allumée entr'eux et la Suède. En 1663 et 1665, la France et l'Angleterre soutinrent avec leurs troupes le Portugal contre l'Espagne, qui ne s'en est pas vengée par les armes. Les rois de Danemarck, Christian V et Frédéric IV, firent passer dans la guerre commencée en 1688, et dans celle de la succession d'Espagne, des corps considérables de troupes à la solde de l'Angleterre et des états-généraux des Pays-Bas, qui s'en servirent contre la France, malgré la paix qui subsistait entr'elle et le Danemarck, qui ne cessa pas pour cela d'être considéré comme neutre.

§. 12. Ces exemples, et beaucoup d'autres plus modernes qu'on pourrait citer, prouvent seulement que les nations en guerre, contre lesquelles un état neutre a fait combattre ses troupes ou fourni des secours d'une autre espèce, si elles ne se vengent pas de ce procédé, n'obéissent en cela qu'à certaines considérations de politique, pour ne pas dire de faiblesse, ou quelquefois de nécessité. Souvent il est difficile d'attaquer celui qui a donné ces secours; souvent aussi on en est détourné par la crainte de s'attirer ouvertement un ennemi de plus; et l'on souffre ainsi un petit mal pour en éviter un plus grand. Jusqu'à présent le droit des gens n'a pas sanctionné cette assistance d'un état neutre, comme une conséquence des droits de la neutralité; il y a des cas, au contraire, où de pareils secours ont été regardés comme des actes hostiles qui ont donné lieu à une guerre légitime.

§. 13. C'est ainsi que Louis XIV considéra le secours que donnèrent, en 1672, aux Provinces-Unies, l'empereur et l'électeur de Brandebourg; et lorsque dans la guerre pour la succession de la maison d'Autriche, les états-généraux prêtèrent leurs forces à l'héritière de Charles VI, en armant contre la France, et prétendant néanmoins conserver la neutralité, Louis XV, sans égard pour cette prétendue qualité, les attaqua en 1747 comme ennemis déclarés. La même guerre, et celle de 1756 entre l'Autriche et la Prusse, fournissent de pareils exemples qui prouvent que les nations de l'Europe ont toujours eu à cet égard des opinions fort différentes, selon la diversité des temps et des circonstances. On peut dire des puissances qui se conduisent de la sorte, ce que Florus a dit autrefois de Marseille, que, désirant la paix, elle se précipita dans la guerre qu'elle appréhendait (1). Le trop de prudence dégénère souvent en imprudence; et assez communément, dans les affaires du monde, rien n'engage plus facilement dans le péril que le trop grand soin de s'en éloigner. L'histoire diplomatique de l'Europe est trop parsemée de ces faits toujours problématiques et toujours variés, pour qu'on en puisse former un système de principes propre à servir de base à la décision des cas particuliers qui peuvent arriver. Les anciens mettaient à un si haut prix le mérite de la neutralité à laquelle on s'engageait envers eux, qu'ils la regardaient comme une garantie ou sauve-garde, pour ainsi dire sacrée. Les Grecs, passant chez les Perses neutres, payaient scrupuleusement tout, et Plutarque nous apprend que Pompée voulant s'assurer que ses soldats, en Sicile, n'exerçaient aucune violence contraire à la foi de

---

(1) Nihil hostile erat in Gallia : pacem ipse fecerat ; sed ad Hispanenses Pompei exercitus transeunti per eam duci portas claudere ausa Massilia est. Misera, dum cupit pacem, belli metu in bellum incidit. Florus, *Histor.* lib. 4, §. 6.

la neutralité, faisait cacheter leurs épées. On sera moins étonné de cette régularité dans des nations éclairées que dans d'autres connues postérieurement, et dont nous n'avons presque que des idées de barbarie, tels que les Goths, les Huns, les Alains, qui, pourtant, n'étaient pas moins scrupuleux en ce genre, du moins à en juger par ce qui nous reste des ordonnances militaires de Théodoric et d'Athalaric. On y voit leur attention particulière pour la conservation des biens de la terre dans le pays qui était sous la sauve-garde des neutralités (1).

---

(1) Pecquet, *Esprit des Maximes politiques.* — Grotius, *de Jur. bell. ac pac.*, lib. 3, cap. 17.

CHAPITRE II.

DE LA LIBERTÉ DU COMMERCE MARITIME EN TEMPS DE GUERRE.

ARTICLE PREMIER.

Du Commerce des Neutres en général.

§. 1. Ceux qui voudront réfléchir sur les principes que j'ai exposés dans le discours préliminaire de cet ouvrage (1), seront bientôt convaincus que la première loi de la nature, gravée dans le cœur de l'homme, est celle de n'offenser qui que ce soit, c'est-à-dire de ne rien faire à un autre qui puisse le blesser dans sa personne, dans ses biens et dans ses droits, si l'on veut être respecté à son tour dans les mêmes rapports sociaux.

§. 2. L'application de ce principe aux rela-

---

(3) Tom. 1, pag. 6, §. 8 *et suiv.*

tions générales de toutes les nations de l'univers, a donné lieu à l'origine et à l'établissement du droit des gens universel, qui impose à chaque état et à chaque peuple l'obligation de n'en pas offenser un autre, et de ne pas le troubler dans la paisible possession de ses biens et de ses droits. Cela supposé, on trouve établi dans le système des nations, un droit incontestable de trafiquer les unes avec les autres, de transporter et d'échanger réciproquement, en tout temps et sans aucune exception, toute sorte de denrées et de marchandises dont le commerce leur offre des bénéfices assurés. L'état de paix ou de guerre d'une troisième nation ne peut porter aucune atteinte à ce droit, ni à la faculté naturelle qu'ont les autres de l'exercer (1) : elle ne pourra par conséquent, dans aucun cas, empêcher le commerce d'une autre avec qui elle est en paix,

---

(1) « Si un peuple neutre (selon les justes principes de Galliani, dans l'ouvrage déjà cité, ch. 9, §. 2, pag. 295) veut continuer son commerce avec les deux peuples ses amis, il est pleinement en droit de le faire, la neutralité étant une continuation et une permanence dans son ancien état, et non un nouvel état de choses ».

ni lui en limiter l'exercice (1). En suivant ce principe de raison universelle, on sentira également que les sujets d'une puissance neutre peuvent continuer leur commerce actif ou

---

(1) Le célèbre Lampredi, dans son ouvrage *du Commerce des Neutres en temps de guerre*, part. 1, §. 1, donne beaucoup de poids à mon opinion. Voici comment il s'explique là dessus, pag. 20 : « L'échange étant le fondement du commerce, il en résulte clairement que les hommes et les nations en général, non seulement ont le droit de l'exercer, mais y sont même obligés par les lois de la nature, comme l'unique moyen de conserver et de perfectionner leur existence. Je dis *en général*, car si une nation était assez fortunée pour pourvoir à son bonheur et à sa perfection avec le seul secours de ses productions naturelles et industrielles, elle ne serait pas obligée d'être commerçante ; cette obligation n'étant pas absolue, mais hypothétique et conditionnelle, c'est-à-dire fondée sur ses propres besoins, dont elle-même est le vrai juge. Mais hors de ce cas, la loi reprend toute sa force. Elle me fait un devoir de travailler, autant que mes forces me le permettent, à la conservation et à la perfection de ma vie. Pour cela, elle a soin de me donner tous les droits sans lesquels je ne pourrais lui obéir. Ne trouvant donc d'autre moyen de pourvoir à mes besoins que par l'échange de mon superflu, c'est-à-dire par le com-

passif, dans les termes rapportés à l'article troisième, avec les mêmes nations, quoiqu'elles soient en guerre, sans que ni l'une ni l'autre d'elles puisse légitimement s'y opposer.

§. 3. Ces principes, sur lesquels sont appuyées toutes les obligations des peuples neutres en temps de guerre, une fois établis, il en résulte nécessairement que l'exercice de leur commerce dans ce même temps, doit être illimité, et qu'ils doivent conserver la faculté de s'y livrer de la même manière et avec la même liberté qu'en temps de paix, en observant simplement une parfaite impartialité pendant la guerre.

§. 4. De-là, le commerce de toutes sortes de marchandises, denrées ou objets de manufactures étant permis en temps de paix aux sujets d'une puissance, tant que les lois de l'état ou des traités particuliers avec d'autres puissances ne viennent pas y faire quelque exception, il en doit être de même pendant la durée de la guerre, parce qu'aucune des

---

merce, il faut bien que j'aie le droit de l'exercer. C'est donc en général un droit parfaitement naturel, qu'on ne peut interdire sans la plus criante injustice ».

parties belligérantes n'a le droit d'innover et d'imposer des obligations qui n'existaient pas en temps de paix (1).

§. 5. Le droit universel des gens, qui a pour base celui de la nature, en autorisant les nations à faire le commerce, ne fait aucune distinction des marchandises qui peuvent être l'objet du trafic en temps de paix plutôt qu'en temps de guerre. Il ne peut donc y avoir de marchandises, denrées ou produits de manufactures, qu'elles ne puissent vendre ou porter chez les belligérans. On ne peut pas non plus refuser aux neutres la faculté de louer aux puissances qui se font la guerre, leurs

---

(1) Wolf (*Jus Gent.*, cap. 8, §. 683) expose ce principe avec assez de clarté. Voici ses termes : « Qui neutrarum partium sunt, ea præstare utrique belligerantium parti debent, quæ jure gentium debentur extra bellum, nisi expresse de quibusdam aliter conventum, quæ respectum habent ad bellum. . . . . Qui neutrarum partium sunt, eorum respectu bellum non est, ipsi verò utrique belligerantium amici sunt. Quæ igitur extrà bellum, seu pacis tempore, gentibus præstantur à gente, ea etiam præstanda sunt utrique belligerantium parti. Quod uni præstatur, id præstandum quoque alteri est, si eodem indiget ».

mains-d'œuvre, des navires et toute sorte de moyens de transport, selon leur coutume antérieure, pourvu que, lorsqu'ils seront requis de fournir des choses qu'ils sont en état de procurer, ils ne refusent pas à l'un ce qu'ils accordent à l'autre (1).

§. 6. Une grande partie du commerce de quelques nations européennes, telles que les Suédois, les Norvégiens et les Russes, consiste en marchandises nécessaires aux guerres maritimes, pour la construction et l'équipe-

---

(1) On trouve dans Tite-Live un exemple de cette équité naturelle, liv. 37, chap. 28.
Les Téïens avaient fourni à la flotte des ennemis des Romains une quantité de vivres. Le préteur Emilius les menaça de saccager leur ville s'ils n'en fournissaient pas autant à la flotte romaine. « Sa demande était juste, poursuit Lampredi dans l'ouvrage cité, en tant qu'ils pouvaient y satisfaire sans en manquer eux-mêmes ». Aussi Wolf, au passage de son livre qui m'a fourni la précédente citation, ajoute cette conclusion : « Ea enim fieri debent quæ facienda sunt, si bellum non est, ut diximus. Cavendum saltem est, ne quid fiat, quod prodat majorem favorem ergà partem unam quàm alteram, ne justa detur parti uni de neutralitate non exactè servatâ, quærela ».

ment d'une flotte. Elles vendent, en temps de paix, à quiconque en a besoin, du fer, du cuivre, des mâts, du bois de charpente, du goudron, de la poix, des canons, jusqu'à des vaisseaux de guerre. Quelle raison y aurait-il de priver ces nations de leur principal commerce, et parconséquent de leur manière de subsister, à l'occasion d'une guerre dans laquelle elles n'ont aucun intérêt (1)? Il n'y a rien dans le code de la justice et de l'équité qui autorise une pareille prétention. Il est donc nécessaire d'établir pour maxime fondamentale de tout droit, que les peuples neutres devant et pouvant licitement continuer le commerce qu'ils font en temps de paix, on ne doit faire aucune distinction des marchandises, denrées ou produits de manufactures, quoique

---

(1) « Neuter prohibere vel perturbare potest commercia pacati cum altero hostium : idque verum est, et si hostium vires inde augeantur; uti si ferrum, arma, frumenta, aliaque quæ in bello usum habent, afferantur ». Sam. Cocc., *Dissert. Præm.*, §. 789. Galliani, qui est toujours d'un avis contraire à celui de Cocceius, n'a pu s'empêcher ici de répéter les mêmes mots dans son §. 3, pag. 312, que je rapporterai ailleurs en entier pour le réfuter lui-même.

propres à la guerre, et que par cette raison la vente et le transport sur les côtes des pays belligérans en sont permis, selon qu'ils en faisaient un commerce actif ou passif en temps de paix, sans qu'on puisse dire en aucune manière que ce soit violer la neutralité, pourvu qu'on agisse sans animosité, sans préférence et sans partialité marquées (1).

---

(1) Disons encore d'après les mêmes principes, que si une nation commerce en armes, en bois de construction, en vaisseaux, en munitions de guerre, je ne puis trouver mauvais qu'elle vende tout cela à mon ennemi, pourvu qu'elle ne refuse pas de m'en vendre aussi à un prix raisonnable. Elle exerce son trafic sans dessein de me nuire; et en le continuant comme si je n'avais point de guerre, elle ne me donne aucun sujet de plainte. Vattel, *Droit des Gens*, liv. 3, ch. 7. — Bynkershoeck a aussi adopté cette maxime. Voici ses termes : « De his quæritur quid facere aut non facere possint inter duos hostes. Omnia, fortè inquies, quæ potuerunt cùm pax esset inter eos, quos inter nunc bellum est : belli enim conditio non videbitur porrigenda ultra eos qui invicem bellum gerunt ». *Quæst. jur. publ.*, lib. 1, cap. 9. Tous les hommes sont aujourd'hui persuadés de cette vérité, et rien ne fait mieux connoître la disposition générale de l'esprit humain que la ré-

§. 7. Quoique ces principes soient généralement adoptés sans opposition, les divers événemens de la guerre en modifient quelquefois la pratique. Ils peuvent donner jusqu'à un certain point aux puissances belligérantes le droit de limiter et de restreindre en quelque sorte le commerce des nations neutres. Mais ce droit, pour n'être pas encore déterminé par un système stable et permanent, qui en fixe les lois et les véritables bornes, est dans toutes les guerres une source de plaintes et de contestations. Nous en ferons la matière de l'article suivant.

---

ponse suivante faite par un négociant hollandais au magistrat d'Amsterdam, qui lui reprochait d'avoir porté des munitions de guerre aux Espagnols, alors ennemis de la France : « Comme citoyen de cette ville, j'ai le droit de faire le commerce partout ; et si, pour gagner, il fallait traverser l'enfer, je hasarderais volontiers d'y brûler les voiles de mon vaisseau ». *Hist. de la Puiss. navale de l'Angl.*, tom. 1 ; pag. 225.

ARTICLE II.

ARTICLE II.

Du Droit qu'ont les Belligérans de limiter le Commerce Actif des Neutres.

§. 1. La liberté de la navigation et du commerce maritime fut de tous les temps la principale cause des querelles qui s'élèvent, pendant la durée d'une guerre, entre les peuples neutres qui prétendent en jouir, et les belligérans qui cherchent à les en empêcher: ceux-ci s'imaginent qu'ils ont le droit d'arrêter en pleine mer les vaisseaux marchands, de les visiter pour voir s'ils sont chargés d'armes ou d'autres munitions de guerre destinées à l'ennemi, ou de marchandises qui lui appartiennent: auquel cas ils procèdent à la saisie du navire ou du chargement.

§. 2. Si on a lu avec attention la première partie de cet ouvrage (1), on a dû reconnaître avec moi que la navigation, en pleine mer,

---

(1) Tom. 1, art. Ier, *de la Pleine-Mer*, pag. 15 et suiv.

doit être commune et libre à tous les peuples de l'univers, qui ont tous des droits égaux à la jouissance de cet élément.

§. 3. Le droit d'ordonner et de punir les transgressions suppose celui de promulguer des lois, et de les faire exécuter. En guerre, une puissance a, sans contredit, le droit d'attaquer et d'occuper le territoire de son ennemi. Elle doit par suite être regardée comme souveraine temporaire, dans toute l'étendue des lieux qu'elle occupe, et pendant tout le temps qu'elle les tient sous son pouvoir. De-là naît cette règle de raison universelle qui donne à une nation belligérante, partout où elle a acquis cette puissance législative et exécutive, dans tous les endroits occupés, assiégés ou bloqués par ses troupes, le droit d'interdire aux étrangers tout commerce ou communication avec les places qu'elle a mises en état de siége ou de blocus, et d'y empêcher, tant par mer que par terre, l'introduction de tout genre de marchandises, qui pourrait en retarder la prise ou la rendre plus difficile.

§. 4. De la certitude reconnue de ces principes, dérive la conséquence nécessaire que ce cas est le seul qui autorise une puissance belligérante à défendre aux négocians d'un peuple neutre le transport de certaines marchandises, ou même de toutes, dans les lieux qu'elle a fait occuper par ses troupes; mais qu'elle ne pourra pas s'arroger ce droit dans un autre lieu où son autorité ne serait pas établie et reconnue légitimement, encore moins dans la pleine mer qui, étant commune à toutes les nations de l'univers, ne peut-être soumise avec justice à aucun droit, même temporaire. Le droit de la guerre ne permet donc pas aux belligérans d'arrêter en pleine mer les navires neutres, de les visiter et de les confisquer.

§. 5. Les publicistes donnent pour principe constant, qu'une nation a entièrement et parfaitement le droit de diminuer à l'infini les forces de son ennemi, de traverser tous les moyens qu'il pourrait employer pour les conserver ou les augmenter, et même d'empêcher une autre nation de faire avec lui un commerce qui puisse accroître ses ressources ou ses moyens d'attaque et de défense, ou détruire l'effet d'une opération militaire qui, si elle n'était pas déconcertée, conduirait à la victoire, ou réduirait l'ennemi à demander la paix (1).

---

(1) Voici dansquelstermes s'expliquent les publi-

§. 6. Les belligérans, fondant sur ces principes un prétendu droit d'absolue nécessité,

---

cistes sur cette matière : « Est æquo æquius et favorabili favorabilius et utili utilius. Lucrum illi commerciorum sibi perire nolunt. Angli nolunt quid fieri, quod contra salutem suam est. Jus commerciorum æquum est, at hoc æquius tuendæ salutis; est illud gentium jus, hoc naturæ est : est illud privatorum, hoc est regnorum ». Alb. Gent, *de Jure bell.* loc. cit. « Interea, quæ, et si pace illicita, tamen in bello in pacatos jure gentium permissa sunt, primum est quod nonnumquam in eos exercere potest, qui commercia cum hoste nostro agunt. Id verò quale sit, maximis inter gentes et populos contentionibus et adeo probabilibus utrinque rationibus disceptatum fuit, ut ipsum proprie jus gentium collidere videatur. Ab eorum enim parte qui commercia exercent cum hoste, ratio manifesta est ; nam indubie jure gentium domini res suas vendere, cui velint possunt. A parte verò eorum qui commercia hæc sibi noxia impediunt, ratio non minus evidens est ; nam cùm cuique à naturâ se jura que sua tueri concessum sit, etiam ea concessa sunt, sine quibus tueri ea non potest, uti si non possit nisi impeditis cum hoste commerciis ». Henr. Cocc. *de Jure belli in Amicos,* §. 6. « Quamvis enim alter populus forsan suo jure utatur dum talia hosti alterius subministrat, nec minus tamen jure suo utitur qui

franchissent les bornes de l'équité et d'une juste modération, au point d'oser, au commencement d'une guerre, imposer dans leurs manifestes, des conditions à la liberté du commerce maritime des neutres. Ils exceptent d'ordinaire les armes et les munitions de guerre, ainsi que les marchandises appartenantes à l'ennemi, qu'ils déclarent prohibées et de bonne prise ; après quoi, ils s'emparent des bâtimens neutres partout où ils les trouvent ; et si on leur adresse des plaintes sur l'injustice de ce procédé, ils ne répondent autre chose, sinon que c'est la faute des négocians des états amis qui, en transgressant la loi publiée dans un des cas prévus, s'exposent à faire séquestrer leurs marchandises. Qu'on se rappelle ici les théories que j'ai données jusqu'à présent, et l'on verra bientôt que de pareilles prétentions ne sont que spécieuses et dépourvues d'ailleurs de tout fondement.

§. 7. Les bornes que les belligérans veulent assigner au commerce d'une nation pacifique et neutre, pour lui servir de règle pendant

---

se adversùs illos defendit, qui hostem reddere potentiorem non dubitant. Heinecc. *de Navib. ob vect. vetit. merc. commissis.* §. 14.

le cours de la guerre, sont à proprement parler, des lois comminatoires, puisqu'elles menacent les contrevenans de la confiscation de leurs marchandises et de leurs vaisseaux. Or, la première qualité essentiellement nécessaire à un législateur, c'est d'avoir une autorité ou un pouvoir souverain sur les personnes à qui il veut imposer des lois, ou sur le lieu dans lequel elles doivent avoir leur exécution, ou dans lequel sera surpris le délinquant. Mais le droit universel des nations refuse cette prérogative aux belligérans, puisque ceux à qui ils veulent imposer ces lois, ne sont pas leurs sujets, mais entièrement étrangers et hors de leur puissance, tant qu'ils ne sont pas ou qu'ils n'habitent point dans des lieux soumis à leur domination. On doit entendre par pays soumis à la domination des belligérans, non seulement ceux qu'ils possédaient avant la guerre, mais encore la partie du territoire ennemi occupée par leurs armées. Les neutres ne doivent faire aucune attention au titre, mais seulement à la possession actuelle, qui suffit alors pour donner le droit de juridiction (1).

---

(1) Cocc., *de Jure bell. in Amic.*, §. 788. « Tertia

§. 8. La mer, dont la navigation est sans cesse ouverte et commune à tous les peuples du monde (1), et sur laquelle le droit de la guerre ne peut avoir d'effet que contre les sujets et les propriétés de l'ennemi ou de ses alliés, ne tombe pas sous la domination des belligérans. Leurs lois prohibitives ou pénales sont par conséquent nulles dans l'étendue de la pleine mer, sur laquelle elles ne peuvent trouver de véritable délit ; ces puissances ne peuvent donc arrêter ceux qui ne sont pas leurs sujets, à moins qu'ils ne soient leurs ennemis. Publier de pareilles lois, et prétendre les faire exécuter, c'est s'arroger un droit souverain sur des personnes et sur des lieux qui ne nous sont pas soumis, c'est vouloir se

---

quod pacati sequantur præsentem possessionem... Alibi distinximus inter possessionem sive administrationem, et interius imperii. Vicini et medii sequuntur possessionem, quia cùm judicandi facultas circa jus eis non competat, naturali ratione factum possessionis respiciunt, et cum eo qui civitatem administrat, agunt ».

(1) *Voyez* l'art. 1er du chap. 1er du 1er tom. de cet ouvrage.

faire obéir par des hommes qui n'y sont nullement obligés (1).

§. 9. On doit tirer de ces principes la juste conséquence, qu'aucune puissance belligérante n'a le droit ni d'interdire, ni de limiter le commerce des nations neutres avec l'ennemi, ni par conséquent de les soumettre à la saisie. J'ai suffisamment démontré dans l'article précédent, que les sujets d'un état neutre ont, en vertu du droit de la nature et des gens, la pleine liberté de faire partout et en tout temps le commerce de toute sorte de marchandises, même des munitions de guerre, tant que les lois de leur pays, qui seul a des droits à leur obéissance, n'y mettent pas d'opposition (2).

---

(1) Galliani, dans l'ouvrage cité, pag. 391, confirme cette doctrine dans les termes suivans : « Je dis donc, sans balancer, qu'aucune marchandise de contrebande appartenant à des neutres ou frétée par des neutres, saisie dans un lieu libre ou sur un territoire étranger, ne peut être, sous aucun prétexte, retenue par les belligérans, tant qu'il n'y a pas de rupture entr'eux et la nation neutre ».

(2) Lampredi explique très-bien cette théorie dans le livre cité, §. 5, pag. 55 : « Le belligérant peut publier tous les manifestes qu'il voudra; les

§. 10. La nécessité d'une juste défense, prétexte ordinaire des prétentions injustes et illégales des nations en temps de guerre, ne donne que le droit d'empêcher, dans quelques cas, les neutres d'introduire leurs marchandises dans les ports de l'ennemi, et de s'assurer par tous les moyens nécessaires, que les

---

nations indépendantes ne sont nullement obligées d'y faire la plus légère attention, ni de s'y conformer. Il a beau objecter que le besoin naturel de sa défense lui en donne le droit, lorsqu'il lui est essentiellement nécessaire ; je lui réponds que ma liberté naturelle et mon indépendance me donnent aussi le droit de disposer, comme il me plait, des choses que je dois à la nature ou à mon industrie, quand l'usage que j'en fais avec les peuples en guerre est sans préférence et sans partialité; unique restriction qui dérive naturellement de la neutralité qu'il m'a plu d'embrasser. S'il me déclarait que la nécessité le contraint à me faire désister par la force, je pourrais légalement user de représailles ; ce qui me serait encore permis s'il arrêtait ou saisissait les marchandises de mes sujets, lorsque leurs navires, chargés d'armes et de munitions, sont dirigés vers les plages de son ennemi, à moins que, par une convention expresse ou tacite, je ne me fusse engagé à ne pas le leur permettre ».

villes ou les ports, devant lesquels on a mis le blocus, ne reçoivent aucun secours de la part des neutres. Si, pour plus grande sûreté, on croit nécessaire d'arrêter les navires, on ne pourra jamais le faire en pleine mer, où personne n'a une véritable autorité, mais seulement dans l'espace où mouille la flotte qui forme le blocus, espace qui doit être considéré temporairement comme soumis à la puissance législative et coërcitive de celui qui l'occupe; et même dans ce cas, on ne pourrait avec justice tout au plus, que retenir et garder les navires, à la charge de réparer le dommage que l'arrestation pourrait occasionner. Ce serait un abus de pouvoir contraire à toute raison, que de bloquer un port neutre sous le prétexte spécieux d'empêcher la sortie des vaisseaux chargés pour les ports ennemis; et encore plus de les confisquer en pleine mer, là où ne peut s'étendre un droit qui doit être resserré dans les bornes des seuls actes rigoureusement nécessaires à sa propre défense et à la diminution des forces de l'ennemi (1).

---

(1) Hutcheson, *A System. mor. philos.*, lib. 2, cap. 18. « But all such damages done to others for

§. 11. Pour que les belligérans, qui ne veulent pas permettre aux neutres le com-

---

our preservation from greater, oblige us to make full compensation wen we are able. The great probability or certainty of our making future compensation justifies mani steps, wich otherways would hawe been unwarrantable ». Grotius, *de Jure belli et pacis*, lib. 3, cap. 1, §. 5, n. 3 *ibid.* : « In tertio illo genere usus ancipitis, distinguendus erit belli status. Nam si tueri me non possum, nisi quæ mittuntur intercipiam, necessitas, ut alibi opposuimus, jus dabit, sed sub onere restitutionis, nisi causa alia accedat. Quod si juris mei executionem rerum subvectio impedierit, id scire potuerit qui advexit; ut si oppidum obsessum tenebam, si portus clausos, et jam dedictio et pax expectabatur, tenebitur ille mihi de damno culpâ dato, ut qui debitorem carceri exemit, aut fugam ejus in fraudem meam instruxit, et ad damni dati modum res quoque ejus capi, et dominium earum debiti consequendi causâ quæri poterit. Si damnum nondum dederit, sed dare voluerit? Jus erit, rerum retentione, eum cogere, ut de futuro caveat, obsidibus, pignoribus aut alio modo. Quod si præterea evidentissima sit hostis mei in me injustitia, et ille eum in bello iniquissimo confirmet, jam non tantum civiliter tenebitur de damno, sed et criminaliter, ut is qui judici imminenti reum manifestum eximit; atque

merce avec leurs ennemis, ou le transport de certaines marchandises, ne puissent être taxés d'injustice en interceptant le navire, ou accusés d'abuser de leurs forces en bloquant les ports neutres, il suffirait d'une convention préalable, qui désignât le genre de commerce qu'il serait permis ou défendu de faire avec l'ennemi, du moment que la guerre est déclarée. Ce moyen, le plus conforme au principe du droit des gens, est le seul capable de maintenir la bonne harmonie entre les souverains, et d'éviter tant de réclamations et tant de pertes qui tombent sur les neutres en temps de guerre : ce qui déshonore bien souvent les puissances belligérantes dont les ordres ne sont pas toujours exécutés, de la manière qu'ils devraient l'être, par les chefs de la force armée.

§. 12. Le roi de Suède, Gustave I.er, à l'occasion d'une guerre qui était sur le point d'éclater, en 1556, entre la Russie et lui, fit demander, par l'organe d'un ambassadeur, à Marie, reine d'Angleterre, de défendre à ses sujets la navigation des mers septentrio-

---

eo nomine licebit in eum statuere quod delicto convenit, secundum ea quæ de pœnis diximus; quare intrà eum modum etiam spoliari poterit ».

pales de la Russie, afin d'empêcher ce royaume de se pourvoir suffisamment de munitions de guerre. La république de Gênes, accoutumée à rester neutre, sentit le besoin qu'elle avait d'une pareille précaution, dans la guerre qu'elle eut à soutenir contre la Corse. Elle s'adressa alors à différentes puissances de l'Europe, pour les engager à interdire à leurs sujets de porter aux Corses aucune arme, ni aucune munition de guerre. Au commencement de la révolution d'Amérique, le cabinet de Londres demanda et obtint des Etats-Généraux de Hollande, qu'il serait défendu à tout citoyen des Provinces-Unies de fournir aux insurgés des objets de même nature.

§. 13. On trouve dans le traité de commerce, conclu le 10 septembre 1785, entre Frédéric-le-Grand, roi de Prusse, et les Etats-Unis d'Amérique, l'article suivant, qui est bien digne d'être remarqué et imité : « Pour prévenir tous les désordres et les recherches scrupuleuses auxquelles donnent lieu les marchandises de contrebande, telles que munitions, armes et autres ustensiles de guerre, lorsque ces objets se trouvent à bord de navires appartenans aux sujets d'un des contractans, et destinés pour l'ennemi, on ne regardera aucun de ces articles, comme prohibés ou de contrebande, et confiscables en conséquence, au préjudice des propriétaires ; mais il sera permis néanmoins d'arrêter ces navires, et de les retenir tout le temps qu'on le croira nécessaire à sa propre sûreté, moyennant une juste indemnité, ou de garder pour son usage les munitions et attirails de guerre dont ils sont chargés, en en payant aux propriétaires la valeur, au prix courant du lieu pour lequel ils étaient destinés (1) ».

---

(1) *Voyez Berlinische Monatschirift herausgeg. von. F. und I. E. Biester.* La France qui, sans s'être encore déclarée république, n'était plus influencée par un monarque depuis le commencement de la révolution actuelle, s'annonça, avant l'explosion de la guerre maritime, avec un esprit d'humanité que toute l'Europe aurait dû reconnaître. Elle fit proposer aux puissances commerçantes de s'interdire réciproquement la prise des navires marchands, dans le cas où la guerre viendrait à s'allumer sur mer. Cette proposition, soit en haine de la nation qui la faisait, soit par l'intrigue de sa rivale implacable, ne fut acceptée par aucune puissance, et resta ensevelie dans le tourbillon de la terrible guerre qui embrâsa bientôt le continent. Fasse le ciel que la France ne se désiste jamais d'une maxime aussi

C'est dans le même sens et sur les mêmes bases qu'a été stipulé l'article 15 du traité d'amitié, de limites et de navigation, entre les Etats-Unis d'Amérique et le roi d'Espagne, du 27 octobre 1795.

§. 14. Malgré la collision apparente de ces droits des belligérans et des neutres, il est un principe invariable, et qu'on ne saurait contester, parce qu'il est fondé sur les règles de la justice universelle et du droit des gens; c'est qu'il doit être permis aux nations amies et neutres, de continuer leur commerce dans toute son étendue, de la même manière et

---

importante au bien général du commerce, et qu'elle cherche dans la suite à en faire un point fondamental de tous ses traités. Je prévois qu'il sera difficile aux puissances qu'animent les solides principes du bien général du commerce, de déterminer quelles sont les marchandises de contrebande en temps de guerre. L'animosité qui a régné depuis le commencement de la guerre actuelle en a tellement étendu le nombre, que l'Europe aura bien à s'en repentir à l'avenir, si elle n'y remédie à temps par une sage et unanime restriction. On doit tout espérer dans ce siècle éclairé et commerçant, après une si fatale expérience. C'est l'objet de mes vœux.

avec la même liberté qu'en temps de paix ; sans autre loi restrictive en temps de guerre, que l'observation de la plus exacte impartialité. La vérité de cette théorie n'ôte pas néanmoins aux belligérans, le droit d'empêcher le commerce des neutres avec l'ennemi, autant qu'ils le jugent nécessaire à leur propre défense (1), pourvu qu'ils exercent cette pro-

---

(1) Lampredit fortifie mon opinion par la solution qu'il donne de deux questions qu'il se fait à lui-même dans l'ouvrage cité, pag. 49 et 50. « Lorsque la guerre est allumée, les neutres peuvent-ils, sans blesser les lois du commerce, fournir aux belligérans des armes, des munitions de guerre et autres objets de contrebande ? Je réponds qu'il n'y a aucune loi qui le leur défende, pourvu qu'ils le fassent avec une parfaite impartialité, si quelques conventions particulières ne s'y opposent. Les belligérans peuvent-ils s'opposer à ce commerce dans le cas où la nécessité de leur défense l'exige ? Je réponds qu'ils peuvent, dans ce cas, empêcher non seulement ce genre de trafic, mais aussi tout autre, pourvu qu'ils ne portent aucun préjudice aux neutres, ou qu'ils les en indemnisent, s'il y a lieu, à moins qu'il n'en soit autrement convenu ».

Henri Cocceius avait déjà dit assez clairement dans le §. 13 de sa dissertation *de Jure belli in hibition*

hibition dans des lieux légalement soumis à ces actes de suprême puissance, et moyennant la réparation des dommages, dans tous les cas.

§. 15. Pendant que le ministère britannique égarait l'opinion du peuple anglais en 1792, sur les dispositions de la France, ses agens excitaient contr'elle les puissances étrangères; mais plusieurs eurent le courage de résister à leurs pressantes sollicitations.

§. 16. Dans le Midi, dès le mois de septembre 1792, le grand conseil Vénitien avait pris la résolution de garder la neutralité avec la France. Il paraissait avoir motivé sa résolution; 1°. « sur ce que son accession à la coalition des puissances, ne serait d'aucun poids dans la balance; 2°. sur le risque que courrait la République de propager, par une telle accession, ce qu'elle appelait, *les funestes principes de la Gallomanie*, au lieu d'en arrêter les progrès par le silence, et une sage conduite chez soi ».

§. 17. Les Cantons Suisses répondirent tardivement à la vérité, mais dans le même sens

---

amicos : « Orto inter duos populos bello, non excludi jure gentium pacatos à libero cum hostibus commercio ».

à la note de l'ambassadeur d'Angleterre, du 30 novembre 1792: « accoutumés, disaient-ils, à observer scrupuleusement les engagemens convenus, nous ne nous écarterons, sous aucun prétexte, de la neutralité déclarée ; nous n'écouterons aucune insinuation qui pourrait donner lieu à de justes plaintes. C'est à nous maintenir dans la jouissance de notre heureuse et paisible situation, que tendront uniquement les efforts de notre zèle ; nous réunirons nos forces pour repousser jusqu'aux moindres tentatives par lesquelles on essayerait de troubler notre repos, au lieu d'en ruiner les fondemens par des principes destructeurs ».

§. 18. La Turquie avait notifié à M. Fonton, le 27 mars 1793, une déclaration portant : « qu'il est de notoriété publique que la sublime Porte Ottomane, est amie des Français ; et, conséquemment à cette amitié, elle croit devoir manifester que son intention est de garder une parfaite neutralité dans la guerre qui vient de se déclarer entre la France, l'Angleterre, la Hollande, la Prusse et l'Allemagne. Elle en fait part amicalement au chef des Français, afin qu'il en informe, en France, à qui de droit, que les puissances belligérantes étant toutes amies de la Sublime Porte, elle prétend rester neutre dans cette guerre ».

§. 19. La convention nationale déclara, le 24 décembre 1793, « que les traités qui lient la France avec la république de Gênes seront fidèlement observés, nonobstant la catastrophe arrivée à deux cents Français, massacrés dans les ports de Gênes, par les Anglais, nullement du fait du peuple génois ».

§. 20. Dans le Nord, la mort de Gustave III, arrivée en mars 1792, avait privé les coalisés du plus ardent enthousiaste de la guerre contre la France.

§. 21. Au mois de mars de la même année, la cour de Pétersbourg fit notifier officiellement à celle de Copenhague l'envoi d'une force de vingt-neuf vaisseaux de ligne dans la Baltique, et lui proposa de co-opérer aux mesures qu'elle allait prendre contre la France. Le roi et le prince régent déclarèrent ne pouvoir entrer dans aucun de ces projets contre la nation française. Les sollicitations, à cet égard, furent également pressantes de la part des cours de Vienne et de Berlin, qui, dans des notifications solennelles, représentèrent au ministère danois : « que le concert des puissances contre la France avait deux objets : le premier les droits des princes lésés, et les dangers de la propagation des principes français; l'autre le rétablissement du gouvernement monarchique en France ». Par sa réponse du 1er. juin 1792, le ministère danois assurait : « Que sa majesté danoise ne pouvait se réunir au concert des puissances, par des règles de gouvernement qui lui étaient propres, et qui ne lui permettaient en ces circonstances, que de manifester ses regrets ».

§. 22. Le régent de Suède, duc de Sudermanie, animé par des sentimens plus convenables aux intérêts de la Suède, que ceux professés par Gustave III, avait fait remettre en mai 1793 à diverses puissances étrangères une notification portant: « Que sa majesté suédoise est invariablement résolue de maintenir, durant la guerre actuelle la plus stricte neutralité envers les puissances coalisées, ainsi qu'envers la France; que quelques circonstances qui puissent se présenter, et quelques démarches que l'on fasse à cet égard, elles ne pourront jamais engager sa majesté, encore moins l'obliger ou forcer à porter le moindre changement à cette résolution inébranlable de sa part. Que sa majesté croit que cette résolution est fondée sur le droit des peuples, sur l'indépendance de sa couronne, et sur le pouvoir que tous ceux qui gouvernent ont de vivre en paix, et de faire jouir leurs sujets de cet avantage, qu'ainsi, le roi veut observer, pour son royaume, une stricte neutralité à l'égard des puissances belligérantes». Le gouvernement suédois fit suivre immédiatement après cette notification d'une déclaration concernant la navigation de ses sujets pendant la guerre; il rappelait dans cette note les principes du droit positif en matière de contrebande de guerre.

§. 23. Sur ces entrefaites, le conseil du roi d'Angleterre rendit, le 8 juin 1793, un réglement sur la navigation des neutres, dont voici quelques dispositions:

Art. 1. Il sera légal d'arrêter et de retenir tous vaisseaux chargés, en totalité ou en partie, de blés ou farines destinés pour quelque port de France, ou pour quelque port occupé par les armées françaises.

Art. 2. Il sera légal pour les commandans des vaisseaux de sa majesté, ou des vaisseaux armés en course qui auront des lettres de marque contre la France, d'arrêter et d'amener tous les vaisseaux, quelque soient leurs chargemens, qui seraient trouvés faire route vers un port bloqué, pour en obtenir la confiscation, aussi bien que de leurs chargemens, à l'exception des vaisseaux danois et suédois, lesquels, pour la première fois, seront seulement détournés d'entrer dans lesdits ports; mais, pour la seconde fois, ils seront également arrêtés, et amenés pour être confisqués.

§. 24. Les violences dont on menaçait la navigation des neutres se manifestèrent encore par les démonstrations hostiles que faisait la Russie, à l'instigation de l'Angleterre, contre cette navigation, et par la note que le chargé d'affaires de cette première puissance remit le 30 juillet 1793, au grand chancelier de Suède.

« Le soussigné, chargé des affaires de sa majesté l'impératrice de toutes les Russies, en se référant aux ouvertures amicales et confidentielles que M. l'ambassadeur, comte de Steckelberg, avait été chargé de faire, au commencement de cette année au ministre de sa majesté suédoise, de concert avec les envoyés des autres cours intéressées dans la guerre actuelle, a l'honneur de lui notifier aujourd'hui, que sa majesté impériale a, conformément à l'arrangement pris avec sa majesté britannique, fait sortir une escadre de vingt-cinq vaisseaux de ligne, et de quelques frégates destinées à croiser dans les mers de la Baltique et du Nord, afin d'y arrêter et couper la navigation et le commerce des Français rebelles ».

§. 25. La réponse de la Suède à la Russie, du mois d'août portait en substance :

« Comme l'indépendance de la Suède dépend infiniment de son commerce, il est impossible de pouvoir consentir à ce qu'il lui soit porté la moindre atteinte. Les traités subsistans doivent avoir, à cet égard, leur pleine et entière exécution. On attend en conséquence, de la part de la cour de Pétersbourg, qu'elle fasse retirer aux commandans de ses vaisseaux les ordres qu'elle pourra leur avoir donnés relativement au commerce suédois ».

Le gouvernement suédois répondit aussi à l'Angleterre :

« Qu'on avait une trop haute idée de la façon de penser de sa majesté britannique envers la Suède, pour ne point être persuadé qu'elle fera observer les traités subsistans; la Suède de son côté, ne manquera en rien de remplir ses devoirs ».

§. 26. La déclaration, qui avait été faite par la Russie à la Suède, le 30 juillet 1793, concernant l'envoi de vingt-cinq vaisseaux de ligne et de quelques frégates destinés à croiser dans les mers de la Baltique et du Nord, etc., fut aussi notifiée, à la même époque, par la cour de Pétersbourg à celle de Danemarck qui y fit, le 23 août 1793, la réponse suivante :

« Que sa déclaration ne concerne nullement le Danemarck, puisque rien ne prouve qu'il ait fait porter des munitions de guerre en France; que la restriction du commerce des grains, ainsi qu'on l'entend aujourd'hui, peut être une chose assez indifférente au parti que l'impératrice a embrassé ; mais qu'il n'en est pas ainsi pour le Danemarck, parce qu'une telle condescendance emporterait le sacrifice de ses droits, de ses traités et de son indépendance, qu'il veut maintenir; qu'au reste la cour de Copenhague s'abstiendra d'entrer dans un examen plus sérieux d'une telle affaire, puisque l'impératrice Catherine a cru devoir récuser le seul juge que l'on pourrait reconnaître, *le Droit commun des nations* ».

§. 27. Former un pacte de famine contre un peuple entier, prétendre affamer des femmes, des enfans, des vieillards, etc. Voilà une mesure monstrueuse dont il a été réservé à l'Angleterre de prendre l'affreuse initiative. Les générations futures couvriront encore de leurs bénédictions M. Bernstorff, ministre danois, qui eut le courage de repousser un tel système, en même temps qu'elles voueront à l'opprobre le ministère anglais.

§. 28. Une puissance neutre a rempli tous ses devoirs, quand elle ne s'écarte point de la plus stricte impartialité, ni du sens des traités convenus. Le cas où la neutralité est plus favorable à l'une des puissances belligérantes qu'à l'autre, lui est étranger et ne la regarde en aucune façon ; sans cela, l'intérêt du moment d'une des parties deviendrait l'interprète et l'arbitre des traités subsistans.

§. 29. Quand il serait permis d'affamer un port bloqué, il ne le serait pas d'étendre ce désastre sur tant d'autres ports, lorsque ce malheur tomberait sur des innocens et sur des provinces entières de France, qui n'ont pas mérité ce surcroît de calamités, ni de la part de l'Angleterre, ni de la part de ses alliés. Dans l'année 1709, la France était bien plus près d'une famine qu'elle ne l'est aujourd'hui ; et cependant l'Angleterre ne fit point usage alors du même raisonnement. Il y a plus : et lorsque dans la suite, le roi de Danemarck, Frédéric IV, à l'occasion de la guerre qu'il avait alors avec la Suède, qui, comme la France, a toujours besoin de l'étranger pour l'approvisionner, voulut tourner contre son ennemi ce même moyen de famine, et empêcher les importations en Suéde pour la forcer à faire la paix, toutes les puissances, *et particulièrement* la Grande-Bretagne, réclamèrent contre cette prétention, et la déclarèrent unanimement nouvelle et insoutenable ; et le gouvernement danois mieux conseillé, fut obligé de s'en désister.

ARTICLE III.

Du Droit que peuvent avoir les belligérans de limiter le Commerce Passif des Neutres.

§. 1. De même que dans le système de la liberté naturelle des nations, il n'y a que leur pleine et libre volonté qui puisse les faire renoncer à l'exercice de leurs droits naturels en tout ce qui concerne leurs intérêts particuliers, et qui n'est pas nuisible aux autres ; ainsi, dans le système du droit universel des gens, ce n'est qu'une convention expresse ou tacite, qui puisse obliger une nation à s'abstenir de vendre sur son territoire ses propres denrées à qui il lui plaît, tant qu'elle conserve dans les ventes qu'elle en fait aux belligérans, la même égalité et impartialité qu'avant la guerre, suivant la définition que j'ai donnée de la neutralité.

§. 2. Ainsi les exceptions que font les puissances, dans toutes leurs guerres, à l'exercice du droit des neutres, en prohibant le commerce de certains objets, lors même que la nécessité de leur défense l'exige, doivent être regardées comme des accords libres, résultant du droit conventionnel de l'Europe, et point du tout du droit naturel et des gens, qui ne défend rien aux neutres. Conséquemment les marchandises qu'on appelle de contrebande en temps de guerre, telles que les armes et autres munitions, ne le sont pas par la force de la loi de neutralité, ou comme une dépendance du droit des gens universel, mais en vertu d'une simple convention, ou au moins d'une renonciation aux droits naturels de ceux qui s'y sont spécialement obligés, et d'un consentement tacite ou acquiescement à la pratique de la majeure partie des nations, de la part de celles qui n'auraient fait aucune convention sur ce point (1).

---

(1) Galliani, dans le livre cité, pag. 308, confirme cette théorie dans les termes suivans : « Je dis donc que ce n'est jamais un devoir rigoureux de justice, pour les neutres qui n'y sont pas obligés par un article exprès de quelque traité, de s'abstenir de fournir de la contrebande de guerre aux combattans, parce que, quand même l'un d'eux aurait pleinement et parfaitement le droit de s'opposer à ce commerce entre deux souverains également libres et indépendans, le plein droit de l'un ne porte au-

§. 5. Si le droit des gens universel permet aux neutres qui sont en possession de faire un commerce actif avec les nations belligérantes, le transport impartial chez une d'elles, de toute espèce de marchandises même de contrebande, par le même principe de raison, la vente sur leur territoire leur en doit être permise, s'ils avaient avant la guerre un commerce passif avec elles. Ainsi, tout commerce passif, ou la vente impartiale, sur son propre territoire, de marchandises, denrées et objets manufacturés de toute espèce, sera toujours permise à une nation neutre toutes les fois que son souverain n'aura pas fait un traité contraire avec un des belligérans dont les sujets viennent acheter et se pourvoir sur le territoire neutre, et qu'il ne se mêlera pas des achats, des ventes, et autres contrats qui transmettent la propriété. Tant qu'il ne fait pas remplir ses magasins de provisions de guerre, tant qu'il ne fait pas mettre ses vaisseaux à la

---

cune atteinte au droit de l'autre. A l'égard des neutres, la renonciation à leurs droits, dans la vue de procurer un plus grand avantage à un ou plusieurs des belligérans, ne peut être qu'un devoir d'équité et non un devoir absolu et de rigueur.

voile pour les transporter sur les terres d'un des belligérans, et qu'il se borne à protéger en général le commerce de ses états, et à en assurer la continuation à ses sujets, de la même manière et avec la même liberté qu'avant la guerre, il ne fait qu'user des droits incontestables qui lui appartiennent, et qui ne peuvent être limités que par des conventions spéciales, expresses ou tacites (1).

§. 4. Les deux rois alliés de France et d'Espagne, Louis XII et Ferdinand-le-Catholique, s'étaient emparés du royaume de Naples, au

---

(2) Et quia neutrius partis esse debet, et à bello omninò abstinere, neutri etiam suppeditabit quæ directe ad bellum referuntur. Suppeditare hic loci transvehere ad alterutrum hostem significat; nam si qua gens instrumenta bellica, et cætera supra memorata utrisque bellantibus æquo pretio veluti merces vendat, neutralitatem non violat. . . . . Ad hanc necessariam mercaturæ distinctionem animum non addvertisse eos, qui de hâc re tam prolixe scripserunt, manifeste patet; maxime enim inter se differre videntur exportatio mercium ad hostem meum ab amico vel neutro populo facta, et eorum venditio quæ ad bellum necessaria esse possunt. Lampredi, *Theorem. jur. publ. univer.*, p. 3, cap. 12, §. 9, n. 4 et in not.

commencement du seizième siècle. La différence d'intérêts ne leur permit pas de s'accorder sur la disposition de leur conquête. Il fallut décider la querelle par les armes; mais les Espagnols furent bientôt réduits à l'extrémité : ils manquaient de tout, et particulièrement d'argent, de vivres et de munitions. Cette pénurie fut en quelque façon réparée par le sénat de Venise, qui fut assez favorable aux Espagnols pour ne pas interdire dans les états de la république l'exportation des salpêtres pour le service d'Espagne. Le roi de France fit présenter ses plaintes au Sénat qui, persuadé du droit qui lui appartenait en vertu des principes que nous venons d'exposer, répondit que cela s'était fait, sans son approbation, par la voie du commerce, et que Venise étant une ville libre, il était permis à tous les citoyens d'y faire un trafic quelconque, et qu'on ne pouvait pas entraver leurs spéculations (1). Voilà comment ces prudens Séna-

---

(1) Guicciardini, *Hist. des Guerres d'Italie*, liv. 5, pag. 145, édit. de 1587, s'explique en ces termes : Et trovandosi molto inferiore di gente Consalvo, si ridusse coll' esercito in Barletta, senza danari con poca vettovaglia, et carestia di munitioni, benchè

teurs, en faisant une distinction entre leurs ordonnances et les opérations des négocians, soutinrent la liberté du commerce de leurs sujets, même en temps de guerre, sans exception d'aucune marchandise.

§. 5. Malgré la certitude de ce principe fondamental, Galliani, que j'ai déjà cité plusieurs fois, a voulu établir une théorie absolument contraire, oubliant qu'il était par-là en contradiction avec lui-même sur tous les autres points.

§. 6. Après avoir dit avec raison, page 111, que la neutralité n'est pas un changement, mais une continuation d'état, page 142, « que l'état de neutralité n'est et ne peut être un nouvel état dans lequel on vienne à se trouver, mais une permanence et une continuation du précédent pour un souverain qui n'a aucun motif d'en changer », il en conclut, au grand

---

questo fu alquanto sollevato per tacito consenso del Senato Vinitiano, il quale non proibì, che in Vinetia facesse comperare molti salnitri, di che querelandosi il re di Francia, risponderano essere stato fatto senza saputa loro, da mercanti privati, et che in Vinetia, città libera, non era mai stato vietato ad alcuno, che non esercitasse le sue negotiationi et i suoi commertii.

étonnement

étonnement de tout homme de bon sens, que les neutres ne peuvent vendre sur leur propre territoire, comme ils le faisaient auparavant, aux sujets des puissances belligérantes, des armes, des instrumens et autres munitions de guerre. Mais si la guerre, comme il le dit, n'apporte aucun changement au premier état d'un peuple neutre; si elle n'anéantit pas les droits dont il jouissait en temps de paix, par quelle raison, demanderai-je à Galliani, doit-il s'abstenir de continuer son commerce? Pourquoi sera-t-il obligé de changer son état, qui, dans ses propres principes, ne doit éprouver aucune altération par l'effet de la neutralité? Pourquoi, enfin, ne pourra-t-il pas mettre en vente, dans un de ses ports, un vaisseau propre à la navigation et armé en guerre? Je ne trouve dans son ouvrage d'autre raison de toutes ces contradictions, que la confusion qui y règne, et l'égarement où l'a jeté l'esprit de parti, en voulant réfuter l'opinion de Lampredi qui soutient le contraire. Voilà comment d'adroits sophismes et d'ingénieux paralogismes couvrent la vérité de ténèbres. Il est donc nécessaire que je répète ici le principe incontestable, qui défend aux neutres, en vertu du droit conventionnel de l'Europe, de porter aux belligérans des objets propres et en usage à la guerre, et qui leur permet, d'après le droit universel des gens, de les vendre comme marchandises, sur leur propre territoire, à quiconque se présente pour les acheter, pourvu qu'ils le fassent avec impartialité, et sans favoriser l'une plus que l'autre des parties belligérantes. Ma doctrine, à cet égard, est si vraie, que Galliani lui-même n'a pu s'empêcher d'établir ensuite, à la page 312, tout le contraire de ce qu'il avait déjà dit. Voici ses termes : « Mais si la disposition physique du climat, des productions ou des manufactures d'une nation, était telle qu'elle tirât sa principale richesse du commerce qu'elle en fait en temps de paix et en temps de guerre ; (si, par exemple, elle avait beaucoup de mines de fer ou de soufre, si son sol était abondant en nitre ou couvert de vastes forêts d'arbres résineux et propres au service, si le chanvre était une des principales branches de son agriculture, si elle avait de nombreuses fonderies d'armes), certainement elle ne serait pas obligée d'acquiescer à la demande susdite d'un des belligérans, qui doit se contenter de la seule impartialité des vendeurs ».

§. 7. Suivons la dispute de ces deux célèbres

publicistes. Lampredi (1) voulant se venger de Galliani, lui reproche d'avoir enseigné une fausse doctrine (2), en disant qu'un prince neutre peut, sans blesser les lois de la neutralité, permettre aux deux belligérans de faire des recrues et des enrôlemens dans ses propres états, pour compléter et renforcer leurs armées respectives, et en justifiant cette maxime par la raison que les lois de la neutralité ne sont pas violées, lorsqu'il ne se fait aucun traité particulier; que le prince se borne à connaître et à garantir les conditions d'un traité déjà conclu, sans faire lui-même les levées, sans imposer les conditions, sans régler les marchés, et sans compromettre par aucun acte sa puissance souveraine.

§. 8. Voici comment Lampredi prétend réfuter cette doctrine de son adversaire. « Si un prince neutre peut permettre impartialement aux parties belligérantes de faire sur son territoire des levées d'hommes pour le service de leurs armées, pourquoi n'aurait-il pas aussi la faculté de leur permettre de s'y pourvoir d'armes et d'autres munitions de guerre?

---

(1) Ouvrage cité, pag. 74 *et suiv.*
(2) Ouvrage cité, pag. 328.

Dira-t-on que la poudre est un instrument plus propre et plus directement à l'usage de la guerre, que le soldat qui s'en sert pour tuer ses ennemis? qu'un canon ou un fusil, machines absolument passives, est plus meurtrier qu'un homme qui s'en sert pour détruire les villes et leurs habitans? Si la vente impartiale des hommes est permise, pourquoi celle des canons, des fusils, et autres provisions de guerre ne le serait-elle pas » ?

§. 9. Jusqu'à quel point l'esprit de vengeance et de parti ne peut-il pas offusquer la raison des hommes les plus éclairés? Galliani, pour combattre la doctrine de Lampredi, en vient jusqu'à se contredire lui-même ; celui-ci, pour s'en venger, isole un passage de l'autre du chapitre suivant, où, dans une plus ample explication, il revient à ses bons principes, et ne laisse aucun doute sur son opinion, qui, au premier coup-d'œil, et sans autre examen, paraîtrait contraire à sa propre théorie. Mais autant est vrai le principe qu'oppose Lampredi à la doctrine qu'il attribue à tort à Galliani, autant est conséquente à l'opinion de tous les deux l'explication qu'en donne celui-ci peu après dans les termes suivans (1) : « Voilà le véritable point de vue sous lequel on doit considérer de semblables traités. Alors on restera persuadé que les enrôlemens sont toujours contrebande de guerre, quoique le souverain qui laisse à ses sujets la liberté de s'engager, ne manque pas à la neutralité; si, c'est un usage habituel de sa nation, qui ait lieu même en temps de paix; si, telle est sa constitution physique et politique; si, enfin, il observe là dessus une égale impartialité, en ne refusant pas à l'un ce qu'il accorde à l'autre. Si, au contraire, le souverain n'avait jamais donné à ses sujets la permission de s'enrôler sur terre ou sur mer pour le service des puissances étrangères, je serais très-embarrassé pour décider (quant à moi, je ne le serais pas du tout), s'il peut commencer de le faire, pendant que deux nations, ses amies, se font la guerre. En vain me dirait-il qu'il a offert le même avantage et la même facilité à toutes les deux ; le besoin de ces nations pourrait être tellement inégal, que, tandis que l'une, à raison de la disette d'hommes où elle se trouve, recevrait, par cette permission, un précieux et puissant se-

---

(1) Pag. 329.

cours, il serait inutile et superflu pour l'autre. C'est pourquoi il me semble qu'on peut très-bien adapter à ce cas la théorie générale des devoirs essentiels de la neutralité; c'est-à-dire, qu'on doit persévérer dans l'état et les usages où l'on se trouvait avant la guerre, sans qu'il soit permis d'y rien innover ».

§. 10. Je passe sous silence les autres querelles de ces deux écrivains sur les mots *fournir*, *transporter et vendre*, que je regarde comme des discussions purement grammaticales; je me contenterai de dire, selon les principes précédemment établis, et conformément aux théories de Lampredi, que la limitation du commerce des marchandises, dites de contrebande, ne peut émaner de la loi primitive du droit des gens, mais seulement du droit conventionnel de l'Europe, ainsi que l'a clairement enseigné Bynkershoeck (1). Quoiqu'il

---

(1) « Jus gentium commune in hanc rem non aliunde licet discere quam ex ratione et usu. Ratio jubet, ut duobus invicem hostibus, sed mihi amicis, æquè amicus sim; usus intelligitur, ex perpetuâ quodammodo paciscendi ædicendique consuetudine, quia unum forte alterumque pactum quod a consuetudine recedit, jus gentium non mutat. » *Quæst. jur. publ.* lib. 1, cap. 10.

soit donc vrai qu'on manquerait à l'impartiale indifférence, qui est le caractère essentiel de la neutralité et l'unique devoir des neutres, en fournissant à une des puissances belligérantes, sous le nom d'aide et de secours, non seulement les marchandises de contrebande, mais encore quelqu'autre denrée que ce soit, utile et de service dans la guerre, il n'en sera pas de même quand ces objets seront fournis par la voie du commerce, surtout si l'on considère que les objets de contrebande exposent les neutres à la confiscation ou à la saisie, en vertu des diverses stipulations des traités.

§. 11. Il est donc démontré que l'impartialité de commerce est l'unique devoir des neutres envers les belligérans, c'est-à-dire, qu'ils peuvent le continuer sur le même pied qu'avant la guerre; et que partant, les restrictions qu'on a faites à l'indépendance et à la liberté des relations mercantiles, dépendent uniquement des conventions expresses ou tacites, qui forment le droit conventionnel de l'Europe. Si, comme l'affirme Galliani, il est permis aux neutres de vendre et de transporter chez les nations en guerre toute espèce de marchandises, à plus forte raison l'est-il de les vendre impartialement sur leur propre territoire, suivant mon sentiment et l'opinion de Lampredi (1).

---

(1) « Et quia neutrius partis esse debet, et a bello omninò abstinere, neutri etiam suppeditabit quæ directe ad bellum referuntur. Suppeditare hîc loci transvehere ad alterutrum significat; nam si qua gens instrumenta bellica et cætera supra memorata utrisque bellantibus æquo pretio veluti merces vendat, neutralitatem non violat ». *Theor. jur. publ. univ.* part. 3, cap. 12, §. 9, n. 4. Et dans la note, l'auteur ajoute : « Ad hanc necessariam mercaturæ distinctionem animum non advertisse eos qui de hâc re tam prolixe scripserunt, manifeste patet ; maxime enim inter se differre videntur exportatio mercium ad hostem meum ab amico vel neutro populo facta, et eorum venditio quæ ad bellum necessaria esse possunt.

ARTICLE IV.

Du Droit conventionnel de l'Europe, touchant le Commerce des Neutres en temps de Guerre.

§. 1. Les restrictions que le droit conventionnel de l'Europe a prescrites au commerce des neutres en temps de guerre, à proprement parler, n'eurent jamais pour objet la qualité même des marchandises appelées aujourd'hui contrebande de guerre, mais bien le concours de deux circonstances qui leur en donnent le caractère, dont l'une résulte du fait positif de l'importation de ces marchandises à l'ennemi avec partialité de la part des neutres, ou des moyens directs pris pour en diriger et assurer le passage; et l'autre se trouve dans la sortie de ces marchandises hors le territoire neutre avec toutes les directions spécifiques d'une destination pour l'ennemi: alors, seulement si elles sont rencontrées sur le point d'entrer dans ses possessions, elles deviennent objet de contrebande et de bonne

prise (1); non parce qu'elles sont des instrumens ou provisions de guerre, mais par la
raison qu'elles appartiennent à l'ennemi, ou
qu'elles sont destinées assez évidemment à
passer dans ses mains et à accroître ses forces.
Le pavillon, quel qu'il soit, ne peut leur servir
de sauve-garde (2).

§. 2. L'empereur des Russies s'est attaché
à ce principe lumineux; et pour obvier à des
interprétations arbitraires, et fixer d'une ma-

―――――

(1) Res non hostium non bene capiuntur alibi.
Alber. Gent., *de Jure belli*, lib. 2, cap. 22.

(2) Hutcheson, *A System. of moral philos.*, t. 2,
liv. 3, ch. 10, n. 2, pag. 360 : « Military stores....
Ordinarily are to be sent to neither ». *Voy.* Wolf,
de Jure gent., cap. 6, §. 184 et 678. — Vattel,
Droit des Gens, liv. 3, ch. 7. La maxime établie
sur ce point dans le règlement concernant la neutralité armée, publié en 1780, par l'impératrice des
Russies, auquel accédèrent toutes les puissances
maritimes de l'Europe et les États-Unis d'Amérique, est digne d'être remarquée : elle porte, art. 3,
« que pour déterminer ce qui caractérise un port
bloqué, on n'accorde cette dénomination qu'à celui
où il y a, par la disposition de la puissance qui
l'attaque avec des vaisseaux arrêtés et suffisamment
proches, un danger évident d'entrer ».

nière positive l'état d'une place bloquée, il a voulu qu'il en fût fait une disposition précise dans sa convention du $\frac{5}{17}$ juin 1801, à l'article III, avec la cour de Londres, conformément au réglement sur la neutralité armée, publié en 1780. L'esprit de ces deux traités est donc que, sous la dénomination générale de marchandises fournies aux ennemis, l'on ne doit point comprendre les vivres, à moins qu'ils ne soient destinés pour une place réellement assiégée ou bloquée; puisque, dans ce cas, ce serait mettre ses ennemis en état de faire durer, et même de faire lever le siége; ce qui serait d'un grand préjudice pour les assiégeans. C'est pourquoi le transport des vivres fut très-positivement défendu par le traité entre l'Espagne et l'empereur d'Allemagne, de 1725, dans lequel est spécifié le cas où l'on peut regarder une place ou port en état de blocus; c'est lorsque, y est-il dit, le port est tellement fermé par deux vaisseaux de guerre au moins, ou que la place est tellement incommodée par une batterie de l'ennemi, qu'on ne peut tenter l'entrée sans s'exposer évidemment au feu des assiégeans. Tel est l'esprit de l'article XII de la convention entre la République française et les États-Unis d'Amérique, du 30 septembre 1800, où les contractans ont tout déterminé par les expressions suivantes : « à moins que ces places ou ports ne soient réellement bloqués, assiégés ou investis (1) ».

§. 3. De ce principe incontestable en dérive un autre non moins certain : c'est qu'il ne suffit pas qu'une marchandise soit spéciale-

---

(1) Cette disposition, concernant les places bloquées, n'a jamais plu à l'Angleterre; elle l'a toujours repoussée loin d'elle, parce qu'elle s'opposait aux principes de son droit particulier. Aussi son Amirauté ayant à prononcer, en 1778, sur la capture de plusieurs navires hollandais qui se rendaient à Rochefort, dont le port n'était nullement bloqué, posa en principe, *que tout vaisseau faisant voile vers des ports bloqués était confiscable,* par conséquent, que les ports de France étant, par leur position ordinaire, en état de blocus par ceux d'Angleterre, la saisie de ces bâtimens était valable. D'après cette jurisprudence, aussi ridicule qu'atroce, le gouvernement britannique, lorsqu'il met une flotte ou une escadre en mer, prétend avoir bloqué le royaume entier de son adversaire ; il croit, sur un pareil prétexte, pouvoir défendre aux neutres tout commerce avec le pays qu'il dit être bloqué, quoiqu'il ne l'ait fait qu'en intention : quelle folie !

ment propre à la guerre, pour en conclure, sans autre examen, qu'elle doit être considérée comme de contrebande, et que les belligérans ont le droit de la poursuivre et de la saisir partout où elle se trouvera. La loi naturelle, sur laquelle est basé le droit universel des gens, ne donne à aucun des belligérans le droit d'entrer à main armée sur les terres des nations pacifiques, et de croire, par ce moyen, pouvoir se rendre maître légitime de tous les objets de guerre qui s'y trouvent déposés dans les magasins publics et particuliers, sans égard pour la propriété respective, pour la liberté et l'indépendance des peuples, et pour la suprême autorité du souverain. Tant qu'une masse de poudre, un nombre de boulets, une quantité de canons et d'autres munitions de guerre, sont sur un territoire pacifique et neutre, ils ne diffèrent en rien des autres marchandises de commerce; on peut les vendre, les échanger, les acheter comme on voudra, sans violer les droits de personne. Donc la prohibition du commerce des marchandises réputées contrebande de guerre, par le droit conventionnel de l'Europe, ne peut tomber précisément que sur leur transport direct et immédiat en pays ennemi, et jamais sur leur vente impartiale dans le territoire ou dans les ports des peuples pacifiques et neutres, attendu que là elles ne sont et ne peuvent être appelées marchandises de contrebande.

§. 4. Ces principes ont échappé à l'esprit et à l'attention du célèbre Galliani. Aussi, dans la suite de ses controverses sur la doctrine de Lampredi, il affirme hardiment que l'opinion de ce publiciste est une innovation contraire à la lettre et à l'esprit de tout traité, à la pratique universelle et au sentiment de tout le monde (1). Ce dernier a fait à cette critique une réponse si victorieuse (2), qu'il serait inutile de m'arrêter à dévoiler la confusion des raisonnemens de Galliani, et l'erreur où il est tombé dans son système touchant la prohibition de la vente des marchandises de contrebande sur le territoire neutre : système qu'il étaye d'un argument grossier tiré de la vente du vin et de l'huile, qu'il a vu pratiquer dans les boutiques et les cabarets de la ville de Naples. Pour prouver d'une manière incontestable la fausseté de l'assertion de cet écrivain,

---

(1) Galliani, ouvrage cité, pag. 388 et 389.
(2) *Voy.* Lampredi, *du Commerce des Neutres,* §. 6.

je me bornerai à examiner tous les traités publics qui forment le droit conventionnel de l'Europe, et à donner l'histoire précise de son origine et de ses progrès. Cet examen établira encore que les prohibitions et les restrictions n'ont jamais eu lieu que relativement au transport des marchandises de contrebande de la part des neutres aux belligérans : en quoi on a voulu conserver et régler par voie de convention la liberté de la navigation et du commerce maritime, et déterminer particulièrement la légitimité des prises qu'on peut faire sur les neutres en temps de guerre ; mais on n'y verra aucune défense concernant les ventes que font ces mêmes peuples sur leur propre territoire, dans l'étendue duquel aucune marchandise ne peut, absolument parlant, être de contrebande, et sur lequel on ne peut faire aucune prise, sans violer les droits sacrés de la neutralité.

§. 5. Si l'on consulte l'histoire ancienne sur la conduite et les principes des belligérans, dès les premiers temps des guerres maritimes, relativement à la navigation et au commerce des nations pacifiques et neutres, on n'y trouvera d'autre exemple analogue à la présente discussion, que quelques actes de violence des

Carthaginois et des Romains, encore n'ont-ils pas eu sur ce point une pratique uniforme et constante, quoique *le droit du plus fort* ait toujours été la règle de leur conduite. Ils abusèrent de ce droit jusqu'au point d'interdire à leurs amis le commerce avec les places ennemies ou assiégées. On lit dans Polybe (1) que quelques mariniers, ayant porté en Afrique des vivres aux ennemis des Carthaginois, furent arrêtés et ne durent leur liberté qu'aux instantes sollicitations du sénat de Rome. Plutarque rapporte que, dans le temps que Démétrius Poliorcete assiégeait Athènes qu'il voulait prendre par famine, il fit arrêter un navire étranger, chargé de vivres, qui faisait route vers le port de cette ville ; le capitaine et le pilote furent mis à mort par son ordre (2) ;

---

(1) Polyb. *Hist.* lib. cap. 83 *ibid.* : « Romanos qui Carthaginensium hostibus commeatus attulerant, ipsi Carthaginenses aliquando cæperunt : eosdem iidem Carthaginenses repetentibus Romanis reddiderunt », Grot. *de Jure bell. et pac.* lib. 3, cap. 1.

(2) « Demetrius, cùm Atticam exercitu, jamque vicina oppida Eleusina et Rhamnuntem cæpisset, Athenis famen facturus, navis frumentum inferre

le même auteur nous apprend aussi que Pompée, dans la guerre contre Mithridate, roi de Pont, fit mettre des vaisseaux en croisière au bosphore de Thrace, pour intercepter les vivres, menaçant même de mort quiconque oserait y naviguer (1).

§. 6. Fournir aux ennemis des armes, des chevaux, de l'argent et tout ce qui pouvait leur être nécessaire, c'était, suivant les lois romaines, un crime de lèse-majesté (2) : delà la défense des empereurs Valens et Gratien à leurs sujets de vendre aux étrangers et aux Barbares des harnois, des boucliers, des arcs, des flèches, des épées et toute autre es-

---

parantis et magistrum et gubernatorem suspendit, atque eo modo deterritis alteris potitus urbe est. Plut. *in Demetr.* tom. 1, pag. 904, édition de Francfort.

(1) « Custodes imposuit Bosphoro, qui observarent si qui mercatorum in Bosphorum navigarent. Deprehensis pœna mors ». Plut. tom. 1, pag. 639, *in Pompejo*.

(2) L. 4. ff. *ad leg. Jul. majest.* « Cujusve operâ dolo malo hostes populi Romani commeatu, armis, telis, equis, pecuniâ, aliave quâ re adjuti erunt, etc. *Voy.* la Loi 11. ff. *de Publ. et vectigalib.*

pèce d'armes (1) : défense qui ne pouvait concerner alors que les Romains et les sujets de l'Empire ; mais dans la suite des siècles, les pontifes de Rome s'étant arrogé la souveraineté universelle, le pape Alexandre III, dans le temps des croisades, défendit solennellement de porter des armes, du fer et des bois propres à la construction des galères aux infidèles et aux Sarrasins, ennemis du nom chrétien, sous peine d'excommunication, de confiscation et de la perte de sa liberté (2).

§. 7. Cette loi générale était alors regardée

---

(1) Loi 1. Cod. *Quæ res export. non deb.* « Ad barbaricum transferendi vini, olei, liquaminis nullam quisque habet facultatem, nec gustus quidem causâ, aut usus commerciorum ». Loi 2, même Cod. « Nemo alienigenis barbaris cujuscumque gentis ad hanc urbem sacratissimam sub legationis specie, vel sub quocumque alio colore venientibus, aut in diversis aliis civitatibus loricas, scuœta et arcus, sagittas et spathas et gladios, vel alterius cujuscumque generis arma audeat venundare : nulla prorsùs iisdem tela, nihil penitùs ferri, vel facti jam, vel adhuc infecti ab aliquo distrahatur ». *Voy.* Loi 1. Cod. *de Littor. et itiner. custodiâ.* Loccenius, *de Jure marit.*, lib. 1, cap. 4, n. 9.

(2) C. 6. X. *de Judæis.*

comme obligatoire pour tous les chrétiens de l'église latine. Elle fut renouvellée dans la suite par Innocent III, Clément V et quelques autres de leurs successeurs (1). Nicolas V et Calixte III, la remirent en vigueur, lors de la découverte que firent les Portugais, sous le règne d'Alphonse V, de la Guinée et d'autres contrées inconnues de l'Afrique. Par leurs bulles de 1454 et de 1455, ils défendirent de fournir aux habitans de ces régions (qu'ils traitaient d'infidèles) du fer, des armes, des bois de construction pour les navires, et autres moyens de défense, sous peine d'excommunication pour les particuliers, et d'interdit pour les nations ou les villes qui y contreviendraient (2). A l'exemple des souverains pontifes, les puissances de l'Europe défendirent, pendant leurs guerres, aux nations neutres le transport de certaines marchandises aux ennemis, mais sous des peines plus douces à la vérité, puisque les contrevenans n'encouraient que la confiscation des marchandises défendues.

---

(1) C. 2. *Extravag. comm.* cod. tit. Gonzales Telles, *Commentaria in decretal.*, ad tit. *de Judœis*.

(2) Raynald. *Bull. in cont. annal. Baronii*, t. 18 ad an. 1454, n. 8 et 9, et ad an. 1455, n. 7 et 9.

§. 8. Vers le milieu de notre ère, le commerce de la Méditerranée se trouva exposé aux hostilités et aux pirateries qu'exerçaient continuellement contre les puissances chrétiennes les Sarrasins des côtes d'Afrique (1). L'em-

---

(1) Tandis qu'à l'exemple des Sarrasins, les habitans des côtes de la Méditerranée infestaient cette mer de leurs pillages, les Normands couvraient les mers du Nord et la Baltique de leurs pirates. Dans l'état d'anarchie où, depuis cette époque, l'Europe se vit long-temps plongée, on oublia le principe que la guerre est un droit appartenant au souverain seul; et l'abus du système féodal, en bornant les devoirs des puissans vassaux presque à la seule fidélité féodale, encore assez souvent rompue, favorisa ces guerres privées de particuliers même contre leurs concitoyens, dont l'histoire du moyen âge nous donne une foule de détails. Tant que ces guerres privées étaient publiquement tolérées, il devait sembler peu surprenant de voir le sujet d'un état poursuivre ses droits contre les sujets des nations étrangères par toute sorte de voies de fait, sans attendre une permission particulière de son souverain, lors même que les deux états vivaient en paix; on trouve de plus des traités où ce droit est assez clairement reconnu; telles sont les trèves entre la France et l'Angleterre, de 1228 et 1235, conçues dans les termes suivans: « Quod si infra duos menses

pereur, Frédéric II, en 1230, fit, en qualité de roi de Sicile et de Naples, avec Abuissac, roi de ces Sarrasins, un traité de paix, en vertu duquel chacun devait respecter les sujets de l'autre, et ne troubler en aucune manière leur commerce maritime (1). Dans les siècles suivans, la côte septentrionale de l'Afrique s'étant divisée en plusieurs petits états qui prirent le nom de leurs principales villes, comme Tunis, Alger, Tripoli et Salé, aujourd'hui soumise, au roi de Maroc, ils usurpèrent successivement une espèce d'empire sur la Méditerranée par les continuelles déprédations qu'ils exerçaient indistinctement contre toute nation qui osait faire le commerce du Levant, en s'emparant des vaisseaux et réduisant les équipages en servitude. Les états européens, après

---

postquam forisfactum eis (subditis) constiterit, emendatum non fuerit, ex tunc ille cui forisfactum fuerit poterit currere super forisfactorem suum, donec plenarie fuerit emendatum, et nos sine nos mesfacere poterimus juvare hominem nostrum contra malefactorem ». Dumont, *Corps diplom.* tom. 1, part. 1, p. 166 et 389. Le même passage se trouve répété dans les trèves de 1238 *ib.*, p. 182, et de 1255 *ib.*, p. 398.

(1) Leibnitz, *Cod. jur. gent. diplom.* n. 10, p. 13. — Dumont, *Corps diplom.* tom. 1, part. 1, p. 168.

quelques tentatives malheureuses, voyant à quel point il était difficile de dompter ces pirates, se virent forcés, pour assurer la liberté de leurs sujets respectifs, de traiter avec eux et de leur accorder, à titre de donation, une espèce de tribut annuel. C'est à cette condition que les Français, les Anglais, les Hollandais, les Danois, les Suédois, les Vénitiens, les Ragusains et les Espagnols, continuèrent le commerce du Levant et des côtes de Barbarie. Les autres nations, qui ne voulurent pas se soumettre à une aussi dure loi, furent toujours en guerre avec ces pirates, et exposées sans cesse à leurs violences sur la Méditerranée.

§. 9. A l'exemple des Barbaresques, l'odieux métier de pirate et de corsaire infesta toutes les mers. Les fleuves navigables ne furent pas même à l'abri de ce brigandage. Ce fut l'occasion de plusieurs traités de navigation et de commerce entre les puissances de l'Europe, pour se garantir réciproquement la sûreté de leurs sujets, de leurs vaisseaux et de leurs marchandises, dans quelque lieu qu'elles fussent trouvées. Tels furent les traités conclus en 1351, entre le roi d'Angleterre, Edouard III, et les villes maritimes de Castille et de Biscaye; et en 1353, entre les villes Portugaises de Lisbonne et de Porto (1). Il s'en fit un autre le 10 mars 1406, entre Henri IV, roi d'Angleterre, et Jean, surnommé *Sans-Peur*, duc de Bourgogne et comte de Flandres, dans lequel on convint que le transport de toutes sortes de marchandises chez l'un des contractans serait permis, durant les hostilités, à l'exception des armes, des canons et autres objets d'artillerie et de guerre (2). Ce traité fut ensuite confirmé par le même duc Jean et le roi Henri V, en 1417 (3).

---

(1) Rymer, *Fœder. convent. et act. publ.*, tom. 3, part. 3, pag. 70 et 88.

(2) Dumont, tom. 2, pag. 302. « Item que ès vitailles, marchandises et autres biens venians des parties de l'oist vers le royalme d'Engleterre ou à Caleys, ou devers Flandres, par quelxconques personnes non ennemies à l'une partie ou à l'autre, et en quelxconques vesseulx ils soient menez, ne sera par ceulx de l'une partie ne de l'autre mis empeschement, ne desturbier en quelxconque manere : except armiers, artilleries, canons et autres choses semblables et invasibles ».

(3) Rymer, dans l'ouvrage cité à la note ci-dessus, tom 4, part. 3, pag. 12.

§. 10. La nécessité du commerce civilisa peu-à-peu les nations de l'Europe. Elles commencèrent par mettre dans leurs communications réciproques plus de bonne foi et moins de cette jalousie d'intérêts, nuisible aux rapports nécessaires qui les unissaient. On en vint à rendre le commerce maritime libre en temps de paix. Mais cette sécurité s'évanouissait, à la moindre apparence de guerre, et les vaisseaux marchands des puissances neutres restaient toujours exposés aux violences et aux vexations des belligérans. Les puissances qui cherchaient à faire refleurir le commerce de leurs sujets, et à prévenir ces inconvéniens, ne trouvèrent pas de meilleur moyen pour y parvenir, qu'en se liant mutuellement par des traités de commerce. Dès-lors ces traités roulèrent sur trois points principaux qui servirent de règle à ceux qui se firent dans la suite, et devinrent en quelque sorte la base du droit conventionnel de l'Europe. 1°. La détermination des droits sur les marchandises et sur les avantages qu'un état accordait quelquefois aux négocians étrangers. 2°. L'exception de certaines marchandises dont l'importation et l'exportation devaient rester prohibées. 3°. Les conditions auxquelles serait soumise la liberté de la navigation et du commerce, dans le cas où l'une des puissances contractantes serait en guerre. Voilà le principal objet des traités depuis trois siècles. Il n'est question dans aucun de la prohibition de la vente passive de quelque marchandise que ce soit, pas même des objets de contrebande. Pour mieux le constater, je vais citer ces actes l'un après l'autre.

§. 11. Les plus anciens traités de commerce ne contiennent aucune détermination spécifique des marchandises dites *de contrebande :* dénomination qui comprend les armes, les canons et toutes autres munitions de guerre. On y trouve seulement la clause, que les contractans ne doivent d'aucune manière assister ou secourir l'ennemi d'une des deux parties. L'article 3 du traité de paix du 19 août 1604, entre Philippe III, roi d'Espagne, et Jacques Ier., roi d'Angleterre, donne l'énumération des marchandises de contrebande dont le transport à l'ennemi est défendu; mais il se tait sur la vente qu'on peut en faire sur son propre territoire. Tel est aussi le traité conclu le 5 avril 1614, entre Gustave Adolphe, roi de Suède, et les états-généraux des Provinces-

Unies (1). Dans le traité de 1652, entre la France et l'Angleterre pour le rétablissement du commerce, il est bien fait mention des marchandises prohibées, mais seulement d'une manière vague et sans aucune spécification particulière (2).

§. 12. Dans le traité fait en 1642, entre les cours d'Angleterre et de Portugal, les armes et les provisions de bouche ne sont pas déclarées marchandises de contrebande, si ce n'est dans le cas où elles seraient immédiatement exportées des ports et autres lieux de Portugal pour la Castille, son ennemie alors (3). Le même article fut encore inséré dans une autre convention entre les mêmes puissances en 1654 (4).

§. 13. Par un traité de commerce du 18 août 1646, entre la France et les Provinces-Unies, il fut convenu que le pavillon hollandais rendrait libres non seulement les marchandises des sujets de cette République, mais

---

(1) Dumont, *Corps diplom.*, tom. 5, part. 2, art. 5, pag. 247.
(2) Dumont, tom. 6, part. 1, art. 3, pag. 33.
(3) Rymer, tom. 9, part. 2, art. 2, pag. 90.
(4) Dumont, tom. 6, part. 2, art. 10, pag. 83.

encore toutes celles qui se trouveraient sur le vaisseau, quand même elles appartiendraient à l'ennemi, excepté cependant les objets de contrebande désignés à l'article premier (1). L'Espagne dans son traité de commerce de 1647, avec les villes Anséatiques, ne mit d'autre restriction à la liberté de leur commerce, que la prohibition du transport des objets qui pouvaient servir directement à la guerre, chez ses ennemis et particulièrement aux Provinces-Unies des pays-bas, avec qui elle était alors en état d'hostilités (2).

§. 14. Le traité de marine du 17 décembre 1650, entre Philippe IV, roi d'Espagne et les Provinces-Unies de Hollande, donne une longue énumération des marchandises dites de *contrebande*, et en permet le transport chez les ennemis en temps de guerre, excepté dans les places bloquées, assiégées ou investies (3). Des traités plus récens entre l'Es-

---

(1) Dumont, tom. 6, part. 1, pag. 342.

(2) Dumont, tom. 6, part. 1, art. 3, pag. 405.

(3) Dumont, tom. 5, part. 1, art. 4, 6, pag. 570. Voici ce qu'on lit à l'art. 6 : « Mais sous ledit nom de marchandises de contrebande, ne seront compris le froment, blés et autres grains, sel, vin, huile,

pagne et la Hollande, ceux de 1676 et de 1714, présentent les mêmes dispositions (1).

§. 15. Depuis le milieu du dix-septième siècle, on ne trouve dans l'histoire diplomatique de l'Europe aucun traité de commerce et de navigation, qui ne défende le transport des canons, des armes et autres munitions de guerre, dans les ports et les villes des ennemis de l'une et de l'autre partie contractante. Dans cette prohibition n'est cependant pas spécifiée la vente passive de ces objets, ni le transport des grains, légumes et autres provisions ou marchandises innocentes, excepté le cas où elles seraient portées aux places bloquées, assiégées ou investies. L'article 7 du traité de Westmünster, en date du 5 avril 1654, entre la Hollande et l'Angle-

---

ni généralement tout ce qui appartient à la nourriture et sustentation de la vie ; mais demeureront libres, comme toutes autres marchandises non comprises en l'article précédent, et en sera le transport permis, même aux lieux ennemis, sauf aux villes et places assiégées, bloquées ou investies ».

(1) « Neve populus aut subditi alterutrius bona vetita, et prohibita in ea regna, dominia, vel territoria important, quæ inimicitias vel hostilitates exercent. Dumont, tom. 6, part. 2, pag. 103 et 122.

terre, prohibe seulement le transport des marchandises de contrebande à l'ennemi. On trouve la même disposition dans l'article 2 du traité d'Upsal, en date du 11 avril, même année (1), entre la reine Christine de Suède et Cromwel; dans l'article 5 du traité conclu à Paris le 10 mai 1655, entre Louis XIV et les villes Anséatiques, et dans l'article 22, du traité de Westmünster, signé par la France et l'Angleterre, le 3 novembre de l'an susdit (2).

§. 16. On ne fit non plus aucune mention de la vente sur son propre territoire, mais seulement du transport des marchandises, dans le traité de Londres entre l'Angleterre

---

(1) « Cautum tantummodo sit interim nullas merces contrabandæ vocatas ad hostes alterius devehendas esse sine periculo, si ab altero fœderatorum deprehendantur, quòd prædæ cedant sine spe restitutionis ».

(2) Art. 13 : « Liberum præterea Belgarum fœderatorum populo ac permissum sit, præter merces omnigenas, arma etiam, res bellicas et annonam, tam ex fœderatarum Belgii provinciarum, quàm ex aliis quibuscumque portubus ac terris in quascumque gentes transferre, tam inimicas regi regnoque Lusitaniæ, quàm amicas et fœderatas.

et la Suède, signé le 11 avril 1756, pour plus ample éclaircissement de l'article 11 de celui de 1654, que j'ai cité ci-dessus. C'est encore le même esprit qui règne dans le traité des Pyrénées du 17 novembre 1659, entre la France et l'Espagne : l'article 11 porte la même disposition que celui de 1650, entre les mêmes puissances. Les stipulations concernant les marchandises dont le transport seul est prohibé, et celles dont le commerce est déclaré libre, sont absolument les mêmes dans tous les deux (1). Le traité de paix et d'alliance conclu à La Haye le 6 août 1661, entre la Hollande et le Portugal, porte de plus que les parties contractantes pourront exporter chez l'ennemi les marchandises de toute espèce, sans en excepter celles de contrebande (2).

§. 17. Le traité d'alliance et d'amitié du 21 décembre 1661, entre Charles II, roi d'Angleterre, et Charles XI, roi de Suède, ne déclare marchandises de contrebande et de bonne prise, que celles qui sont transportées à l'ennemi (3). L'article 27 du traité signé à

---

(1) Dumont, tom. 6, part. 2, pag. 265.
(2) *Voyez* l'avant-dernière note.
(3) Dumont, tom. 6, part. 2, pag. 385. Ce traité,

Paris le 27 avril 1662, entre la France et les Provinces-Unies, contient la convention de la

---

qui a servi de règle pour un grand nombre d'autres dans la suite, est trop digne de remarque pour négliger de donner ici le contenu de l'article 11. « Subintelligi nullo modo debet, commercia et navigationem illi confœderato, ejusque subditis ac incolis, qui bello non est immixtus, cum hostibus illius confœderati, qui in bello versatur, omninò denegata esse. Cautum tantummodo sit interim, ne merces ullæ vocatæ contrabandæ, et specialiter nec pecunia, nec commeatus, nec arma, bombardæ cum suis igniariis et aliis ad eas pertinentibus, ignes missiles, pulvis tormentarius, fornites aliàs *Lunten*, globi, cuspides, enses, lanceæ, hastæ, bipennes, tormenta, tubi catapultarii vulgò mortaria, inductiles sclopi, vulgò petardæ, glandes igniariæ missiles, vulgò granatæ, turcæ sclopetariæ, bandoliers, salpetræ, sclopeti, globuli seu pilæ quæ sclopetis jaculantur, cassides, galeæ, thoraces loricatæ, vulgò *cuirasses*, et similia armaturæ genera, milites, equi, omnia ad instruendos equos necessaria, sclopothecæ, balthei, et quæcumque alia bellica instrumenta, uti nec naves bellicæ et præsidiariæ hostibus suppeditandæ devehantur ad alterius hostes sine periculo, si ab altero confœderatorum deprehendantur, quòd prædæ cedant absque spe restitutionis ».

pleine liberté du commerce, en exceptant seulement le transport des marchandises généralement prohibées, mais sans en exclure la vente sur le propre territoire des contractans (1). Dans celui de Stockolm du 16 février 1666, entre la Suède et l'Angleterre, le transport seulement, et non la vente des marchandises de contrebande, est défendu par l'article 2 (2); celui du 31 juillet 1667, entre l'Angleterre et la Hollande, en faisant le détail des marchandises prohibées, ne fait aucune mention de la vente sur le territoire des neutres (3).

§. 18. Le traité de commerce de 1667, entre

---

(1) Art. 27 : « Ce transport s'étendra à toutes sortes de marchandises, à l'exception de celles de contrebande ».

(2) Art. 2 : « Ne pourront pas être *amenés* à l'ennemi de l'autre partie ». Dumont, tom. 6, part. 3, pag. 33.

(3) Ne tamen interea in suspenso hæreant, et in ambiguo teneantur utriusque partis incolæ et subditi, incerti quas mercimonii species in formam bellici apparatûs, vel suppetiarum, aut sub titulo et prætextu commerciorum hosti partis alterius subvehere aut suppeditare, aut licitum aut vetitum sit, etc.

la Suède et les Provinces-Unies de Hollande, mérite quelque attention. Il donne d'abord la nomenclature des marchandises prohibées; il désigne ensuite celles dont le transport est permis. De ce nombre sont l'argent monnayé, le froment, les légumes, le vin, l'huile et autres provisions, même le fer, le cuivre, le bronze et tout ce qui entre dans la construction et l'armement des vaisseaux, comme chanvre, toiles dites *royales*, goudron, poix, mâts, poutres, planches, cordages et ancres: ce qui fut confirmé dans les traités subséquens de 1675, et de 1679 (1). Mais lors de la guerre entre la Hollande et l'Angleterre, la première signa un article particulier avec la Suède, dans lequel il fut convenu que pendant la durée des hostilités, il ne pourrait être introduit dans les ports d'Angleterre aucune espèce de marchandises servant à la construction et à l'armement des navires de guerre (2). C'est ainsi que dans sa déclaration de guerre contre la France, et ensuite dans son manifeste publié, pour la liberté de la

---

(1) Dumont, tom. 7, part. 1, pag. 37, art. 3 et 4, pag. 316 et 437.
(2) Dumont, même tome, pag. 38.

navigation et du commerce des neutres, le 9 mars 1669, la Hollande avertit ses amis, ses alliés et les états neutres de n'entreprendre aucun transport de marchandises défendues pour les ports ennemis (1). La même clause (2) se trouve dans le traité de Nimègue, du 24 septembre 1678, entre la France et la Hollande, à l'article 14, ainsi qu'à l'article 12 de celui de Copenhague, en date du 15 juin 1701 (3).

§. 19. L'Angleterre et la Hollande, qui prétendirent toujours au commerce universel, firent plusieurs traités pour prévenir les différends dont cette rivalité ne pouvait manquer

---

(1) Dumont, tom. 7, part. 1, pag. 126, art. 3 et 4 : « Il est défendu de transporter aucune marchandise de contrebande pour les conduire dans aucun des hâvres, villes et places de France, ou autres états de l'obéissance dudit roi, étant dans l'intention de réputer de bonne prise, et confisquées les susdites marchandises, etc. ».

(2) « Ce transport et ce trafic s'étendront à toutes sortes de marchandises, à l'exception de celles de contrebande ».

(3) « Ils ne porteront à nos ennemis aucunes marchandises de contrebande, et ainsi *vice versâ* ». Dumont, tom. 8, part. 1, pag. 32.

d'être la source. Celui de 1668 assurait aux sujets respectifs de ces deux puissances la liberté de commerce avec les ennemis de l'une et de l'autre, à la réserve des marchandises de contrebande, nom qu'il donnait à toute sorte d'armes à feu, aux poudres et à tout ce qui servait à la guerre; mais il déclarait permise l'exportation de toute espèce de grains, de légumes et de toute autre provision de bouche. Dans un autre traité de navigation et de commerce, conclu en 1674, par lequel le libre commerce de toutes les marchandises non prohibées est déclaré permis en temps de paix comme en temps de guerre, on désigne en outre plusieurs autres objets dont le trafic n'est pas défendu, et spécialement toute espèce d'étoffes de laine, de lin, de soie, de coton et de toute autre matière, toute sorte d'habits et de vêtemens, l'or et l'argent quoique monnayés, les métaux, les grenailles quelconques, et autres genres de subsistances, et même tout ce qui peut servir à la construction et au radoub des vaisseaux (1). On ne trouve jusqu'à cette époque, dans aucun traité, une désignation aussi complète des marchandises

---

(1) Dumont, tom. 8, part. 1, art. 3 et 4, p. 74.

permises ; ce qui prouve la grande attention que l'on mettait alors à prévenir les contestations qui pouvaient s'élever en temps de guerre. C'est le même esprit qui dicta la déclaration que publièrent ces deux puissances en 1675, sur quelques objets relatifs à la liberté de la navigation jusqu'aux villes ennemies, auxquelles il était permis de porter les marchandises désignées dans cette déclaration (1).

§. 20. Ce traité et la déclaration y annexée servirent de base à celui que firent entr'elles, en 1667, l'Angleterre et la France (2). On y voit la même désignation des marchandises permises ou prohibées en temps de guerre, et la même déclaration de la liberté du com-

---

(1) Dumont, tom. 8, pag. 283 et 319, art. 2 et 4. « Les navires et les vaisseaux appartenans aux sujets de l'une ou de l'autre des parties, peuvent et pourront non seulement passer, trafiquer et négocier d'un port ou place neutre dans une place ennemie, ou d'une place ennemie dans une place neutre, mais aussi d'un port ou place ennemie dans un port ou place ennemie de l'autre partie, soit que lesdites places appartiennent à un même prince ou état, ou à divers princes ou états avec lesquels une partie sera en guerre ».

(2) Dumont, tom. 7, part. 1, art. 9, pag. 327.

merce et de la navigation jusqu'aux places ennemies. Les mêmes articles se trouvent encore dans un autre traité conclu entre les mêmes puissances en 1713 (1).

§. 21. Le fameux traité de Paris entre la France et les villes Anséatiques, du 28 septembre 1716, sur le commerce et la navigation, ne défend autre chose que le transport des marchandises de contrebande en pays ennemi (2). Le traité de commerce du 1er. mai 1725, entre l'empereur Charles VI et Philippe V, roi d'Espagne (3), ainsi que celui de navigation et de commerce signé à Pétersbourg le 2 décembre 1734 par la Russie et l'Angleterre (4), contiennent les mêmes stipulations.

---

(1) Dumont, tom. 8, part. 1, pag. 345.

(2) Art. 8 : « Les vaisseaux de S. M., etc., ne pourront arrêter les navires desdites villes Anséatiques, si ce n'est qu'ils fussent chargés de marchandises de contrebande pour les *porter* aux pays et places des ennemis ».

(3) L'article 6 renferme les mêmes dispositions.

(4) Art. 2 : « Les sujets de l'une et de l'autre partie pourront commercer dans tous les états qui pourront être en inimitié avec une des parties,

§. 22. Différens autres traités de commerce s'accordent à laisser libres la navigation et le commerce avec les ennemis de l'une et de l'autre partie contractantes, en exceptant toujours les marchandises de contrebande, c'est-à-dire, toute sorte d'armes et de munitions de guerre, qui sont déclarées confiscables lorsqu'elles sont portées aux ennemis. Tels sont les traités de commerce de l'Angleterre et du Danemarck, en 1669 (1); de la France et de la Suède, en 1672 (2); du Danemarck et des Provinces-Unies, en 1701 (3); de la Grande-Bretagne et de la Suède, en 1720 (4); de la Grande-Bretagne et de la Russie, en 1734 et 1766 (5); du roi de Naples et de la Hollande, en 1752 (6).

§. 23. Les droits des belligérans et les de-

---

pourvu qu'ils ne portent point de munitions de guerre à l'ennemi ».

(1) Dumont, tom, 7, part. 1, pag. 126.
(2) Ibid., pag, 166.
(3) Tom. 8, part. 1, pag. 32.
(4) Rousset, Rec. d'act. mem. et tr. t. 2, p. 476.
(5) D'Eon de Beaumont (les Loisirs), tom. 5, pag. 324 et 325.
(6) Mercure historique et politique, 1753, septemb. pag. 244.

voirs des neutres, déterminés dans les divers traités que nous venons de mentionner, et qui forment à présent le droit conventionnel de l'Europe, ont été reconnus aussi dans des temps plus voisins de nous. Les traités les plus modernes sont fondés sur les mêmes maximes que les plus anciens. Tels sont le traité de commerce stipulé entre la France et les Etats-Unis de l'Amérique septentrionale, le 6 février 1778 (1); celui d'amitié et de commerce, du 8 octobre 1782, entre ces mêmes états

---

(1) Art. 23 : « Il sera permis à tous et un chacun des sujets du roi très-chrétien, et aux citoyens, peuples et habitans des susdits Etats-Unis, de naviguer avec leurs bâtimens avec toute liberté et sûreté, sans qu'il puisse être fait d'exception à cet égard à raison des propriétaires de marchandises chargées sur lesdits bâtimens, venant de quelque port que ce soit, et destinées pour quelque place d'une puissance actuellement ennemie, ou qui pourra l'être dans la suite de S. M. très-chrétienne ou des Etats-Unis. Il sera permis également aux sujets et habitans susmentionnés de naviguer avec leurs vaisseaux et marchandises, et de fréquenter avec la même sûreté et liberté les places, ports et hâvres des puissances ennemies des deux parties contractantes, ou d'une d'entr'elles, sans opposi-

d'Amérique, et ceux de Hollande (1); un autre, du 3 avril 1783, entre ceux-là et la Suède (2); celui de 1784 entre la Porte-Ottomane et la Russie, après la conquête de la Crimée et du Cuban (3); le traité maritime entre la Russie et le Danemarck, signé à Copenhague les 28 juin et 9 juillet 1780; celui du 21 juillet de la même année entre les Russes et les Suédois; tels sont aussi l'acte d'accession auxdites conventions de la Russie de la part de la Hollande, en date du 22 février 1781; l'acte pour la liberté du commerce, passé entre la Russie et la Prusse le

---

tion ni trouble, et de faire le commerce non seulement directement des ports de l'ennemi susdit à un port neutre, mais aussi d'un port ennemi à un autre port ennemi, etc. »

(1) Art. 11 et 23.

(2) Art. 6.

(3) Art. 40 : « Lorsqu'une des parties contractantes se trouverait en guerre avec une puissance étrangère quelconque, il n'est pas défendu aux sujets de l'autre partie contractante de faire leur commerce avec celle-ci et de fréquenter ses états, pourvu qu'ils n'importent pas chez l'ennemi des munitions ou provisions de guerre, etc. »

8 mai 1781 (1); l'acte d'accession de la cour de Vienne à la déclaration de la Russie, du

---

(1) Art. 3 : « S. M. I. de toutes les Russies, et S. M. le roi de Prusse, entendent et veulent que tout autre trafic soit et reste parfaitement libre sur la base des principes généraux du droit naturel que S. M. l'impératrice a réclamé solennellement, et dont la liberté du commerce et de la navigation, de même que le droit des peuples neutres, sont une conséquence directe; et comme pour ne les point laisser dépendre d'une interprétation arbitraire, suggérée par des intérêts isolés et momentanés, S. M. I. de toutes les Russies a adopté et établi pour base les quatre points suivans :

» I. Que tout vaisseau peut naviguer librement de port en port et sur les côtes des nations en guerre.

» II. Que les effets appartenans aux sujets desdites puissances en guerre soient libres sur les vaisseaux neutres, à l'exception des marchandises de contrebande.

» III. Que pour déterminer ce qui caractérise un port bloqué, on n'accorde cette dénomination qu'à celui où il y a, par la disposition de la puissance qui l'attaque avec des vaisseaux arrêtés et suffisamment proches, un danger évident d'entrer.

» IV. Les vaisseaux neutres ne peuvent être arrêtés que sur des justes causes et faits évidens; qu'ils soient jugés sans retard; que la procédure soit

9 octobre 1781; la convention faite le 13 juillet 1782, et ratifiée le 21 janvier 1783 entre la Russie et le Portugal pour le maintien de la liberté de la navigation marchande des neutres; le traité d'amitié, de navigation et de commerce entre la Russie et la France, conclu les 31 décembre 1786 et 11 janvier 1787, et ratifié le 30 avril de la même année; celui des 6 et 17 janvier 1787, entre la Russie et les Deux-Siciles, ratifié à Carafon-Basar, en Tauride, le 27 du mois de mai suivant; et celui du 10 septembre 1785, entre la Prusse et les États-Unis d'Amérique (1). Le traité d'a-

---

toujours uniforme, prompte et légale, et que chaque fois, outre le dédommagement qu'on accorde à ceux qui ont fait des pertes sans avoir été en faute, il soit rendu une satisfaction complète pour l'insulte faite au pavillon ».

(1) Art. 1 et 2 rapportés dans un ouvrage périodique qui a pour titre : *Berlinische Monatschirift herautg von F. Gedik, und I. E. Briester.* « Si une des parties contractantes est en guerre avec une autre puissance, les citoyens ou les sujets de celle qui reste en paix ou neutre ne devront éprouver aucune interruption dans leur correspondance et leur commerce. Les navires de la partie neutre pourront, au contraire, aborder les côtes et entrer dans les

mitié, de limites et de navigation entre les États-Unis d'Amérique et le roi d'Espagne, du 27 octobre 1785, article 15 (1).

§. 24. L'erreur de Galliani est donc évidente. On ne voit en effet dans les traités publics, jusqu'à ce jour, d'autre défense que celle du transport chez l'ennemi des marchandises de contrebande. Jamais les nations, même les plus puissantes, c'est-à-dire, qui pouvaient se servir impunément du droit du plus fort, n'osèrent, dans leurs déclarations de guerre, toujours dictées par la plus ardente animosité, interdire aux neutres la vente impartiale d'aucune marchandise sur leur territoire. On s'est jusqu'ici borné à menacer de la confiscation celles de contrebande qu'on trouverait évidemment destinées à l'ennemi.

---

ports des belligérans, etc. Tous les bâtimens qui font le commerce des produits du pays auquel ils appartiennent, ou des produits étrangers, et qui servent à les porter aux diverses nations, et à leur faciliter par-là la jouissance des commodités et des plaisirs de la vie, pourront librement aller et venir sans être inquiétés; et les deux puissances, etc. ».

(1) *Voyez* l'ouvrage intitulé : *The Laws of the united states of America, containing acts of the second session, of the fourth Congress*, pag. 228.

§. 25. C'est ce principe fondamental du droit conventionnel de l'Europe, et désormais du monde entier, qui avait dicté la déclaration de la Grande-Bretagne contre l'Espagne, en date du 30 octobre 1739, et celle contre la France, du 9 avril 1744; celle de la France, du 26 juillet 1738; ainsi que celle de l'impératrice de Russie sur la neutralité armée, publiée à Czarsko-Zelo le 8 mai 1780, à laquelle accédèrent, par leurs réponses formelles, les cours de Londres, de France et d'Espagne, qui étaient alors en guerre. Ces déclarations ont servi de base aux traités que nous venons de citer. La neutralité armée, comme je l'ai dit ailleurs, est l'union fédérative des forces navales des puissances neutres, pour repousser en temps de guerre les violences qu'exercent les nations belligérantes sur le commerce et la navigation des peuples paisibles qui ne veulent prendre aucune part à la guerre.

§. 26. Il est arrivé quelquefois qu'une nation a voulu faire le sacrifice des droits incontestables de son commerce, en prohibant en tout ou en partie, sur son territoire, la vente des munitions de guerre, soit par prudence politique, soit par la crainte de déplaire à l'une des puissances belligérantes, aux insultes de laquelle elle eût été hors d'état de résister; mais l'exemple de quelques nations faibles et désarmées, que la nécessité forçait à céder et à préférer à un plus grand mal le sacrifice momentané de leur commerce, ne prouve rien contre la pratique constante et universelle suivie par l'Europe depuis tant de siècles; et Galliani aurait pu s'en apercevoir malgré la jalousie inquiète qui, au milieu de ses méditations sérieuses sur cette matière, le portait à contredire l'opinion de Lampredi. En relisant le code du droit conventionnel de l'Europe (même du temps où il écrivait, qui était celui de la guerre des Anglo-Américains), il aurait vu que la république de Venise fut la seule à prohiber absolument sur son territoire le commerce de toutes marchandises de contrebande, par sa déclaration de neutralité, en date du 9 septembre 1779 (1). L'édit de Naples

(1) Art. 6 : « Défendons également à tout navigateur vénitien, et à tout autre sujet domicilié et même de passage dans nos états, d'y charger des armes et des munitions immédiatement propres à la guerre pour les pays ou pour les embarcations des belligérans, ou d'en vendre et fournir aux bâtimens de cette espèce existans dans les ports, baies, plages et côtes de nos domaines ».

du 19 septembre 1778 (1), le manifeste de Gênes du 1er. juillet 1779 (2); l'édit de Rome du 4 mars de la même année (3), ne défendirent que le transport des marchandises de contrebande et l'armement en course sur le

---

(1) Art. 2.: Défendons dans tous les lieux de notre domaine la vente, la fabrication et l'armement, pour le compte des nations en guerre, de tout corsaire ou vaisseau de ligne, sous peine de deux mille ducats d'amende pour chaque contravention.... Il sera néanmoins permis aux belligérans d'y radouber leurs navires et d'y acheter tout ce qui est nécessaire à cet effet ».

(2) Art. 7 : « Défendons absolument tant à nos sujets qu'à tout autre domicilié ou de passage en la présente ville et autre lieu de notre domaine, d'armer en course et en guerre, dans aucun des ports, golfes, lieux ou plages de notre obéissance, des navires, vaisseaux et toute autre espèce de bâtimens à voile quarrée ou latine, ou à rame, etc. ».

(3) « Défendons expressément à tous les sujets habitans des états de l'Eglise, de quelque grade, de quelque rang et de quelque condition qu'ils soient, de vendre, fabriquer ou armer, pour le compte des nations en guerre, aucun vaisseau, corsaire ou de ligne, tant à voile qu'à rames, etc. » Art. 1.

territoire respectif. La Sardaigne et Raguse ne publièrent point de manifeste; mais elles se réglèrent à-peu-près sur les mêmes maximes, suivant la mesure de leur crainte. La Toscane, toujours égale à elle-même, toujours ferme à soutenir ses droits fondés sur la base immuable du droit des gens, sans avoir plus de forces que les autres états d'Italie, permit toujours la vente impartiale dans ses ports de toute espèce de contrebande; sa déclaration de neutralité du premier août 1778 ne fit que défendre aux vaisseaux marchands de se garnir d'artillerie au-delà du besoin (1).

§. 27. L'ordonnance de l'Espagne sur la course maritime, article 9, veut que tous les

---

(1) Art. 11 : « Les achats d'armes, de poudre, de munitions de guerre ou de bouche seront toujours permis à qui que ce soit et à toute espèce de bâtimens dans le port franc de Livourne, où le trafic de ces objets, considérés comme marchandises, a toujours été et doit toujours rester libre, quand même ils serviraient à ravitailler des bâtimens déjà armés en course ou en guerre. Il est seulement défendu aux vaisseaux marchands de se renforcer d'artillerie, s'ils ne donnent une caution suffisante pour répondre des intentions pacifiques de leurs voyages, comme nous l'avons précédemment ordonné ».

navires qui seront chargés d'effets appartenans aux ennemis, et les marchandises des sujets de la couronne, trouvées à bord d'un navire ennemi, soient de bonne prise. D'Habreu, en commentant cette ordonnance, s'explique en ces termes (1) : « Cet article, bien loin de contredire les traités que nous avons cités, ne fait au contraire que les confirmer, et leur donner plus d'étendue, puisque ces traités ne parlent que des marchandises des étrangers, soit alliés, soit amis; et que l'ordonnance parle même de celles des sujets de la couronne, chargées sur des navires ennemis. Voilà donc le vrai sens de l'ordonnance. On ne doit pas seulement réputer de bonne prise les marchandises des amis ou alliés qui seront trouvées à bord des navires ennemis, mais bien aussi les biens des sujets de la couronne qu'on trouvera sur les mêmes navires ou sous leur pavillon. Ce cas est expressément marqué dans l'ordonnance, afin de prévenir l'erreur où l'on pourrait être que le roi, en vertu de la protection qu'il doit à ses sujets, aurait voulu les

---

(1) D'Habreu, *Traité des Prises*, ch. 8, §. 7. *Voyez* aussi les notes savantes de M. Bonnemant, son traducteur.

soustraire à la rigueur des articles des traités rapportés, et pour leur apprendre clairement qu'ils n'étaient pas en ceci plus privilégiés que les étrangers. D'où nous concluons (§. 7) que les marchandises et autres effets appartenans à nos amis ou alliés, trouvés à bord des navires ennemis, seront de bonne prise ».

§. 28. L'ordonnance de la marine de France du 1er. août 1681, article VII, déclare de bonne prise « tout navire chargé d'effets appartenans à l'ennemi, de même que les marchandises des Français ou alliés ». Les réglemens sur les prises que la France renouvelle à chaque guerre maritime, ont étendu ou modifié la disposition de l'article 7 en faveur des autres nations, ou d'après les traités conclus avec elles, ou conformément à des négociations diplomatiques. Le réglement de 1704 déclara seulement saisissables toutes les marchandises provenant du cru ou des fabriques ennemies; mais il en excepta les navires. Un autre réglement de 1744 apporta des modifications encore plus grandes en faveur du Danemarck, de la Suède, de la Hollande et des villes Anséatiques. D'après les différens traités conclus avec ces puissances, il fut permis aux sujets respectifs de trafiquer d'un port ennemi à un autre port ennemi, et de transporter les marchandises du cru de l'ennemi, à l'exception de celles comprises sous la dénomination de contrebande de guerre. Le réglement du 26 juillet 1778 étendit cette même faculté à tous les neutres en général, pourvu que la réciprocité fût accordée par l'Angleterre, autre puissance belligérante. Le gouvernement anglais, fort de son droit des gens particulier et exclusif du droit des autres nations, refusa positivement d'accéder à cet acte généreux de la France, sous le prétexte (que M. Pitt n'eut pas honte de proclamer) que l'Angleterre pouvant se passer des neutres en temps de guerre, elle aurait continué à les saisir. Ce fut là le motif qui obligea l'impératrice des Russies à proclamer, comme loi fondamentale, le droit qu'avaient à ce sujet les puissances neutres de continuer leur commerce, d'après la convention connue sous le nom de *Neutralité armée*, à laquelle accédèrent les autres puissances maritimes, excepté l'Angleterre, qui déclara simplement vouloir s'en tenir à ses traités avec lesdites puissances.

§. 29. La France, par la loi du 14 juillet 1793, avait mis en vigueur les réglemens du 21 octobre 1744 et du 26 juillet 1778, dont les dispositions étaient contraires l'une à l'autre.

Les neutres, de leur côté, invoquaient leurs traités ; ils objectaient que l'on ne pouvait leur opposer deux réglemens, dont l'un était aboli par l'autre. On répondait aux uns, que leurs traités n'ayant pas été renouvelés, ils cessaient d'être obligatoires ; à ceux-ci, que les réglemens étaient la loi générale faite pour tous, pour tous les temps et pour tous les lieux ; à ceux-là, qu'il fallait appliquer conjointement les réglemens avec les traités. Les tribunaux français auxquels la connaissance des prises était dévolue par les lois des 14 février et 1er. octobre 1793, avant que le gouvernement centralisât la juridiction sur cet objet, ne voyaient partout que des ennemis déguisés ; il n'y avait aucun papier de bord auquel on ne trouvât des défauts ; point de marchandise qui ne fût réputée provenir du cru ou de fabrique anglaise, et dont le chargement n'entraînât la confiscation du navire et de la cargaison. D'après la loi du 29 ventôse an 6, ainsi que le disait le Directoire de la république dans son message du 22 nivôse an 7 : « Le droit de prononcer sur la validité des prises était livré à une jurisprudence surannée, incomplète, souvent contradictoire, et dont aucune autorité dans la république ne pouvait corriger ou guider l'application ».

§. 30. Tel était l'état des choses, lorsque l'arrêté des Consuls du 29 frimaire an 8, vint fixer la législation sur cette matière, en adoptant pour seule base le réglement précité du 26 juillet 1778, comme le plus propre à concilier les intérêts de la République et les droits des puissances neutres. La loi du 26 ventôse de la même année, ôta aux tribunaux civils la connaissance des prises ; elle fut attribuée par la loi du 8 germinal suivant à un Conseil spécial établi à Paris sous le nom de *Conseil des prises*. Malgré la disposition de l'article 1er. dudit réglement de juillet 1778, qui permet explicitement aux neutres le transport des marchandises ennemies sur leurs navires, ce conseil les a déclarées de bonne prise en vertu de l'art. 7 de l'ordonnance de la marine, par sa décision du 23 vendémiaire an 9, relativement à la prise du navire danois le *Lisefiord*, faite par le corsaire *l'Heraclée* (1). Cepen-

---

(1) M. Bonnemant, jurisconsulte, qui défendait le corsaire dans cette cause, répondit, dans son excellent mémoire présenté à ce sujet, conformément à l'article Ier dudit réglement de 1778, que lui

dant, après le traité de paix du 8 vendémiaire an 9 (1800), entre la République française et les États-Unis de l'Amérique, toutes les cargaisons suspectes ou même ennemies trouvées à bord des vaisseaux américains, ont été relachées, par décisions du Conseil ainsi que les navires, d'après l'article 14 dudit traité, quoique les États-Unis de l'Amérique aient renoncé à cette faculté en faveur de la Grande-Bretagne, pour raison des marchandises ennemies, suivant l'article 17 du traité conclu à Londres le 19 novembre 1794. En combinant les dispositions de ces deux traités, il en résulte une différence dont la conséquence pèse évidemment sur la France en cas de guerre avec l'Angleterre, et qui restreint d'autant la liberté du commerce des Américains.

§. 31. Il résulte donc en principe, qu'il

---

opposait l'adversaire, qu'il n'était que conditionnel, qu'il ne devait conséquemment être suivi que dans le cas d'une exacte réciprocité ; que de l'aveu de tous les publicistes, la neutralité cessait d'être impartiale dès qu'elle n'était pas relative. Telle est l'opinion d'Hubner, *de la Saisie des Bâtim. neutr.* tom. 1, chap. 2, sur laquelle M. Bonnemant s'est appuyé à ce sujet.

doit être libre aux nations neutres de continuer leur commerce avec les belligérans comme avant la guerre, à l'exception des marchandises réputées de contrebande; que le transport de la propriété ennemie sur les navires neutres, ne blesse en rien les droits des belligérans; que ce principe est reconnu par les nations les moins civilisées, comme on peut le voir par les traités du 19 septembre 1689, entre la France et l'empire Ottoman, renouvellé depuis par ceux de 1719, 1764, et celui du 29 mars 1790. Tous ces traités portent, que le pavillon Turc, Algérien ou Tunisien, accompagné de passeports pour certifier la neutralité du navire, sauve ce navire, et la marchandise ennemie; on ne va pas chercher, à l'égard de cette nation, si le navire est ennemi, pourvu qu'il soit monté par un capitaine ottoman, muni de passeport; ou si la marchandise appartient à un ennemi, le pavillon la couvre, ni si l'équipage est composé au-delà du tiers de sujets ennemis, comme le Conseil des prises l'a décidé le 17 messidor an 9, en faveur des navires Algériens *la Madonna della Salute*, et *la Rachel*. « Il résulte enfin du tableau historique des lois, disait le savant M. Portalis, dans ses conclusions au Conseil des prises du 5 thermidor an 8, relatives à la prise du navire *la Statira*, qu'elles ont varié selon les mœurs et les circonstances ; que la politique du moment a presque toujours modifié les principes du droit politique ; que dans nos temps modernes, les réglemens ont paru constamment incliner vers l'équité générale ; et que la nation française peut s'honorer d'avoir eu, dans la dernière guerre, l'initiative des maximes douces et généreuses qui ont prévalu, et d'avoir donné des exemples utiles à tous les peuples ».

ARTICLE V.

De la Contrebande de Guerre.

§. 1. Toutes les restrictions qui ont été faites à l'indépendance et à la liberté naturelle du commerce des nations pacifiques et neutres, en temps de guerre, ne sont fondées, ainsi que je l'ai démontré dans les articles précédens, que sur le droit conventionnel de l'Europe, et non sur le droit primitif des gens ; sans quoi rien ne s'opposerait au transport de toute sorte de marchandises sur la pleine-mer, pas plus qu'à la vente qui peut s'en faire sur le propre territoire, de la même manière qu'avant la guerre. Ainsi ce n'est pas au droit des gens, mais aux conventions expresses ou tacites qu'on doit attribuer l'origine et la détermination des marchandises *de contrebande de guerre.*

§. 2. Galliani, que j'ai cité tant de fois, après avoir, dans son chap. 9, §. 4, exposé la doctrine des publicistes, depuis Grotius jusqu'à Lampredi, sur l'indication des marchandises de contrebande, finit par dire qu'il a déterminé par les lumières du bons sens, (expressions familières à sa vanité) et de la raison, quelles sont les espèces de marchandises qu'on doit regarder comme contrebande de guerre ; il ajoute en confirmation que ce sont en effet, ou à peu de différence près, les mêmes qui se trouvent désignées sous ce nom dans presque tous les traités de l'Europe. Il fait ensuite l'énumération de celles qui ont été déclarées contrebande de guerre, dans tous les temps et dans tous les lieux ; il passe de-là à celles dont le commerce a toujours été libre ; et enfin à celles sur l'état desquelles la question est restée indécise. Il compte dans la première classe les hommes, les chevaux, les armes offensives et défensives de toute espèce, et les vaisseaux de guerre. Dans la seconde il met les vivres, les objets de première nécessité et tous ceux qui n'ont de rapport qu'avec le luxe et les commodités de la vie. Il comprend dans la troisième les marchandises sur la prohibition ou liberté desquelles on n'est pas encore d'un commun accord, surtout les métaux bruts, l'argent monnayé, les minéraux, le chanvre, la poix et les bois de construction.

§. 3. Si la détermination des marchandises et objets de contrebande de guerre dépend seulement des traités de l'Europe, ainsi que l'avait sagement remarqué Galliani au commencement, il était bien inutile de classer de ces trois manières toutes les espèces de marchandises, et de décider ensuite, après une analyse, tantôt philosophique tantôt chimique de leur nature, sous quel aspect on devait les considérer en temps de guerre. Pour connaître la pratique la plus générale des nations, ne suffisait-il pas d'avoir recours au droit conventionel et volontaire des gens, qui résulte des conventions expresses ou tacites des contractans?

§. 4. De l'ensemble des traités, que j'ai dû citer dans l'article précédent pour réfuter l'erreur de ce publiciste, et qui constituent cette partie du droit conventionnel de l'Europe, il se suit que, sous le nom de contrebande, on n'a compris en général que les objets qui sont d'un usage immédiat et direct à la guerre, c'est-à-dire à la défense et à l'attaque par mer et par terre. Ce principe a tellement prévalu dans les traités publics depuis les temps les plus reculés, qu'à peine, dans l'intervalle de trois siècles et demi, on trouve quelques traités qui aient fait exception à cette règle générale, introduite dans les conventions publiques de l'Europe, en permettant le libre commerce et le transport des armes et munitions de guerre à l'ennemi. Tels sont le traité de Westmünster entre Édouard IV, roi d'Angleterre et François, duc de Bretagne, en date du 2 juillet 1468. Ceux de 1642 et 1654, entre l'Angleterre et le Portugal, celui de 1647, entre l'Espagne et les villes Anséatiques, et un autre entre Alphonse, roi de Portugal, et les Provinces-Unies des Pays-Bas, signé à la Haye le 6 août 1661 (1).

§. 5. La détermination de contrebande de guerre ne fut cependant pas uniformément établie sur les matières qui, dans leur état naturel, ne servent pas directement à la guerre, quoique l'art ou l'industrie humaine puissent les y adapter, comme le salpêtre, le soufre, le fer, le plomb, le cuivre, le chanvre, la toile à voiles, la poix, le goudron, le bois de construction, les mâts, et autres objets semblables, ainsi que les vivres et l'argent, toujours regardés comme le nerf de la guerre. Il ne sera pas hors de propos de présenter

---

(1) *Voyez* l'article précédent.

ici les variantes qui se trouvent à cet égard dans les conventions de l'Europe.

§. 6. Le premier acte du Code diplomatique européen, qui proscrit le transport des comestibles et de l'argent en temps de guerre, comme marchandises de contrebande, est le traité du 16 août 1604; puis celui du 15 novembre 1630, entre l'Espagne et la France, aux articles 9 et 18. Le salpêtre commença à être mis au nombre des objets de contrebande dans l'article 6 du traité de marine, conclu le 17 décembre 1650 entre Philippe IV, roi d'Espagne, et les Provinces-Unies des Pays-Bas. La même disposition, concernant les vivres et l'argent, reparut dans le traité de Westmünster, du 5 avril 1654, entre Olivier Cromwel et la Hollande, à l'article 8 (1).

§. 7. Le commerce des grains et des vivres avec l'ennemi fut déclaré libre par le traité de Paris, du 10 mai 1655, entre la France et les villes Anséatiques. On adopta la même disposition dans le fameux traité des Pyrénées, du 17 novembre 1659, à l'article 13. Les grains, le froment, l'orge, les légumes,

---

(1) *Voyez* l'article précédent.

l'huile, le vin, le sel, et généralement tout ce qui tient à la nourriture et aux besoins de la vie, n'y furent pas compris parmi les marchandises de *contrebande*.

§. 8. L'Angleterre et la Suède, par leur traité d'alliance et d'amitié du 21 octobre 1661, confirmé ensuite le 16 février 1667, remirent l'argent monnayé et les comestibles dans la cathégorie des choses prohibées ; mais elles changèrent l'une et l'autre de système dans le traité de navigation et de commerce entre Charles II, roi d'Angleterre, et les Provinces-Unies de Hollande, daté de Londres le 1er. décembre 1674, article 4, et dans celui de Stockolm, du 26 novembre 1675, entre Charles XI, roi de Suède, et les mêmes Provinces de Hollande. Elles retranchèrent dans ces traités, du nombre des objets de contrebande, non seulement les grains, les vivres et l'argent, mais encore tous les métaux bruts, le chanvre, le lin, la poix, les cordages, les voiles, les ancres, les mâts, les planches, les poutres, et tout ce qui sert à la construction et au radoub des vaisseaux, à la nourriture de l'homme et aux commodités de la vie. La France adopta ce système bienfaisant dans son traité d'Utrecht avec l'Angleterre, le 31 mars

1713. L'article 20 porte, qu'on ne comptera plus au nombre des *marchandises de contrebande* les toiles et les bois propres à la construction, réparation et armement des vaisseaux.

§. 9. Malgré l'extension donnée par ce dernier traité aux marchandises libres, la France, dans son traité de commerce avec les villes Anséatiques, du 28 septembre 1716, en exclut le salpêtre et le déclara article de contrebande. Philippe V, roi d'Espagne, et l'empereur Charles VI, dans leur traité de 1725, prohibèrent aussi le salpêtre, ainsi que les bois de construction, les voiles, la poix, le goudron et les cordages.

§. 10. Pour prévenir toute équivoque sur les marchandises qui doivent ou non être regardées comme contrebande de guerre, il fut établi en principe, dans le traité d'amitié et de commerce du 6 février 1778, entre la France et les États-Unis d'Amérique, qu'on ne pourrait réputer contrebande tout ce qui n'aurait pas la forme d'un instrument préparé pour la guerre terrestre ou maritime. On ne peut cependant s'empêcher d'être surpris que ce traité et tous les autres, jusqu'à ce jour, spécialement celui de la neutralité armée,

proposé par la Russie, et accepté par la plus
grande partie des puissances de l'Europe, en
adoptant la susdite détermination des marchandises libres, en aient exclu le salpêtre et le
soufre, qu'on a toujours déclarés de contrebande, comme dans les traités de 1734 et
1766, entre l'Angleterre et la Russie, et dans
l'article 18 du dernier traité fait entre les
Provinces-Unies et l'Angleterre, le 29 août
1795; quoique dans leur état naturel, ni l'un
ni l'autre de ces deux objets n'ait pas plus
la forme d'un instrument préparé pour la
guerre que le fer, le cuivre, le plomb, les
ancres, les voiles et les bois de construction,
dont le commerce est permis, tant qu'ils n'ont
pas la forme susdite. Par le dernier traité
d'amitié, de limites et de navigation, entre les
États-Unis d'Amérique et le roi d'Espagne, de
1795, art. 16, sont aussi considérés comme
effets de contrebande toutes sortes d'armes et
leurs accessoires, toutes fois et quand elles
sont propres ou disposées à devenir instrumens de guerre. L'argent et toutes autres marchandises qui ne sont pas immédiatement disposées au service militaire, sont permises,
et les vaisseaux de guerre n'ont d'autre droit,
que d'obliger le vaisseau marchand chargé de

ces marchandises, à les leur fournir, moyennant le payement de leur valeur, selon l'estimation la plus avantageuse au propriétaire.

§. 11. Permettre le transport de tout ce qui est propre à construire et radouber les vaisseaux de guerre, comme bois de charpente, fer, cuivre, ancres, voiles, objets sans lesquels on ne peut armer un navire, ni composer une artillerie, ou des armes offensives et défensives, et prohiber en même temps le salpêtre et le soufre, sans lesquels on ne pourrait faire les poudres, est une contradiction manifeste. Le salpêtre et le soufre devraient être comptés parmi les marchandises non défendues, quoiqu'ils entrent dans la fabrication des poudres, parce que si le moindre rapport aux inombrables besoins d'une armée ou d'une flotte, suffisait pour mériter le nom *de contrebande* et la prohibition, il n'y aurait plus de marchandise libre dans le commerce (1); comme au contraire il n'est aucune de celles

_____

(1) « Si omnem materiam prohibeas, ex quâ quid bello aptari possit, ingens esset catalogus rerum prohibitarum, quia nulla fere materia est, ex quâ non saltem aliquid bello aptum, bello facile fabricemus ». Bynkershoeck, à l'endroit cité, liv. 1, chap. 10.

qui

qui semblent le plus directement destinées au service militaire, qui ne soit quelquefois employée aux usages les plus innocens d'agrément ou d'utilité (1).

§. 12. En réfléchissant sur l'esprit des traités publics, qui ont concouru à former le droit conventionnel de l'Europe, on reconnaît qu'on a universellement établi pour maxime, que, sous le nom *de contrebande de guerre*, on doit entendre seulement les objets qui sont d'un usage direct et immédiat à une armée en activité de guerre; ainsi, il me semble que les lois sur *la contrebande de guerre* ne doivent pas s'étendre au-delà des marchandises directement propres à la guerre offensive. Toute autre prétention de la part des belligérans serait injuste et cruelle, et les neutres ne pourraient supporter long-temps une privation qui ressemblerait à un dur esclavage. La loyauté et la bonne foi doivent

---

(1) « Paucissima sunt belli instrumenta quæ non et extra bellum præbeant usum sui. Enses gestamus ornamenti causâ, gladiis animadvertimus in facinorosos, et ipso pulvere bellico utimur pro oblectamento et ad testandam publice lætitiam ». Bynk.; même ch.

seules présider à la décision des faits, et à la comparaison par laquelle l'on doit rapprocher la conduite des neutres, des obligations que leur imposaient l'amitié et l'humanité. Je crois qu'il n'y a que le cas d'infidélité à ces devoirs qui puisse autoriser les belligérans à courir sur les navires chargés de ces marchandises pour favoriser l'ennemi, à les confisquer ou les retenir en dépôt, sans qu'une nation puisse se dire offensée de l'insulte faite à son pavillon.

§. 13 L'ordonnance de la marine de France, art. XI, tit. *des Prises*, ne désigne sous le nom de *contrebande de guerre*, que les armes, poudre, boulets et autres munitions de guerre, les chevaux et les équipages. Cela avait déjà été ainsi réglé, tant par l'ordonnance de 1543, art. XLII, que par celle de 1584, art. LXIX. Depuis près d'un siècle, chaque puissance a cru, d'après son intérêt personnel, devoir comprendre sous la dénomination de *contrebande de guerre* une infinité d'objets qui n'avaient qu'un rapport indirect avec les munitions dont on peut faire un usage immédiat à la guerre, et à circonscrire d'autant le commerce que les neutres pouvaient faire des productions de leur cru ou de leur industrie, selon que les matières premières ou manufacturées peuvent servir à accroître la force de l'ennemi; de-là est arrivé, que toutes les nations se sont accordées à regarder comme marchandises de contrebande de guerre la poudre, le salpêtre, (qui n'est cependant que d'un usage indirect), les petards, mèches, balles, boulets, bombes, grenades, carcasses, piques, hallebardes, épées, ceinturons, pistolets, fourreaux, selles de cavaleries, harnois, canons, mortiers avec leurs affûts, et autres armes et ustensiles de guerre, à l'usage des troupes, au-delà de ce qui est nécessaire à l'équipement d'un vaisseau pour sa propre défense, et avec destination pour l'ennemi. On y a compris ensuite les bois de construction, les mâts, les résines, le soufre, les voiles, les cordages, et tout ce qui peut servir à l'armement d'un vaisseau, l'argent même, et dans certains cas, les munitions de bouche.

§. 14. La politique anglaise, pour ne pas compromettre son propre intérêt, classe dans cette catégorie de *contrebandes*, outre les articles ici indiqués, tout ce qui peut être encore jugé par les Anglais capable d'armer un ennemi. Avec cette jurisprudence, ils sont sûrs de ne jamais manquer leur coup. Cette puissance faisant son commerce en temps de guerre, à l'aide de ses nombreux convois, peut se passer des neutres dont elle a intérêt de gêner le commerce, en leur interdisant le transport de toutes les matières qui peuvent augmenter les ressources de son ennemi et parconséquent sa force.

§. 15. La France, au contraire, dans les temps même qu'elle balançait la puissance maritime de l'Angleterre, s'est toujours renfermée dans les bornes d'une juste et équitable restriction: rarement elle est sortie de cette modération; lors même que sans injustice elle pouvait user de représailles: c'est ce qui résulte de ses différens traités et des décisions de ses tribunaux. En effet, il a été décidé par le Conseil des prises de Paris, le 13 germinal an 9 (1800), en faveur du navire Danois l'*Elégance*, chargé de mâts de construction recoussé sur les Anglais, que cette marchandise n'était point de *contrebande de guerre ;* « et bien qu'au mépris des traités, disait le Conseil, les Anglais confisquent les matières appartenant aux neutres, et destinées pour leurs ennemis ; cette conduite atroce, audacieusement proclamée par le parti ministériel, ne doit pas trouver d'imitateurs parmi les gouvernemens qui respectent le droit des gens ».

§. 16. C'est d'après des principes si opposés que les gouvernemens français et anglais ont stipulé leurs traités avec les Etats-Unis de l'Amérique. Dans celui conclu entre l'Angleterre et ces Etats, 17 novembre 1794, toutes les marchandises qui sont d'un usage indirect à la guerre, sont regardées comme nature de contrebande; il n'y a d'excepté que le fer en barre, et les planches de sapin, à l'art. 18. Dans celui au contraire conclu entre les mêmes Etats et la France, du 30 septembre 1800, on ne reçonnaît pour marchandises de contrebande que les matières qui ont la forme d'un instrument propre à l'usage de la guerre de terre ou de mer et aux troupes, ainsi que la poudre et le salpêtre. Ce principe de modération, qui, sans nuire aux droits des belligérans, assure la liberté des neutres, fut proclamé comme loi dans la convention précitée de la neutralité armée de la Russie, du 21 octobre 1780. Le principe salutaire établi dans cette convention a été récemment reconnu par l'Angleterre, dans le traité conclu avec la Russie, du 17 juin 1801, et par celui d'alliance, du 11 mars de la même année, entre la Suède et la Russie, art. 26.

CHAPITRE III.

DE LA COLLISION DES DROITS ENTRE LES BELLIGÉRANS ET LES NEUTRES.

ARTICLE PREMIER.

Du Droit conventionnel de l'Europe sur la prise des marchandises ennemies sous un pavillon neutre.

§. 1. L'opinion que tout navire chargé de marchandises appartenant aux ennemis pouvait être confisqué par les belligérans, même sous pavillon neutre et ami, a long-temps prévalu. Elle fut adoptée dans plusieurs réglemens de marine, dans différentes déclarations sur la navigation des neutres en temps de guerre, et par plusieurs publicistes (1) qui

---

(1) *Ordonn. de la Marine de France*, du mois d'août 1681, liv. 3, tit. 9, art. 7, *Comment.* — Habreu, *Tratado de las presas*, part. 1, chap. 8, pag. 108 et *suiv.*

l'avaient puisée dans le droit romain, sans faire attention que l'application de ce droit à l'état présent de l'Europe, était contraire aux intérêts des nations.

§. 2. Il est hors de doute que la loi romaine soumet à la peine de la confiscation les marchandises défendues, et le vaisseau qui les porte, comme tombé en contravention (1); mais il est clair aussi qu'il n'y est question que d'une disposition purement civile (2), qui n'est obligatoire que pour les sujets du législateur, et nullement pour les autres nations qui ne sont pas sous sa dépendance. Relativement à leurs intérêts respectifs, les nations ne sont tenues qu'à l'observation de la loi de la nature; et cette loi, comme je l'ai démontré dans les articles 1 et 2 du chapitre précédent, ne leur donne d'autre droit que celui de saisir et séquestrer les marchandises appartenant à l'ennemi partout où elles peuvent exercer lé-

---

(1) L. 2. ff. *de Publican. vectigalib. et commiss.* « Dominus navis, si illicite aliquid in nave, vel ipse, vel vectores imposuerunt, navis quoque fisco vindicatur ».

(2) Mornac, ad leg. pen. ff. *de loc. et cond.* — Bynkers. *Illustr. quæst. tit. an licitum per illicitum publicetur,* cap. 12.

gitimement des actes de juridiction et d'hostilités. Il faut donc convenir que les écrivains
qui ont voulu soutenir la légitimité de ce principe tiré de la jurisprudence romaine, ont
confondu les deux cas d'arrestation en pleine
mer et dans les ports fermés de l'état, les
marchandises d'un usage innocent appartenant
aux ennemis, avec celles de *contrebande de
guerre*, et ces deux classes avec les objets de
contrebande de douane ; enfin, les droits de
chaque souverain sur ses propres sujets, avec
ceux que le droit des gens peut donner dans
quelques cas sur les sujets des autres.

§. 3. Il semble que c'est cette maxime de
l'ancien Droit romain, qui a fait naître les
deux questions principales qui sont la matière
de cet article : questions à la décision desquelles on a jusqu'à présent vainement employé les raisons et les argumens que pouvaient fournir la pratique universelle et la
théorie du droit primitif des nations, parce
qu'elles sont précisément le point de collision
entre les droits des belligérans et des neutres.
La première est de savoir si le pavillon neutre
couvre les marchandises des ennemis, c'est-à-
dire, si un belligérant a droit de s'emparer des
effets de l'ennemi sur un navire neutre ; la se-

conde, si le belligérant a le droit de saisir et de confisquer les marchandises d'un neutre sur un navire ennemi. Examinons d'abord si le droit conventionnel de l'Europe, à travers ses variations continuelles, ne nous fournira pas quelque règle de fait qui s'accorde avec les principes du droit universel des nations, plus constant et plus conforme à celui de la nature, et auquel seul, à mon avis, on doit s'en rapporter.

5. 4. Dès le temps où le fameux *Consulat de la Mer* commença à avoir force de loi parmi quelques nations placées aux bords de la Méditerranée, on adopta la maxime du chapitre 273 de ce Code. Ce chapitre portait que, dans le cas où des marchandises appartenant à un ami seraient trouvées sur un bâtiment ennemi, et *vice versâ*, on ne devait avoir égard qu'à la propriété. Cette disposition produisit deux maximes qui furent suivies ou rejetées dans les traités publics, selon que l'exigeaient plus ou moins les avantages du commerce ou les intérêts des puissances en guerre. 1°. Les marchandises d'un ennemi chargées sur un navire ami, sont de bonne prise, et partant, confiscables; 2°. les marchandises d'un ami, chargées sur un vaisseau ennemi, sont libres.

§. 5. Dans le traité d'Édouard III, roi d'Angleterre, de 1351, avec les villes maritimes de Castille et de Biscaye, il fut expressément convenu que toutes les fois que les navires anglais saisiraient en pleine mer ou dans les ports des bâtimens ennemis sur lesquels se trouveraient des marchandises ou autres effets appartenant à des sujets du royaume de Castille ou du comté de Biscaye, ils seraient obligés de les leur restituer moyennant serment de leur part, et que ceux-ci seraient tenus d'en user de même envers les sujets de l'Angleterre (1). Le traité de 1353 entre l'Angleterre et les villes de Lisbonne et de Porto, déclare également non sujètes à la confiscation les marchandises d'un ami trouvées sur un navire ennemi (2).

§. 6. Édouard IV, roi d'Angleterre, et François, duc de Bretagne, adoptèrent, dans leur traité du 2 juillet 1468, une maxime contraire, à l'exemple du traité de commerce de 1417, entre Henri V, roi d'Angleterre, et Jean, duc de Bourgogne. Ils convinrent que toutes les fois que les Bretons

---

(1) Rymer, *Fœder.* tom. 3, part. 1, pag. 71.
(2) Rymer, *ibid.* pag. 88.

embarqueraient leurs personnes, leurs biens
ou leurs marchandises sur des navires ennemis du roi d'Angleterre, hors de la trêve
et sans avoir un sauf-conduit, il serait permis
aux Anglais de les saisir et de s'en emparer;
droit qu'auraient aussi les Bretons à leur
égard (1). Les marchandises des ennemis
trouvées sur un navire ami, sont également
déclarées confiscables et de bonne prise dans
le traité de 1478, entre le même Édouard et
les ducs de Bourgogne, Maximilien et Marie (2),
et dans celui de 1496, entre Henri VII, roi
d'Angleterre, et Philippe, archiduc d'Au-

---

(1) Rymer, *ibid.* tom. 5, part. 2, pag. 161 : « Et
par ce qui est dit, et par ce présent traité, n'est
pas entendu que si les gens du païs de Bretaigne
mettoient leurs personnez, biens ou marchandises
en naviers de partie d'ennemiez de nous et de notre
païs et royaume d'Engleterre, non aians sauf-conduit de nous, ne esteans in trues, ou abstinans
de guerre avesquez nous, que les gens du dit partie
d'Engleterre puissent prender, et acquirer à eulx
les personnes et biens qu'ils prenderont dedans les
naviers enncmiez de partie de nous et de notre dit
païs et royaume d'Engleterre, etc. »

(2) Rymer, même œuvre, tom. 4, part. 3, p. 12.

triche, duc de Bourgogne et de Brabant (1). On avait vu la même disposition dans celui de 1460, entre Henri VI, roi d'Angleterre, et la république de Gênes, où il est en outre fait mention du nolis des marchandises ennemies, dû aux neutres (2).

§. 7. La visite des vaisseaux marchands, sous prétexte de découvrir si, dans leur cargaison, il ne se trouverait pas des marchandises appartenant aux sujets des puissances ennemies, est une suite du droit que s'étaient

---

(1) Rymer, tom. 5, part. 3, pag. 88; et part. 4, pag. 85.

(2) « Nec caricabunt aut portabunt in navigiis eorum supra dicta bona aut mercimonia alicujus inimici nostri, aut inimicorum nostrorum, et casu quo fecerint, petiti et interrogati per nostros dicti januenses debent immediate et sine dilatione (mediante juramento suo cui subditi nostri fidem debent) veritatem dicere, et quæ, et qualia bona inimicorum nostrorum, vel inimicis ducunt in navibus suis, et illa sine difficultate tradere et deliberare capitaneis vel ducentibus navigia nostra pro custodia maris, vel aliis subditis nostris, quos abusare contingeret navibus dictorum januensium, ubicumque super mare recipiendo *pro ratâ nauli*; sive affrectamenti hujusmodi mercium inimicorum, etc. »

attribué les belligérans de capturer leurs effets sur les navires amis. Ces visites occasionnèrent beaucoup de désordres, de violences et de déprédations préjudiciables aux nations commerçantes, d'autant plus que les belligérans portaient quelquefois la rigueur et l'indiscrétion jusqu'à déclarer de bonne prise et confiscables, non seulement les marchandises des ennemis, mais encore les navires neutres qui les portaient. C'est ce qui arriva aux Hollandais, en 1645, dont quelques navires chargés de marchandises pour l'ennemi, furent saisis par des vaisseaux de guerre et des armateurs français, et immédiatement jugés de bonne prise d'après une ordonnance du roi Henri II, de l'année 1538 (1). Les États-Généraux de Hollande s'en plaignirent hautement à la cour de France; et après beaucoup de débats de part et d'autre, on conclut enfin, le 18 avril 1646, un traité de commerce dans lequel il fut convenu que l'exécution de cette ordonnance resterait suspendue pendant quatre ans, de manière que les vaisseaux marchands hollandais passeraient librement, leur cargaison fût-elle en grains

---

(1) *Voy.* Valin, *Comment. à l'Ordon. de la Marine,* du mois d'août 1681, tit. *des Prises.*

et bois de service, et pour le compte des ennemis : il n'y eut d'excepté que les marchandises de *contrebande de guerre ;* ce qui devait être observé aussi par les États-généraux à l'égard des marchandises appartenant à la France (1).

§. 8. La Porte-Ottomane, qui a dans tous les temps donné des exemples de modération aux peuples les plus civilisés de l'Europe, fut la première à abandonner l'ancienne maxime consacrée par les traités dont j'ai parlé, et convint, en 1604, avec Henri IV, roi de France, que le pavillon français mettrait à

---

(1) Le grand pensionnaire de With fit traiter cette affaire par l'ambassadeur Boreel, qui lui en apprend la conclusion dans une de ses lettres : « J'ai obtenu la cassation de la prétendue loi française, que robe d'ennemi confisque celle d'ami; en sorte que s'il se trouve à l'avenir dans un vaisseau franc hollandais des effets appartenans aux ennemis des Français, eux seuls effets seront confiscables, et l'on relâchera le vaisseau et les autres effets; car il est impossible d'obtenir le contenu de l'article 24 de mes instructions, où il est dit que la franchise du bâtiment en affranchit la cargaison, même appartenant à l'ennemi ». Dumont, *Corps diplom.* tom. 6, part. 1, pag. 342.

l'abri de la saisie les marchandises et effets de ses ennemis (1). Le même privilége fut accordé par le sultan Achmet, en 1612, à l'article 25 du traité de cette année, aux Provinces-Unies de Hollande, avec encore plus d'extension, puisqu'il affranchit de la confiscation les effets de ses amis trouvés sur navires de pirates (2). C'est sur le même principe que furent basés dans la suite les traités d'amitié entre les puissances maritimes de l'Europe et les régences d'Alger, de Tunis et de Tripoli. Les Hollandais, les Danois et les Suédois acquirent ainsi le droit de charger sur leurs navires des marchandises appartenant aux nations qui n'avaient fait aucune convention avec ces puissances barbaresques, et qui, par cela même, en étaient regardées comme ennemies; puisqu'il suffit que le pavillon ou le vaisseau soit libre pour que la cargaison le soit aussi (3).

---

(1) Art. 12 : « Voulons et commandons que les marchandises qui seront chargées à nolis sur vaisseaux français, appartenant aux ennemis de notre Porte, ne puissent être prises sur couleur qu'elles sont de nosdits ennemis, puisqu'ainsi est notre vouloir ». Rymer, dans l'ouvrage cité.

(2) Rymer, ouvrage cité. — Aitzema, t. 1, p. 331.

(3) *Voyez* ces traités dans Dumont, tom. 7,

§. 9. Depuis cette époque glorieuse pour ces peuples que nous appelons barbares, le pavillon d'une nation amie fut, dans tous les traités de navigation et de commerce, un titre de garantie pour les marchandises des ennemis. Ce principe fut adopté par la France et la Hollande à l'article 14 de leur traité de 1646, par l'Angleterre et le Portugal; à l'article 23 de leur traité de 1654. On le retrouve encore aux articles 2 et 3 du traité de 1655, entre la France et les villes Anséatiques; à l'article 15 du traité conclu la même année entre la France et l'Angleterre; à l'article 19 de celui de 1656, entre l'Angleterre et la Suède; à l'article 19 de celui de 1659, entre la France et l'Espagne; à l'article 12 de celui de 1661, entre le Portugal et les Provinces-Unies de Hollande; à l'article 25 de celui de 1662, entre la Hollande et la France, confirmé par les traités des années suivantes: 1678, 1697, 1713 et 1739: il est encore consacré par l'article 27 des traités de 1662 et 1742, entre la France et le Danemarck; par l'article 19 de celui de 1672, entre la France

---

part. 1, pag. 205; partie 2, pag. 75, et tom. 8, part. 2, pag. 136.

et la Suède; par les articles 8 et 27 de ceux
de 1677 et 1713, entre la France et l'Angleterre; par le traité de 1667, entre l'Espagne
et l'Angleterre, qui fut confirmé par la suite
dans les articles 23 et 26 de ceux de 1670 et
1713. Cette maxime continue à régner dans
la diplomatie de l'Europe. On la voit encore
constamment reconnue et adoptée par les
traités de 1661, entre le Portugal et la Hollande, article 24; de 1667, 1675 et 1679,
entre la Suède et la Hollande, aux articles
respectifs 8, 8 et 22; de 1668 et 1674, entre
la Hollande et l'Angleterre, articles 10 et 8;
de 1725, entre l'empereur Charles VI et Philippe V, roi d'Espagne, article 10; de 1742,
entre l'Espagne et le Danemarck, article 9;
de 1748, entre la cour de Copenhague et le
roi des Deux-Siciles; de 1756, entre le roi
de Danemarck et la république de Gênes; et
finalement par celui de 1752, entre les Deux-
Siciles et la Hollande (1).

§. 10. Il est donc évident, d'après cet exposé, que la pratique universelle de l'Europe,

---

(1) *Mercur. hist. et polit.* 1753. Sept. pag. 244.
— Hubner, *de la Saisie des Bâtim. neut.* tom. 2,
pag. 188.

pendant plus d'un siècle, fut de considérer uniquement la propriété du vaisseau. Voilà le principe de cette règle presque générale, que la franchise du vaisseau affranchit les marchandises qui sont sur son bord. Ainsi le pavillon neutre devait rendre libres les marchandises appartenant aux ennemis, excepté celles qui avaient été déclarées *contrebande de guerre ;* et les vaisseaux ennemis devenaient avec leur cargaison, quand même elle eût appartenu aux neutres, confiscables et de bonne prise.

§. 11. Parmi les traités existans dans le code diplomatique de l'Europe, il en est deux fondés sur l'ancienne règle qui ne considérait que la propriété de la cargaison : celui de 1661, entre l'Angleterre et la Suède (1), et celui de 1670, entre celle-ci et le Danemarck (2), où sont déclarées libres les marchandises d'un neutre trouvées à bord d'un navire ennemi, et confiscables, celles d'un ennemi sur un bâtiment neutre. Les traités de commerce conclus en 1734 et 1766 entre la Grande-Bretagne et la Russie, présentent

---

(1) Dumont, tom. 6, part. 2, art. 12, pag. 384.
(2) Dumont, tom. 7, part. 1, art. 20, pag. 132.

beaucoup de doute et d'obscurité sur ce point;
car, à en juger littéralement, on serait embarrassé de décider si c'est l'ancienne règle ou
la nouvelle qu'on a prétendu y adopter (1).
Il semble qu'on ait voulu laisser au caprice de
l'interprétation la décision de tous les cas,
puisqu'on n'y a pas désigné expressément

---

(1) L'article 11 du traité de 1734 est conçu dans
ces termes : « Il est convenu que les sujets de l'une
ou de l'autre des parties puissent librement aller,
venir et commercer dans tous les états qui sont
ou pourront être ci-après en inimitié avec aucune
des parties, excepté seulement les places qui sont
actuellement bloquées ou assiégées, pourvu qu'ils
ne portent point des munitions de guerre à l'ennemi, avec tous autres effets ; les vaisseaux, les
passagers et les effets seront libres et sans empêchement ». L'autre traité, de 1766, s'accorde
essentiellement avec cet article; mais l'article 10
porte de plus : « Quant à la recherche à faire sur
les vaiseaux marchands, les commandans des
vaisseaux de guerre et les armateurs se conduiront
réciproquement avec autant de faveur que la raison
de la guerre existante pourra permettre de le faire
envers les puissances les plus amies qui ont adopté
la neutralité, observant, autant qu'il se pourra, de
suivre les principes et les maximes que prescrivent
les lois des nations, qui sont généralement avouées ».

quelles sont les marchandises sujètes à la recherche, si ce sont celles de contrebande, ou autres appartenant à l'ennemi, ou les unes et les autres trouvées sur le navire.

§. 12. La France, dans son traité de 1716 avec les villes Anséatiques de Hambourg, de Lubeck et de Brême, s'écarta de l'ancienne règle dont je viens de parler, et qu'on avait suivie auparavant dans plusieurs traités. Au grand étonnement de toute l'Europe, il fut stipulé dans les articles 22 et 24, que le pavillon ami ne couvrirait plus les marchandises ennemies. Par cette disposition, les effets appartenant aux ennemis embarqués sur les vaisseaux de ces trois villes, ainsi que les marchandises de celles-ci trouvées à bord des navires ennemis furent soumis à la confiscation (1). Mais en 1739, cette même puissance, à l'art. 23 d'un autre traité avec la Hollande, adopta la règle contraire. Il y fut convenu que le pavillon ami sauverait les effets des ennemis, pourvu que ce ne fût pas des marchandises de contrebande : restriction ordinaire de tous les traités basés sur ce principe.

§. 13. On a vu souvent, dans ce siècle qui

---

(1) Dumont, tom. 8, part. 1, pag. 478.

se vante d'être éclairé par le flambeau de la philosophie, une puissance étendre ses droits au-delà des bornes de la justice et de la modération, tandis que ceux d'une autre étaient restreints à l'excès et jusqu'à l'oppression. Toutes les fois que le plus fort a voulu donner la loi au plus faible, celui-ci a été forcé de la recevoir, quelque nuisible qu'elle fût à ses intérêts, dont il était obligé de faire le sacrifice à l'avidité ou au caprice d'un plus puissant que lui. Voilà comment, malgré l'universalité des principes consacrés par les conventions publiques que je viens de citer, sur la liberté du commerce des neutres, et sur le privilège de leur pavillon, l'abus de leurs forces porta les gouvernemens même qui les avaient signés, à les mettre en oubli au commencement de leurs guerres, à autoriser, par leurs ordonnances et leurs règlemens de marine, les corsaires et les armateurs à s'emparer des effets et marchandises des ennemis trouvés à bord des navires des neutres, et à prescrire à ceux-ci des lois qui gênaient la liberté du commerce, quoique contraires bien souvent à la foi publique des traités. Si de ces procédés de quelques puissances de l'Europe, on voulait tirer des maximes générales sur cette matière, ce ne pourrait être que celles-ci : « Je veux que les autres nations me rendent justice ; mais je ne me crois pas obligée au retour, parce que je suis la plus forte et la plus riche ». Ce qui équivaut encore à ce qui suit : « Je ne souffrirai jamais que les autres nations me traitent de la même manière que je les aurai traitées ».

On lit dans Sénèque à ce sujet :

Id esse regni maximum pignus putant,
Si quidquid aliis non licet, solis licet (1).

§. 14. Depuis la guerre de 1740 jusqu'à celle de 1778, on mit en pratique l'ancien et pernicieux principe de saisir partout et sans égard même pour le pavillon neutre, les marchandises et effets appartenant aux ennemis. Ce prétendu droit se soutint par la force des armes, malgré les plaintes continuelles des nations qui ne prenaient aucune part à la guerre. Les treize États-Unis d'Amérique furent les premiers à proposer la liberté du commerce. Ils l'obtinrent en effet de la France, de la Hollande et de la Suède, comme il conste par leurs traités respectifs du 6 février 1778 (2),

(1) Sénèque, dans *Agamemn.* V. 287.
(2) Art. 23 : « Il sera permis à tous et un cha-

du 8 octobre 1782(1) et du 3 avril 1783 (2). La même chose avait été ordonnée par le roi

cun des sujets du roi très-chrétien, et aux citoyens, peuples et habitans des susdits Etats-Unis, de naviguer avec leurs bâtimens avec toute liberté et sûreté, sans qu'il puisse être fait d'exception à cet égard à raison des propriétaires des marchandises chargées sur lesdits bâtimens, venant de quelque part que ce soit, et destinées pour quelque place d'une puissance actuellement ennemie, ou qui pourra l'être dans la suite de S. M. très-chrétienne ou des Etats-Unis...... Et il est stipulé par le présent traité, que les bâtimens libres assureront également la liberté des marchandises ; et qu'on jugera libres toutes les choses qui se trouveront à bord des navires appartenans aux sujets d'une des parties contractantes, quand même le chargement ou partie d'icelui appartiendrait aux ennemis de l'une des deux ; bien entendu néanmoins que la contrebande sera toujours exceptée ».

(1) Art. 11 : « Déclarant très-expressément qu'un vaisseau libre assurera la liberté des effets dont il sera chargé, et que cette liberté s'étendra pareillement sur les personnes qui se trouveront dans ce vaisseau libre ».

(2) Art. 6 : « Et comme il est reçu par le présent traité, par rapport aux navires et aux marchandises, que les vaisseaux libres rendront les

de France dans l'art. I.er de son réglement du 26 juillet 1778, concernant la navigation des bâtimens neutres en temps de guerre. Par suite de ce principe, qui commençait heureusement à se renouveler en Europe, l'impératrice des Russies, Catherine II, proposa sa déclaration, en date du 28 octobre 1780, avec la ferme volonté d'en exiger l'exécution comme un droit, et de la soutenir avec toutes les forces réunies des nations qui secondaient son projet de neutralité armée, dont le principal but était de faire respecter les marchandises des ennemis sous le pavillon neutre, quand ce n'était pas de la contrebande de guerre (1).

§. 15. Dans le traité d'amitié, de com-

---

marchandises libres, et que l'on regardera comme libre tout ce qui sera à bord des navires appartenans aux sujets d'une ou de l'autre des parties contractantes, quand même le chargement ou partie d'icelui appartiendrait aux ennemis, etc. »

(1) *Voyez* ci-dessus, art. 3, §. 17, les accessions faites à cette déclaration par l'Empereur, la Hollande, le Danemarck, le Portugal, la Prusse, la Sicile et la France, ainsi que les protestations de l'Angleterre et de l'Espagne, qui s'en remirent sur ce point à leurs conventions particulières et au droit général des gens.

merce et de navigation, entre les États-Unis d'Amérique et la Grande-Bretagne, stipulé le 19 novembre 1794, et ratifié le 29 août 1795, on a adopté la règle dont nous venons de parler, sur un système plus conforme aux principes de la raison commune et du droit des gens. L'art. 17 porte que dans tous les cas où il sera arrêté ou pris des vaisseaux soupçonnés avec raison d'avoir sur leur bord des effets appartenant à l'ennemi, ou de lui porter des marchandises de contrebande de guerre, le vaisseau séquestré sera conduit au port le plus voisin et le plus commode ; et si l'on y trouve quelque propriété de l'ennemi, elle sera seule saisie, et le navire relâché avec le reste de son chargement pour suivre sa destination. Le dernier traité d'amitié, de limite et de navigation, stipulé entre les Provinces-Unies d'Amérique et le roi d'Espagne, en suivant les mêmes principes, a statué par l'art. 15, que dans le cas de guerre d'une des puissances contractantes, il ne serait porté aucun empêchement au commerce des sujets respectifs des puissances belligérantes, excepté pour les marchandises de contrebande, et que la neutralité du pavillon de la puissance non en guerre, suffirait pour couvrir les marchandises y chargées, pourvu qu'elles ne soient pas de contrebande de guerre.

§. 16. A l'époque du traité de Westphalie, il résultait de tous les traités existans entre les puissances de l'Europe, une variation frappante dans le droit conventionnel des nations, sur la navigation et le commerce des peuples neutres en temps de guerre. Ces conventions offraient, en dernière analyse, les contradictions suivantes :

1.º Le pavillon ami sauve la propriété des ennemis.

2.º Le pavillon ami ne sauve point la propriété des ennemis.

3.º La propriété des amis trouvée sur des vaisseaux ennemis est de bonne prise.

4.º La propriété des amis trouvée sur des vaisseaux ennemis n'est point de bonne prise.

§. 17. Ce ne fut que plus d'un siècle après cet état de confusion, c'est-à-dire, dans la guerre des colonies anglaises de l'Amérique, que la très-grande majorité des puissances maritimes, sur l'initiative de la France et de la Russie, posèrent, d'une manière solennelle, les bases de cette partie du droit maritime en faveur des puissances neutres. La France, alors en guerre contre l'Angleterre, défendit positivement, par son réglement de 1778, « à tous armateurs d'arrêter et de conduire dans les ports du royaume les navires des puissances neutres, quand même ils sortiraient des ports ennemis, ou qu'ils y seraient destinés, à l'exception toutefois de ceux qui porteraient des secours à des places bloquées, investies ou assiégées, et des navires chargés de marchandises de contrebande ou de munitions de guerre ». La déclaration de la Russie, du mois de mars 1780, aux cours de Londres, de Versailles et de Madrid, consacre les mêmes principes d'une manière encore plus précise, comme étant, dit-elle, consignés dans le droit primitif des peuples, que toute nation est fondée à réclamer, et que les puissances belligérantes ne sauraient invalider sans violer les lois de la neutralité : ces principes sont :

1.º Que les vaisseaux neutres puissent naviguer librement de port en port, et sur les côtes des nations en guerre ;

2.º Que les effets appartenant aux sujets de diverses puissances en guerre, soient libres sur les vaisseaux neutres, à l'exception des marchandises de contrebande de guerre.

§. 18. Ces principes firent l'objet des conventions entre la Russie, le Danemarck et la Suède, en juin et juillet de 1780, auxquelles adhérèrent la France, l'Espagne, les Provinces-Unies, la Prusse, l'Empereur, le Portugal et Naples. Enfin, la Russie, dans la guerre de 1787, contre les Turcs, déclare de nouveau que son intention est d'oberver religieusement, pour l'avantage des nations qui resteront neutres dans la guerre actuelle avec la Porte Ottomane, le système bienfaisant de neutralité armée qu'elle-même a établi. Mais elle porte encore plus loin, dans son règlement du 31 décembre 1787, son respect pour le pavillon des nations neutres, en stipulant, (art. 13) : « Lorsque des vaisseaux neutres seront escortés par un vaisseau de guerre de leur nation, on ne pourra aucunement toucher aux premiers, mais on devra s'adresser directement au commandant du convoi ; et si celui-ci déclare que lesdits navires sous escorte n'ont à bord aucune marchandise de contrebande de guerre, on se contentera de sa déclaration, sans exiger que la visite ait lieu ».

§. 19. C'est ce prétendu droit de visite des bâtimens neutres escortés, qui, dans cette dernière guerre, donna lieu aux préparatifs hostiles des puissances du Nord contre l'Angleterre. Celle-ci voyant que ses forces navales n'en imposaient guères aux coalisés, sollicita une convention avec la Russie, qui eut lieu le 17 juin 1801, dont l'art. III est de la teneur suivante : « Les vaisseaux des puissances neutres pourront approcher librement des côtes et entrer dans les ports des puissances belligérantes. Les effets qui se trouveront sur les vaisseaux de la puissance neutre, à l'exception des objets de contrebande militaire, et des propriétés ennemies, seront francs ; les marchandises, soit brutes, soit travaillées, venant des pays en guerre, que les sujets des puissances neutres auraient achetées et fairaient transporter à leur compte, seront également franches, etc. etc. ».

ARTICLE II.

Du Droit primitif et universel des gens sur la prise des marchandises ennemies trouvées sur un vaisseau neutre.

§. 1. La variété des règles adoptées dans les traités susdits, prouve clairement que le droit conventionnel de l'Europe ne fournit point de maxime fondamentale, uniforme et constante, qui puisse faire disparaître tous les sujets de plaintes qu'occasionne dans toutes les guerres, la collision des droits également naturels et positifs des belligérans et des neutres. Il faut donc examiner si le prétendu privilége du pavillon neutre, de garantir les marchandises et effets des ennemis, est conforme aux principes du droit primitif et universel des gens, ou bien, si les belligérans commettent une injustice en s'emparant des marchandises ennemies, à bord des vaisseaux des neutres, lorsque ceux-ci n'ont pas renoncé au privilége de leur pavillon par un traité spécial ou quelque convention tacite.

§. 2. La loi impérieuse de la nécessité, à qui

tout cède, plus forte que les conventions humaines, fondée sur l'irrésistible penchant des hommes à se conserver par des moyens mêmes qui seraient criminels dans tout autre cas (1); cette loi, dis-je, qui est toujours une exception tacite aux lois positives, lorsque leur exécution serait un fléau destructeur de la société, ou un si grand mal qu'il excéderait les forces de l'esprit humain (2), est précisément celle

---

(1) « Puto igitur esse hanc necessitatem, cui nullâ vi resisti potest ; quæ neque mutari, neque leniri potest... quod adjungitur... omni tempore id pertinebit... aut ad honestatem aut ad incolumitatem aut ad commoditatem ». Cicer. *de Invent.*, lib. II, cap. 57. « Ex dictis patet hominem ad advertendum periculum vitæ non tantùm instinctu naturæ ferri, sed et jus eidem ex dictamine rectæ rationis competere ». Thomasius, *Jurisprud. divin.* lib. II, cap. II, §. 130.

(2) « De nostrâ verò necessitate communiter regula profertur, *necessitas non habet legem*, et hæc regula de omnibus legibus non est intelligenda. Igitur quæstio est an necessitas in legibus exceptionem tacitam faciat, ut legislator non præsumatur talibus subjectum adigere voluisse, ut legem observet, si observatio cum periculo ejusmodi vitæ sit conjuncta ». Thomas. dans l'œuvre et le livre cités, chap. 2, §. 131.

qui commande à un belligérant d'ôter à son ennemi tout moyen de devenir plus fort et plus propre à l'attaque, de l'affaiblir par toutes les voies possibles, pour l'empêcher d'augmenter ses forces et de prolonger la guerre, et pour le contraindre à la paix. C'est cette loi enfin qui autorise ce belligérant à envahir et saisir les effets de l'ennemi partout où le droit universel des nations lui permet les actes d'hostilités, c'est-à-dire, sur son propre territoire, sur celui de l'ennemi, et dans tout autre lieu qui n'est pas soumis à la jurisdiction d'un autre souverain. La pleine-mer, comme je l'ai démontré plusieurs fois, est précisément un espace qui n'est soumis à personne : le belligérant pourra donc s'y emparer des propriétés de son ennemi, de quelque manière que le hasard lui en présente l'occasion, quand même elles seraient à bord d'un bâtiment ami et neutre (1), pourvu qu'en exerçant ce droit, il ne

---

(1) « Idem statuendum arbitramur si res hostiles in navibus amicorum reperiantur. Illas capi posse nemo dubitat, quia hosti in res hostiles omnia licent, eatenus ut eas ubicumque repertas sibi possit vindicare ». Heinecc. *de Navib. ob vect. vet. merc. com.* cap. 2, §. 9. « Nec aliter decidenda res est si à contrario navis amicorum merces hostium ferat :

franchisse pas les bornes d'une juste modération (1).

§. 3. Ce principe, au premier coup d'œil,

___

merces enim capi possunt salvâ navi ». Henr. Cocc. de Jur. bell. in amic. §. 34. « D'un autre côté, dès que je suis en guerre avec une nation, mon salut et ma sûreté demandent que je la prive, autant qu'il est en mon pouvoir, de tout ce qui peut la mettre en état de me résister et de nuire. Ici le droit de nécessité déploie sa force. Si ce droit m'autorise bien dans l'occasion à me saisir de ce qui appartient à autrui, ne pourra-t-il pas m'autoriser à arrêter toutes les choses appartenantes à la guerre, que des peuples neutres conduisent à mon ennemi?... Il est très-à-propos et très-convenable au droit des gens de ne point mettre au rang des hostilités ces sortes de saisies faites sur des nations neutres ». Vattel, *Droit des Gens*, liv. 3, ch. 7, §. 110 et 111.

(1) « Les nations belligérantes ont le droit de nuire à leurs ennemis de toutes les façons, autant que le but légitime de toute guerre l'exige, et conséquemment celui d'empêcher que ces mêmes ennemis ne soient fortifiés, puisqu'un renfort quelconque pourrait reculer le rétablissement de la paix; bien entendu cependant que l'exercice de ce dernier droit ne blesse pas les droits parfaits et incontestables des nations amies ». Hubner, *de la Saisie des Bat. neut.* pag. 186.

paraît mettre en collision le droit des belligérans, de saisir partout où ils les trouvent, les marchandises de l'ennemi, avec celui qu'ont de leur côté les neutres de n'être point troublés dans leur navigation pacifique et licite. Mais la droite justice et la raison publique n'en porteront pas le même jugement.

§. 4. Il est dans la nature une loi sacrée et inviolable qui, dans le conflict de deux droits égaux, autorise la suspension de celui dont l'interruption produit un moindre dommage, réparable en quelque manière ou plus facilement ou avec moins de dépense. De-là cette théorie générale du droit des gens que personne n'a jamais contredite : *lorsque le droit parfait d'un peuple heurte celui d'un autre, la raison, la justice et l'humanité veulent que celui-là cède le sien et y renonce, qui doit éprouver un moindre dommage* : voilà pourquoi il est des lois qui permettent de jeter à la mer une partie de la cargaison d'un vaisseau pour sauver l'autre, et la faire servir à compenser la perte qu'a nécessitée un danger imminent (1). C'est par la même raison qu'on

---

(1) L. 14. ff. *ad legem Rhodiam de jactu*. « Ut si levandæ navis gratiâ jactus mercium factus est, omnium contributione sarciatur ».

peut démolir la maison de son voisin, de peur que l'incendie ne se communique à la sienne (1); que lorsque le feu prend à un navire mouillé dans un port, il est permis aux bâtimens qui l'avoisinent, supposé qu'ils ne puissent s'en éloigner, de le détruire et de le couler bas, et même celui qui en est le plus près, si on le croit nécessaire pour couper la communication du feu et sauver tous les autres (2). Le même principe, lorsqu'un fleuve grossi

---

(1) L. 43. ff. *Quod vi aut clam.* « Si pervenisset ignis eò usque absolvi eum opportere... Quoniam nullam injuriam dare videtur æque perituris edibus ». On peut joindre à ces principes la disposition de la loi 9. ff. *ad legem Aquiliam.* « Quod si vi ventorum navis impulsa esset in funes ancorarum alterius, et nautæ funes præcidissent, si nullo alio modo; nisi præcisis funibus explicare se potuit, nullam actionem dandam. Idem Labeo et Proculus, circa retia piscatorum in quæ navis inciderat, æstimarunt. Planè si culpâ nautarum id factum esset, lege Aquiliâ agendum ».

(2) L. 2. §. 1. ff. *ad leg. Rhod.* L. 29. §. 2 et L. 49. §. 1. ff. *ad leg. Aquil.* L. 3. §. 7. ff. *de incend. ruin. naufr.* Vinnius ad Peckium, in leg. 1. ff. *de leg. Rhod.* — Roccus, *de Navibus et naulo.*, not. 99. n. 256.

par les torrens, et sur le point de se déborder et de ruiner dans une vaste plaine, les espérances du cultivateur, autorise celui-ci à se servir de planches qui ne lui appartiennent pas pour renforcer ou relever la digue qui couvre les champs, et sauver la récolte de l'inondation (1). Voilà pourquoi enfin, dans une extrême disette, on peut arrêter en pleine mer, les navires chargés de grains ou d'autres comestibles, pour secourir promptement la nation qui en manque (2). Dans tous ces cas,

---

(1) L. 1. §. 4 et 11. *de aquâ pluv. arc.*

(2) « Hinc primò sequitur in gravissimâ necessitate reviviscere jus illud pristinum rebus utendi tanquam si communes mansissent : quia in omnibus legibus humanis, ac proinde et in lege dominii summa illa necessitas videtur excepta. Hinc illud, ut in navigatione, si quando defecerint cibaria, quod quisque habet in commune conferri debeat. Sic et defendendi mei causâ vicini ædificium orto incendio dissipare possum, et funes, aut retia discindere, in quæ navis mea impulsa est, si aliter explicari nequit. Quæ omnia lege civili non introducta, sed exposita sunt ». Grot. *de Jur. bel. ac pac.* liv. 2, chap. 2, §. 6, n. 2 et 3.

Quoique j'aie rapporté l'autorité de Grotius pour appuyer mon opinion sur l'obligation de payer les

il suffit de réparer le dommage des marchandises jetées à la mer, de la maison démolie, du vaisseau submergé, des planches employées, des vivres enlevés, pour que les propriétaires ne puissent se plaindre de l'atteinte portée à leur droit de propriété. Il est vrai qu'on attaque alors ce droit inaltérable et sacré de la société ; mais cette violation est commandée par le droit impérieux de la nécessité, qui, dans

---

choses enlevées aux navires, je n'entends pas pour cela adopter son absurde système du retour imaginaire à la communauté des biens dans les cas de nécessité. L'obligation d'en compenser la valeur étant universellement reconnue pour légitime, pourroit-on condamner quelqu'un, dans le sens de Grotius, à payer ce qui est déjà devenu sien ? La vérité est donc que la nécessité est une excuse, et rien plus, dont l'effet ne peut s'étendre au-delà du besoin. Une ville qui manque de grains, mais qui est riche en argent, sera excusable d'arrêter et de s'approprier cette denrée, quoique destinée à d'autres ; mais elle en devra rembourser la valeur aux propriétaires. Le défaut d'argent pourrait bien lui servir d'excuse, si elle ne payait pas de suite ; mais elle serait toujours dans l'obligation de le faire. On doit dire la même chose des autres cas détaillés ci-dessus. *Voyez* Puffendorf, *de Jur. nat. et gent.* liv. 2, chap. 7, §. 5, 6 et 7.

ce conflit, veut qu'on évite le mal imminent, irréparable et plus grand de la mort, ou de la ruine d'un grand nombre d'individus, en accordant toutefois aux propriétaires des compensations équivalentes à la perte qu'on leur occasionne, ou à la violence qu'on est forcé de leur faire (1).

§. 5. Dans la collision des droits qui a lieu entre les belligérans et les neutres, lorsque les premiers arrêtent les navires des derniers pour y saisir les marchandises appartenant aux ennemis, la suspension de l'exercice des droits des neutres me paraît facile à réparer; puisqu'en les dédommageant du retard par une juste indemnité, et en leur payant le nolis des marchandises prises sur leur navire, l'atteinte qu'éprouvent leur liberté et leur indépendance naturelle, n'est plus qu'un léger sacrifice qu'ils font à l'extrême nécessité de la défense; au lieu qu'on ne peut ni calculer ni fixer aucune indemnité pour dédommager les belligérans du mal que peuvent leur faire les secours que leurs ennemis reçoivent des neutres pour prolonger la guerre et multiplier le carnage et la mort. Les neutres, par la sus-

---

(1) L. 45. §. 3, et L. 49. §. 1. ff. *ad leg. Aquiliam.*

pension du droit qu'ils ont de naviguer librement et sans obstacle sur la pleine-mer, ne souffrent que le retard qu'occasionne la visite du vaisseau et la consignation des marchandises ennemies (1); puisqu'au reste les belligérans respectent, ou du moins doivent respecter, conformément au droit primitif et universel des nations, tous les autres droits de propriété et d'indépendance des peuples neutres et amis auxquels appartient le navire, en leur laissant la pleine liberté de continuer leur route, après l'exécution de la saisie et le paiement du nolis des marchandises confisquées.

---

(1) « Les nations neutres souffrent, il est vrai, d'une guerre à laquelle elles n'ont point de part, mais c'est par accident. Je ne m'oppose point à leur droit, j'use seulement du mien ; et si nos droits se croisent et se nuisent réciproquement, c'est par l'effet d'une nécessité inévitable. Ce conflit arrive tous les jours dans la guerre. Lorsque usant de mes droits, j'épuise un pays d'où vous tirez votre subsistance; lorsque j'assiège une ville avec laquelle vous faisiez un riche commerce, je vous nuis sans doute, je vous cause des pertes, des incommodités; mais c'est sans dessein de vous nuire : je ne vous fais point injure, puisque j'use de mes droits ». Vattel, *Droit des Gens*, liv. 3, ch. 8.

selon le connaissement du vaisseau, et en les dédommageant du retard forcé qu'ils ont éprouvé (1).

---

(1) Coccejus, *Dissert. de commiss.* §. 24. — Grotius, *de Jur. bell. ac pac.* liv. 3, ch. 1, §. 5, n. 3. « In tertio illo genere usûs ancipitis distinguendus erit belli status. Nam si tueri me non possum, nisi quæ mittantur intercipiam, necessitas, ut alibi exposuimus, jus dabit, sed sub onere restitutionis, nisi causa alia accedat ». « Jus dabit injiciendi manum ne perveniat ad hostem meum, sed domino rem aut compensationem debebo. Gronovius, *dans ses Notes sur Grotius.*

Je citerai aussi à l'appui de mon opinion l'extrait suivant du chap. 273 du *Consulat de la Mer*, dont l'autorité doit l'emporter sur toutes les autres. « Si quelque navire, de quelle espèce que ce soit, allant en course, y étant ou en venant, rencontre un vaisseau ou bâtiment marchand quelconque.... fût-il ami et chargé de marchandises des ennemis, le capitaine du navire armé peut contraindre le maître du bâtiment qu'il aura pris, à transporter avec son propre bâtiment les effets des ennemis... en lieu de sûreté... en lui payant toutefois le nolis qui lui eût été dû s'il les avait déchargés à leur destination, comme il se trouvera écrit dans le journal de bord. *Voy.* Targa, *Ponderaz. maritim.* chap. 45, n. 1 et 10. — Casareg. *de Commerc.* disc. 24, n. 19.

§. 6. Peut-être m'opposera-t-on les principes fondamentaux que j'ai précédemment établis. Le commerce des neutres en temps de guerre, me dira-t-on, doit être libre tant qu'il ne s'agit pas de contrebande : il est permis aux belligérans de s'emparer des effets de leurs ennemis partout où ils les trouvent, même sur les bâtimens neutres, en vertu du droit que leur donne la nécessité, de diminuer leurs forces pour les contraindre à la paix. Les marchandises des neutres, celles dont le transport n'est pas défendu, augmentent aussi les forces de l'ennemi et lui donnent le pouvoir de causer un dommage irréparable ; donc, s'il est permis de saisir celles-là, il l'est aussi de saisir celles-ci ; donc, si la nécessité de se défendre permet d'attenter à la liberté et à l'indépendance des uns, elle doit donner le même droit sur la liberté et l'indépendance des autres (1).

§. 7. On reconnaîtra bientôt l'inconsé-

---

(1) Cet argument, s'il n'est pas entièrement appuyé sur l'autorité d'Hubner, l'est au moins en partie dans son ouvrage *de la Saisie des bâtimens neutres*, pag. 210. « Or, cela étant, le commerce avec les belligérans étant en général libre aux neutres, et celui qui se fait par commission en faisant

quence de cette objection, si on fait attention que la prise sur un navire neutre des marchandises appartenant à l'ennemi, ne nuit qu'à lui seul, en lui enlevant un secours sur lequel il comptait; et que le peu de dommage qu'en doivent éprouver les neutres est immédiatement compensé par le paiement du nolis et l'indemnité du retard; qu'au contraire l'interruption du commerce qu'avaient coutume de faire les neutres avec les nations belligérantes avant la rupture de la paix, jeterait sur eux un préjudice irréparable. Cette théorie est si vraie, que, supposé même le cas où le belligérant pourrait réparer le dommage que causerait aux neutres la perte des marchandises qui font l'objet de leur commerce habituel avec l'ennemi, il pourrait aussi les arrêter légitimement, pourvu qu'il en payât la valeur en argent ou en autres marchandises, conformément aux conditions de leur destination à l'ennemi (1).

---

partie, il s'ensuit que les navires libres doivent rendre libres les effets chargés sur iceux, et non prohibés en temps de guerre ; c'est-à-dire, que le pavillon neutre doit couvrir parfaitement la marchandise non contrebande de guerre, etc. ».

(1) Alia verò questio est, si res pacatorum ad

§. 8. Il n'y a pas plus de solidité, selon moi, dans l'opinion d'Hubner qui prétend gratuitement, et sans le prouver, qu'un navire en pleine-mer doit être considéré comme une partie du territoire du souverain dont il porte le pavillon ; qu'il doit être par conséquent inviolable, et que s'emparer des marchandises qui sont à son bord, c'est la même chose que les piller sur un territoire neutre (1).

---

hostes nostros destinatæ sunt, etsi non traditæ; nam illæ, si juvandi hostis causâ submittuntur, hostiles sunt et diripi possunt. Si nudi commercii gratiâ, non quidem capi possunt; sed si nobis pretium idem offerentibus, domini earum vendere nolint, exuunt mediorum partes, ac hostiles sequi incipiunt. Coccei, *Dissert. de jure bell. in amic. Disput. cur.* tom. 2, disp. 2, §. 32. — Lampr. *Jur. publ. univ. Theorem.* part. 3, ch. 13, §. 7, n. 2.

(1) « Or les vaisseaux neutres sont sans contredit des lieux neutres ; d'où il s'ensuit que, quand ils seraient incontestablement chargés pour le compte des ennemis, les belligérans n'ont aucun droit de les inquiéter au sujet de leurs cargaisons, puisqu'il revient au même d'enlever des effets d'un navire neutre ou de les enlever sur un territoire neutre. Hubner, *Ouvrage cité.*

« §. 9. Je me dispense de démontrer la fausseté du principe sur lequel est appuiée la doctrine d'Hubner, qui prend le lieu où se trouve le navire pour le territoire de la nation dont il porte le pavillon; ce pavillon prouve seulement, avec le passe-port et la charte-partie, qu'il appartient à tel pays. J'ai suffisamment discuté ce point dans le premier tome de cet ouvrage, à l'article 7, §. 2, du chap. 2. Je me bornerai à faire observer que l'opinion de cet auteur, si elle était fondée en raison, entraînerait aussi l'illégitimité de la saisie des munitions et autres marchandises de contrebande de guerre, et des vivres destinés pour les villes qui sont en état de siège ou de blocus, lorsque c'est un vaisseau neutre qui les porte. Cependant tous ceux qui ont écrit sur le Droit public, Hubner lui-même, ne sont pas de cet avis. L'immunité du pavillon, que cet auteur suppose sans fondement plausible, égale à celle du territoire, ne prouve donc rien en faveur de la liberté du commerce des neutres dans le sens de l'argument rapporté.

§. 10. Quoique j'aie adopté cette maxime, comme la plus conforme aux vrais principes du droit général des gens, je ne prétends pas néanmoins en inférer que les nations n'aient pas la faculté de renoncer, dans leurs traités de navigation et de commerce, à leur droit sur les effets des ennemis trouvés sur des navires neutres ; parce qu'il est permis à chacun de disposer et de se désister de ses droits, comme bon lui semble ; au contraire, je ne saurais trop louer la modération qui, de nos jours, a porté plusieurs puissances à y renoncer. Que tous les peuples de l'univers fassent, en temps de guerre, ce sacrifice à la liberté du commerce et de la navigation : ce sera toujours l'objet de mes vœux. Ils en éprouveront d'autant moins de pertes et de désastres, qu'il y aura plus rarement collision entre les droits des belligérans et des neutres.

§. III. L'époque la plus favorable et la plus propre à procurer ce bonheur à l'humanité, serait sans doute celle de la pacification générale de l'Europe, après la guerre ruineuse qui la désole. Les moyens les plus sûrs pour y parvenir ne pourraient être que les traités de paix que feront enfin, je n'en doute pas, les puissances belligérantes. Quel avantage n'en résulterait-il pas pour toutes les nations commerçantes, si, dans tous les traités à l'avenir on adoptait les articles suivans comme articles fondamentaux d'un nouveau droit conventionnel !

I. On ne pourra à l'avenir arrêter ni saisir aucun vaisseau marchand, s'il ne porte aucune véritable contrebande de guerre.

II. Le droit du pavillon neutre sera regardé comme inviolable.

III. Les ports de mer, même ceux des nations belligérantes, jouiront des priviléges de la neutralité pour les objets de commerce qui n'ont aucun rapport immédiat avec la guerre.

IV. La dénomination de contrebande ne s'étendra que sur les objets et les marchandises qui sont d'un usage immédiat à la guerre.

§. 12. Peut-être regardera-t-on cette idée comme un de ces songes politiques faits autrefois pour la paix perpétuelle et universelle du monde. Personne, cependant, n'osera me contester la possibilité de sa réalisation. Qu'on m'objecte que l'Angleterre n'a pas cessé depuis deux siècles de contrarier les autres nations dans leurs principes mitigés du droit maritime ; que, fière de la supériorité de ses forces navales, elle a constamment affecté de donner la loi aux autres sur ce point, et qu'elle ne manquerait pas de faire échouer mon projet ; je répondrai par des faits arrivés de nos jours, qui suffiront pour détruire ces objections, et donneront du poids à la possibilité de mon système.

§. 13. Les trois puissances qui furent les premières à s'unir à la neutralité armée proposée en 1780 par l'impératrice de Russie, ne comptaient certainement pas sur l'accession de l'Angleterre qui, dans sa réponse à la déclaration qu'elles lui firent présenter par leurs ambassadeurs, ne paraissait nullement disposée à y adhérer. Le grand Frédéric, roi de Prusse, accéda à la coalition et lui donna plus de force que n'aurait pu le faire une puissance navale. Le consentement de la France aux maximes consacrées dans le manifeste lui fut aussi d'un puissant appui.

§. 14. Quoique l'Espagne tardât à se déclarer publiquement, ainsi que le Portugal, qui était alors la seule nation privilégiée par l'Angleterre (expression favorite qu'elle employait dans les actes publics) à l'égard des droits du pavillon neutre, elle commença pourtant à se relâcher sur ce point, tellement que si la guerre eût continué plus long-temps, il n'aurait certainement plus été question de saisie de bâtimens neutres, ni de course sur les vaisseaux marchands. En effet l'Espagne renonça en 1782 à son acte de navigation, et permit aux navires neutres de faire le cabotage sur les Antilles, de la même manière que la France et la Hollande l'avaient permis dans leurs possessions respectives. Tel fut alors l'effet du bon exemple et de l'union de trois souverains, quoiqu'ils ne tinssent que le second rang parmi les puissances maritimes. Il ne faudrait donc, pour reproduire un effet si salutaire au commerce de l'Europe, que faire renaître la même cause, c'est-à-dire une réunion de plusieurs puissances repectables, fondée sur les mêmes maximes. De quelque manière que se forme cette coalition, plus les puissances qui y prendront part les premières, seront prépondérantes, plus leur exemple aura d'influence sur les autres qui sont également intéressées à l'imiter, et qui se hâteront de concourir à tous les moyens propres à assurer des résultats aussi favorables que ceux de l'affranchissement de leur commerce et de la fixation solennelle de leurs droits.

§. 15. La France a déjà fait un traité de paix avec la Prusse, et les intérêts du commerce n'y ont point été oubliés. Dans son traité de paix avec l'Espagne, il a été convenu de rendre aux négocians des deux nations, établis dans

leurs

leurs ports respectifs, les anciens avantages perdus dans la guerre, avec la réserve en outre, de conclure dans la suite un traité de commerce. Le traité de paix avec le roi de Sardaigne, porte la même stipulation.

§. 16. La colère des mortels ne saurait être éternelle, surtout quand elle a fait verser des torrens de sang, et réduit les peuples au désespoir. La pacification complète entre la France, la maison d'Autriche et toute l'Allemagne est enfin consolidée. La première sait par expérience combien lui est préjudiciable l'interruption du commerce avec les nations septentrionales de l'Europe. Toutes sont même convaincues que cette interruption ne vient que de ce qu'il manque à l'Europe un droit public maritime invariable, et fondé sur des conventions réciproques et inaltérables, dont l'établissement pourrait seul ôter à un belligérant tout prétexte de troubler le commerce en temps de guerre. Si l'accession du feu roi de Prusse à la neutralité armée, produisit l'effet qu'on en attendait, quelles conséquences n'entraînerait pas une convention entre la France, la maison d'Autriche et l'Allemagne sur les intérêts de leur commerce réciproque de terre ou de mer. Les quatre articles relatifs au commerce maritime, seraient à coup sûr reçus avec acclamation par le monde entier.

§. 17. On sait assez quels sont les principes qui persuadèrent à la Suède et au Danemarck de s'unir à la neutralité armée de la Russie ; il n'est donc pas douteux qu'on ne les vît bientôt accéder à la convention proposée. La Prusse ne serait pas non plus des dernières à y adhérer, puisque la possession actuelle de Dantzic, l'a mise en état d'armer une marine plus imposante que celle qui peut sortir des ports de Swinemünde, de Kolberg, de Pillau et de Memel.

§. 18. Il n'est pas vraisemblable que la Russie veuille long-temps persister dans les principes de la guerre qu'elle paraît menacer. Les avantages qu'elle attendait de ses exportations en temps de guerre, étaient le vrai motif de sa neutralité armée de 1780. Une longue expérience avait appris aux souverains, dont les états bordent la mer Baltique, combien les guerres maritimes qui s'allumaient dans le midi de l'Europe, faisaient fleurir leur commerce, parce que leurs productions étaient alors très-recherchées par les nations belligérantes; mais les difficultés qu'éprouvaient les vaisseaux des différens peuples dans le transport des marchandises hors de la Baltique, entravaient beaucoup les spéculations, et en diminuaient les profits. La Russie sera toujours la plus intéressée à la liberté du commerce des neutres, parce qu'elle est la plus riche en productions ; et ses propres navires ne pouvant suffire aux exportations, il en résulte un second intérêt qui lui fera vouloir que le pavillon neutre, qui y supplée, soit protégé dans sa navigation en temps de guerre maritime. Aussi ne manquera-t-elle pas de saisir avec empressement toutes les occasions de faire revivre et de consacrer avec force et solidité, les droits des vaisseaux neutres, et la proposition de les respecter, et si jamais elle trouve ce grand ouvrage commencé par d'autres, loin de démentir sa politique déjà manifestée en 1780, à coup sûr, elle le cimentera de nouveau par son adhésion. Le Portugal et Naples signeraient avec empressement les quatre articles qu'on a lus ci-dessus. Les états d'Italie, qui ont conservé ou renouvelé leur neutralité dans la guerre présente, comme la Sardaigne, Gênes, la Toscane, la république Italienne, la cour de Rome, la nouvelle république des sept-Isles, donneraient leur adhésion sans répugnance (1). L'horrible spectacle du commerce anéanti et de l'humanité opprimée ; le désir de voir rendre au premier son activité, et le bonheur à la seconde, d'unir les nations les unes aux autres par une heureuse

---

(1) « Qu'une sainte confédération maritime et continentale du Danemarck, de la Suède, de la Prusse, de la Hollande, de l'Espagne, de l'Italie, de la Suisse et de la Turquie, stipule hautement, par l'organe puissant de la République française, que les mers sont libres; que l'Europe est en paix ; que la sûreté de chaque nation et l'intégrité de son territoire et de ses colonies lui sont assurées par le *pacte Européen* ; que le feu de la guerre ne pouvant être désormais allumé en Europe, si ce n'est par le crime ou l'ambition de l'Angleterre, les nations continentales tournent toutes les forces réunies du pacte européen contre les agresseurs d'un peuple quelconque d'Europe, et contre les perturbateurs de son repos et de ses droits maritimes ou politiques. Oh! combien une telle proclamation, faite pour la première fois sur la terre, au nom de l'humanité par le congrès des nations, aurait une influence profonde, et exercerait un bienfaisant empire ! Elle ferait oublier les calamités et l'immoralité qu'un siècle de politique anglaise a répandues sur la terre ». Barère, *de la Liberté des Mers*, liv. 4, ch. 31.

combinaison de leurs intérêts ; d'imprimer à la prospérité des états un caractère de perpétuité: voilà le but qui a guidé ma plume et dirigé mon plan. Puissé-je en voir l'exécution avant ma mort! elle serait bien douce à ce prix.

ARTICLE III.
Du Droit des Belligérans sur les marchandises des Neutres trouvées à bord de navires ennemis.

§. 1. J'ai déjà suffisamment démontré, dans plusieurs endroits de cet ouvrage, que c'est un principe incontestable du droit primitif et universel des gens, que les puissances neutres peuvent librement commercer avec chacune des parties belligérantes, de même qu'avant la guerre, pourvu qu'elles n'y prennent aucune part directe ou immédiate. La maxime contraire serait trop injuste, puisqu'elle tendrait à rendre la condition des puissances pacifiques et neutres, pire que celle des nations belligérantes. Tout ce que celles-ci peuvent exiger des autres, en vertu des droits que la guerre leur donne, c'est qu'elles ne s'immiscent d'aucune manière dans leurs querelles ; mais prétendre sous ce prétexte, les réduire à se priver de la faculté naturelle de pourvoir à leur prospérité et à leur conservation, par tous les moyens qui leur sont le plus avantageux, ce serait les forcer à abandonner l'état de neutralité, pour prendre la défense de leurs droits naturels.

§. 2. On doit conclure de ces principes fondamentaux, qu'on ne peut d'aucune manière empêcher un peuple neutre de se servir des vaisseaux d'une des puissances belligérantes, pour continuer par ce moyen le commerce qu'il faisait avant la guerre, ni lui faire perdre ses marchandises, si le navire qui les transporte vient à être pris, pourvu qu'il puisse en justifier la propriété, et qu'il fasse effectivement des réclamations (1). Ainsi, les mar-

---

(1) « Paulo aliter rationes componendæ nobis videntur, si merces amicorum hostium navibus impositæ reperiantur. Hic enim vix ullam excogitari posse rationem existimamus quæ merces illas unâ cum ipsâ navi capientibus acquiri persuadeat. Nec ob conditionem dominorum id fieri potest, qui hostium loco non habentur, nec ob delictum aliquod : cur enim nefas sit merces aliquas navi gentis alteri inimicæ imponere ? Nec ob ipsam mercium conditionem, quippe quas licitas esse,

chandises ou effets non-appartenant aux ennemis, quoique trouvés parmi eux, ne pourront être saisis, sous prétexte de la guerre. Conséquemment, un navire ennemi chargé de

---

nullaque lege vel denunciatione prohibitas ponimus. Unde meritò paulò inhumanior judicatur illarum gentium consuetudo, quâ navi hostili captâ res hostium et amicorum juxtà in prædam cedere capientibus judicatur ». Heinec. §. 3, *de Nav. ob vect. vet. merc. com.* chap. 2, §. 9. « Quare quod dici solet hostiles censeri res in hostium navibus, non ita accipi debet quasi certa sit juris gentium lex, sed ut præsumptionem quamdam indicet, quæ tamen validis in contrarium probationibus possit elidi. Atque ita in Hollandiâ nostrâ jam olim, anno scilicet 1333, flagrante cum hanseaticis bello, est judicatum et ex judicato in legem transiisse comperi ». Grot. *de Jure bell. ac pac.* liv. 3, ch. 6, §. 6. « Car il n'est pas douteux qu'en cas que le propriétaire neutre se justifiât d'une manière convaincante sur tous ces points, la charge du vaisseau pris et appartenant à l'ennemi ne dût lui être rendue ou payée, s'il l'aimait mieux. C'est en conséquence de cette maxime équitable, que les Hollandais arrêtèrent en pleine assemblée, en 1438, durant la guerre qu'ils soutinrent contre la ville de Lubeck et autres villes Anséatiques, que les marchandises des neutres ne seraient point de bonne prise, pourvu

choses qui ne sont pas destinées à l'usage de la guerre, et appartenant à des peuples parfaitement neutres, sera de bonne prise, mais non pas la cargaison, à moins que les propriétaires par quelque participation à la guerre, ne soient sortis de cet état de parfaite neutralité qui devait les faire respecter (1).

§. 5. Pour que la saisie soit légitime, d'après les principes que j'ai posés, il faut que les marchandises ou effets des ennemis soient trouvés ou sur le territoire du belligérant, ou sur le territoire ennemi occupé par le belligérant,

---

que les neutres les réclamassent et prouvassent la propriété », Hubn. *de la Saisie des Bât. neut.* t. 1, chap. 9, § 1. « Les effets des peuples neutres trouvés sur un vaisseau ennemi doivent être rendus aux propriétaires, sur qui on n'a aucun droit de les confisquer ». Vattel, *Droit des Gens*, liv. 3, ch. 1, §. 113.

(1) Quæ verò res hostium non sunt, et si apud hostes reperiantur, capientium non fiunt : id enim, ut jam ante diximus, nec naturali juri congruit, nec jure gentium introductum est ». Grot. *de Jure bell. ac pac.* liv. 3, ch. 5, §. 26. *Voy.* Burlamaqui, *Principes du Droit politique*, tom. 3, part. 4, ch. 4, §. 1. — Voet, *in Pandect.* lib. 49, tit. 15, §. 5. — Loccen. *de Jure marit.* liv. 2, chap. 4, §. dernier.

ou sur un espace qui ne soit soumis à aucune juridiction, comme la pleine mer. Les belligérans n'ont aucun droit sur les effets des amis et des neutres, en quelque lieu qu'ils se trouvent, quand même ce serait sur le territoire ou les navires des ennemis. C'est pourquoi dans une ville maritime prise d'assaut, ou par quelque autre voie, on ne pourrait, sous aucun prétexte, exercer la saisie sur des navires neutres qui se trouveraient dans le port, ni sur leur cargaison, si elle n'était pas de contrebande de guerre, toutes les fois que les capitaines n'auraient pas pris les armes, ou secondé volontairement la résistance de l'ennemi (1). A plus forte raison devra-t-on regar-

---

(1) « Liquet et hoc, ut res aliqua nostra belli jure fiat, requiri ut hostium fuerit : nam quæ res apud hostem quidem sunt, puta in oppidis eorum, aut intra præsidia, sed quorum domini nec hostium sint subditi, nec hostilis animi, ac bello acquiri non possunt, ut inter cætera Æschinis dicto jam loco ostenditur Amphipolim, quæ urbs esset Atheniensium Philippi bello Amphipolitanos ipsius Philippi non potuisse fieri ; nam et ratio deficit, et jus hoc mutandi per vim dominii odiosius est quàm ut produci debeat ». Grot. *liv. cité*, §. 5. « On demande enfin si, dans une ville où l'on est entré

der comme libres les marchandises des neutres, chargées sur un navire ennemi, qui, comme je l'ai prouvé dans l'article précédent, ne peut être considéré comme territoire ennemi (1).

---

par surprise, sans capitulation, ou qui s'est rendue à discrétion, les vaisseaux neutres qui sont dans le port deviennent, comme tout le reste, la proie du vainqueur ? Je réponds que la saisie et la confiscation en seraient toujours illégitimes, si les équipages des vaisseaux, soit qu'ils appartiennent aux neutres ou aux ennemis même, n'ont pas concouru à la résistance et à la guerre ». Galliani, dans son ouvrage cité, chap. 8, pag. 272 et 273. C'est ce principe fondamental de la raison universelle qui a dicté la disposition de l'article 18 du traité d'amitié, de commerce et de navigation conclu le 29 août 1795, entre les Etats-Unis d'Amérique et la Grande-Bretagne : « Les vaisseaux et les effets des deux parties contractantes, y est-il dit, qui seront entrés dans un port ennemi avant le siége ou le blocus, et qui y seront trouvés après la reddition de la place, ne pourront être soumis à la confiscation, mais seront rendus à leurs propriétaires ». Le même principe a été stipulé dans le traité d'amitié, de limites et de navigation entre lesdites Provinces-Unies d'Amérique et le roi d'Espagne, du 27 octobre 1796, art. 15.

(1) « Ducit nos materiarum ordo ad res pacatorum

§. 4. C'est uniquement à cette règle, conforme à l'équité naturelle et aux principes du droit primitif et universel des gens, que devraient s'en rapporter les nations, lorsqu'elles n'ont pas contracté d'obligations contraires dans des traités particuliers. Elle est aussi ancienne que la raison même ; aussi elle est adoptée d'une manière expresse dans le *Consulat de la Mer*, chap. CCLXXIII (1).

---

quæ in hostium navibus reperiuntur ; sed si appareat eas esse amicorum, non hostium, cessabit jus belli, cum nec hostium sint, nec in hostium potestate ». Henr. Cocc. *Disput. cur.* t. 2, *disp.* 2, §. 32. « Si vero probentur merces non esse hostiles, capientium vel piratarum non fiunt, sed restitui debent veris dominis, et si apud hostes vel in navibus hostilibus inventæ, præsertim si domini rerum non sint subditi hostium, nec hostilis animi ». Casaregis, *de Com.* disc. 24, n°. 18.

(1) « C'est pourquoi il est bien entendu que, si toute la cargaison ou la majeure partie appartenait aux ennemis, etc., et si par aventure ledit navire ou barque appartenait aux ennemis, et la cargaison à des amis, les marchands qui se trouveront sur le navire, et auxquels le chargement appartiendra en tout ou en partie, doivent s'accorder, pour le compte du navire qui est de bonne prise, avec le

Elle est encore consacrée dans le traité de commerce du 20 octobre 1353, entre Édouard III, roi d'Angleterre et les villes maritimes du Portugal (1). L'Angleterre suivit encore la même règle dans ses traités de 1661, avec la Suède (2), et de 1670 avec le Danemarck (3); elle voulut qu'en matière de prise on n'eût égard qu'à la propriété des marchandises, et qu'ainsi elles fussent libres, lorsqu'elles appartenaient à un neutre, quoique trouvées à bord d'un navire ennemi, et que les marchandises des ennemis ne fussent pas sauvées de la saisie, quoique sur un vaisseau neutre.

§. 5. La même équité naturelle et le droit primitif des gens, qui étaient alors la règle

---

commandant pour un prix raisonnable, comme ils pourront, et ledit commandant doit tout faire de bon accord, etc. » *Consul. de la Mer*, ch. 273.

(1) Art. 10 : « Et ainsi si les gens de dit roi d'Angleterre et de France preignent en la mer ou en port nules niefs de ses adversaires ou ennemis, et en les dites niefs soient trouvés marchandises, amesnez en Angleterre, et sauvement gardez tanque les marchants de queux mêmes les biens et marchandises seront, ayent prové que les biens soient leurs ».

(2) Dumont, tom. 6, part. 2, art. 12, pag. 384.
(3) Dumont, tom. 7, part. 1, art. 20, pag. 132.

des actions de quelques puissances maritimes de l'Europe, leur apprirent qu'un chargement fait avant la rupture de la paix, ou avant que la guerre fut formellement et publiquement déclarée, ne pouvait être regardé comme une contravention, et que les neutres, qui se trouveraient dans ce cas, pouvaient à bon droit réclamer contre la prise. Cette circonstance fut sagement prévue dans le traité de 1677, entre la France et l'Angleterre ; et pour y avoir égard, on fixa un terme avant lequel les marchandises des Français et des Anglais, chargées sur navire ennemi, n'étaient point sujètes à la confiscation, mais devaient être rendues sur-le-champ aux propriétaires (1). On trouve la même convention dans un autre traité entre la France et les Provinces-Unies des Pays-Bas, conclu en 1678 (2). De telles

---

(1) « Ce délai est de six semaines entre the Soundings (les bas des fonds près de Plymouth) et Naz (le promontoire de Lindenaes, appelé ordinairement dans les cartes géographiques Ter-Neuse) en Norwége ; de deux mois entre the Soundings et Tanger ; de deux mois et demi dans la mer Méditerranée, et de huit mois partout ailleurs ». Dumont, tom. 7, part. 1, art. 8.

(2) « Dans la mer Baltique ou dans celle du

dispositions sont conformes à la justice ; il serait injuste au contraire de déclarer confiscables les marchandises des neutres, chargées avant la déclaration de guerre, ou avant qu'ils eussent pu en avoir connaissance (1); ce serait punir des hommes qui ignoraient s'ils étaient en faute.

§. 6. Cette belle et salutaire maxime, qui

Nord, depuis Ter-Neuse en Norwège jusqu'au bout de la Manche, à quatre semaines ; du bout de la Manche jusqu'au cap Saint-Vincent, à six semaines ; et de-là dans la mer Méditerranée et jusqu'à la Ligne, à dix semaines; et au-delà de la Ligne et en tous les autres endroits du monde, à huit mois ». Art. 22.

(1) Galliani, après avoir traité cette matière avec beaucoup de confusion, et s'être épuisé inutilement en distinctions philosophiques, nous donne cependant cette conclusion à la pag. 270 du ch. 8 : « Et néanmoins, il me suffit ici de dire qu'un neutre surpris inopinément par la rupture de la paix dans le temps qu'il se trouvait avec ses marchandises sur le territoire d'une des nations qui viennent d'entrer en guerre, ne doit pas être regardé comme appartenant au pays où il se trouvait; mais il convenait de lui accorder le temps nécessaire pour pouvoir s'en éloigner ».

régla pendant long-temps les traités publics de l'Europe, commença à être abandonnée vers le milieu du dernier siècle. Le principe contraire, que la confiscation du vaisseau emporte celle de la cargaison, quoiqu'appartenant à des neutres, lui succéda et fut la pratique constante des nations européennes pendant plus d'un siècle (1). Il n'y a point de raison qui puisse autoriser cette pratique, à moins qu'on ne veuille dire avec Lampredi (2): « Que les nations sont peut-être convenues de la tolérer mutuellement pour éviter que les ennemis ne se servent du nom des neutres, qui peuvent être secrètement leurs amis, pour soustraire leurs marchandises à la saisie : ce qui serait facile à exécuter, si l'on admettait que les effets chargés pour le compte des

---

(1) *Voyez* les traités entre l'Espagne et la Hollande, du 17 décembre 1650, art. 13; entre l'Angleterre et le Portugal, du 10 juillet 1654, art. 13; celui des Pyrénées, du 17 novembre 1659, art. 19; celui du 6 août 1661, entre le Portugal et les Provinces-Unies des Pays-Bas, art. 23; celui du 21 décembre 1661, entre l'Angleterre et la Suède, art. 35.

(2) Lampredi, *du Commerce des Neutres*, p. 174.

neutres et les effets leur appartenant ne peuvent être saisis, quoique trouvés sur bâtimens ennemis ». Mais quoiqu'il soit vrai, comme je l'ai démontré ailleurs, que les peuples peuvent dans leurs conventions réciproques déroger au droit primitif et universel des gens, il ne l'est pas moins aussi que toutes les fois qu'on n'y aura pas dérogé par un traité spécial, on doit s'en tenir strictement à l'ancienne maxime qui autorise les neutres à se faire restituer leurs marchandises trouvées sur un navire ennemi tombé au pouvoir d'un des belligérans, pourvu qu'ils puissent en prouver légalement la propriété. Telle est aujourd'hui la pratique de quelques puissances de l'Europe (1).

---

(1) *Voyez* l'article 15 déjà cité du traité entre les Provinces-Unies de l'Amérique et l'Espagne, du 27 octobre 1795.

ARTICLE IV.

ARTICLE IV.

De la Visite des Bâtimens neutres en Pleine-Mer.

§. 1. Le droit primitif et universel des gens, ainsi que le droit conventionnel de l'Europe, en permettant aux belligérans d'empêcher les neutres de transporter chez l'ennemi des marchandises *de contrebande de guerre*, de s'emparer des navires ennemis, et de saisir ceux même qui sont sous pavillon neutre, doit aussi leur donner la faculté d'employer tous les moyens les plus propres à faciliter l'exercice de ces droits.

§. 2. Il n'y a pas pour cela de moyen plus efficace que l'arrestation et la visite du vaisseau en pleine-mer. On commence par lui faire le signal d'approcher, avec un porte-voix ou par un coup de canon à poudre; on détache ensuite la chaloupe pour reconnaître et examiner les papiers dont il est muni pour sa route, et qui doivent prouver d'une manière convaincante à quelle nation il appartient, la qualité et la propriété des marchandises qui composent sa cargaison, c'est-à-dire, que le navire appartient réellement à la nation dont il porte le pavillon, que l'équipage et les marchandises sont en effet d'un peuple neutre et ami, et qu'il n'y a dans la cargaison aucune fraude contre les usages généralement suivis, ou contre quelque convention expresse de la déclaration de neutralité. Les neutres, de leur côté, doivent souffrir cette opération légitime et permise, et fournir aux belligérans toutes les preuves qu'ils ont dans le fond droit d'exiger par la force (1).

§. 3. Si la nécessité d'une juste défense permet aux belligérans de s'entre-détruire, à plus forte raison leur sera-t-il permis de chercher à se tromper, pourvu que la ruse et la fraude, justement abhorrées en temps de paix des nations civilisées, et appelées *stra-*

---

(1) Vattel, *Droit des Gens*, liv. 3, ch. 7, §. 44. — Lampredi a traité élégamment cette matière dans son *Vœu* publié en la cause d'invalidité de la prise de la frégate toscane *la Thétis*, appartenant à MM. Ant. Franç. Salucci et fils, de Livourne, discutée dans le Conseil d'état et de guerre de S. M. catholique.

tagème en temps de guerre, n'aient pour but que le besoin de se défendre, en épargnant le sang humain (1). C'est de ce principe que dérive l'ancien usage, devenu depuis la pratique universelle des nations, de naviguer sous le pavillon le plus propre à cacher la nationalité d'un vaisseau soit de guerre ou marchand, dans la vue de tromper et de surprendre les navires ennemis, et de les accoster pour s'en saisir plus aisément (2). Cette

―――――――――――

(1) Saint Jean-Chrisostôme loue avec raison la ruse dont le but est de vaincre sans détruire. *De Sacerdot.* lib. 1, cap. 5. « Si nobilissimos ducum ad examen voces, pleraque eorum tropæa reperies fraudum esse opera; magisque tales laudari, quàm qui apertè agendo vincunt ». C'est aussi le sentiment de Wolff. « Etenim si in bello sine vi ea obtineri possunt, ad quæ bellanti jus est, ad ea obtinenda à vi abstinendum: Quod si ergo dolo, hoc est simulatione vel dissimulatione obtineri quædam possunt, ad quæ alias vi opus esset, dolo potius quàm vi utendum ; atque adeo dolus in bello licitus ». Wolff, *Jus nat. et gent.* cap. 7, §. 857. *Voyez* Grot. *de Jure bell. ac pac.* lib. 3, cap. 1, §. 5, 6 et 7. —Hutches. *A System. of moral. philos.* lib. 2, ch. 18, pag. 126 *et suiv.*

(2) Aussi depuis ce temps-là a-t-il toujours été

pratique, qu'on peut appeler un abus véritable, fit naître la méfiance. La crainte de rencontrer un pirate, et d'être la dupe d'une perfide apparence, fit qu'on ne voulût plus ajouter foi au pavillon d'un vaisseau, quoique armé en guerre.

§. 4. Pour prévenir ce danger, on a obligé les belligérans à justifier la légitimité de leur droit de visite, avant de leur permettre de la faire, le pavillon seul n'étant pas un titre suffisant; comme une simple demande ne suffirait pas pour le recouvrement d'un bien possédé de bonne foi par un tiers, si le réclamant ne joignait à sa demande les preuves de son bon droit et de la justice de ses prétentions (1).

---

permis aux armateurs en course d'avoir à bord tels pavillons qu'ils jugent à propos, et de s'en servir au besoin, soit pour reconnaître par là plus aisément les vaisseaux qu'ils rencontrent, soit pour éviter la poursuite de ceux qu'ils croient plus forts qu'eux. Ce qui leur est défendu seulement, c'est de tirer le coup d'assurance ou de semonce sous pavillon étranger, etc. Valin, *Comment. à l'Ord. de la marine de France,* titre *des Prises,* art. 5. — D'Habreu, *Tratado de las Presas,* part. 2, ch. 8, pag. 86 *et suiv.*

(1) « Dominus rem suam vindicaturus probare

Voilà pourquoi on est généralement convenu de ne pas obéir à l'appel d'un vaisseau armé en guerre, avant le coup d'assurance, c'est-à-dire avant que, par un coup de canon à poudre, le commandant n'ait certifié la sincérité et la loyauté de son pavillon (1); mais comme ce

---

debet dominium rei quam sibi restituendam petit, De possessore adeò rei suæ conqueri nequit dominus, si sibi non restituatur, quamdiù dominium non probavit. Neque etiam eidem injuriam facit qui non restituit, quando dominium probare nequit ; dominus enim, cui restitutio fieri debet, non agnoscitur nisi probato dominio. Antequam dominus probavit dominium, vi adigere nequit eum qui rem in suâ potestate habet, ut restituatur. Wolff, *Jus nat. et gent.* part. 2, cap. 3, §. 546.

(1) Le coup de *semonce* ou d'assurance ne peut être tiré que sous pavillon du roi, sans s'exposer aux peines portées par les réglemens.... Cependant, à l'imitation des Anglais, l'usage contraire s'est introduit dans les deux dernières guerres, et en conséquence, on prétend aujourd'hui que c'est un moyen licite de surprendre les vaisseaux en mer, pourvu que l'on ne combatte pas sous un autre pavillon que celui de la nation. Si l'usage, et surtout un usage qui intéresse l'honneur et la probité, pouvait l'emporter sur la loi, je n'aurais rien à dire; mais ici je ne vois qu'un trait de lâcheté et

signal pourrait être encore une feinte et couvrir un piège tendu par quelque écumeur de mer ou par quelque pirate, on est convenu en outre que le vaisseau qui vient de donner son signal d'assurance, ne pourra pas courir sur le bâtiment neutre, mais devra rester *en panne*, à la distance d'une portée ou demi-portée de canon, et mettre la chaloupe en mer avec un officier chargé de se rendre à bord du bâtiment neutre pour en faire la visite.

§. 5. Le premier acte dans lequel il soit parlé de la manière d'opérer cette visite sans désordre et sans violence ; c'est le fameux traité des Pyrénées du 17 novembre 1659, qui, par la sagesse de ses articles, est devenu la législation des puissances maritimes de l'Europe (1), et a servi de règle et de modèle à

---

de perfidie que l'exemple des ennemis ne saurait justifier. Valin, *Comment. à l'Ordon. de la marine de France*, art. 12, *des Prises.*

(1) Ordonnance de France, de 1778 ; ordonnance d'Espagne, de 1779, art. 6 ; ordonnance d'Hollande, de 1781, art. 6 ; ordonnance de Danemarck, de 1710, art. 6 ; ordonnance de Suède, de 1715, art. 2, et de 1741, art. 2 ; ordonnance de Russie, de 1787, art. 4.

tous les traités postérieurs (1). La contenance pacifique qu'il prescrit aux belligérans, en

---

(1) Art. 17 : « Les navires d'Espagne, pour éviter tout désordre, n'approcheront pas de plus près les Français que de la portée du canon, et pourront envoyer leur petite barque ou chaloupe à bord des navires français, et faire entrer dedans deux ou trois hommes seulement à qui seront montrés les passe-ports par le maître du navire français, par lesquels il puisse apparoir non seulement de la charge, mais aussi du lieu de sa demeure et résidence, et du nom tant du maître ou patron que du navire même, afin que par ces deux moyens on puisse connaître s'ils portent des marchandises de contrebande, et qu'il apparaisse suffisamment tant de la qualité dudit navire que de son maître ou patron ». La même disposition se trouve à l'art. 21 du traité du 31 décembre 1786, ratifié le 11 janvier 1787, entre la Russie et la France, et dans celui du 17 janvier 1787, à l'art. 20, entre celle-là et le roi de Naples ; traité entre la France et la Hollande, de 1739, art. 21 ; entre la Sicile et la Porte, de 1740, art. 10 ; entre la France et le Danemarck, de 1742, art. 22 ; entre la Suède et la Sicile, de 1742, art. 24 ; entre le Danemarck et la Sicile, de 1748, art. 23 ; entre la Hollande et la Sicile, de 1753, art. 26 ; entre la Russie et l'Angleterre, de 1766, art. 10 ; entre la France et

ôtant tout soupçon aux navires neutres sur la personne et la nationalité de l'armateur, leur prouve que l'appel qui leur est fait n'est que

la ville d'Hambourg, de 1769, art. 33, confirmé en 1789 ; entre la France et l'Amérique, de 1778, art. 27 ; entre la France et le duc de Mecklenbourg, de 1779, art. 31 ; entre l'Espagne et la Porte, de 1782, art. 11 ; entre la Hollande et l'Amérique, de 1782, art. 10 et 26 ; entre la Russie et le Danemarck, de 1782, art. 18 ; entre la Suède et l'Amérique, de 1783, art. 25 ; entre la Prusse et l'Amérique, de 1785, art. 15 ; entre l'Autriche et la Russie, de 1785, art. 13 et 15 ; entre l'Angleterre et la France, de 1786, art. 6 ; entre la France et la Russie, de 1787, art. 31 ; entre la Russie et la Sicile, de 1787, art. 20 ; entre la Russie et le Portugal, de 1787, art. 25 ; entre le Danemarck et la république de Gênes, de 1789, art. 11 ; entre la Suède et Tunis, de 1736, art. 4 ; entre la Suède et Alger, de 1729, art. 4 ; entre la Suède et Tripoli, de 1741, art. 4 ; entre la Grande-Bretagne et Tripoli, de 1751, art. 4 ; entre la même et Maroc, de 1761, art. 4 ; entre la Hollande et Maroc, de 1752, art. 5 ; entre l'Espagne et Tripoli, de 1784, art. 4 ; entre l'Espagne et Alger, de 1786, art. 2 ; entre l'Amérique et Maroc, de 1787, art. 5 ; entre l'Espagne et l'Amérique, de 1795, art. 12 et 17.

l'effet de la collision des droits et de la nécessité, puisqu'il n'a d'autre but que de vérifier la sincérité de la neutralité annoncée par le pavillon, et l'innocence du chargement, c'est-à-dire qu'il n'y a à bord ni marchandises prohibées, ni effets appartenant aux ennemis. Ainsi les neutres sont toujours obligés de se rendre à la semonce et de souffrir la visite à laquelle les belligérans ont un droit parfait, fondé sur celui de leur défense naturelle et sur celui de la guerre (1); et ils ne pourront s'y opposer ni faire résistance sans se mettre dans le cas de la confiscation, et voir leur navire déclaré de bonne prise, conformément

---

(1) « Or, le navigateur ne pouvant être tranquille, s'il conserve des doutes sur la condition des bâtimens qu'il voit rôder autour de lui, qui pourra nier qu'il a le droit naturel d'exiger qu'ils se fassent connaître? La visite n'est donc pas un acte de supériorité ni de jurisdiction; c'est seulement une précaution nécessitée par le droit naturel de sa défense; précaution qui n'est pas exclusivement permise aux vaisseaux de guerre, et seulement en temps de guerre, mais à tous, dans tous les temps et dans tous les lieux ». Galliani, loc. cit. p. 459 et 460.

aux lois maritimes de la plupart des nations (1).

§. 6. Galliani, en traitant cette matière d'une manière philosophique, suivant sa coutume, après avoir analysé les degrés de crainte qui pouvaient déterminer le capitaine d'un navire neutre à se dérober par la fuite à la visite d'un armateur, trouve injuste en ce cas la confiscation du navire, quoique ce soit la pratique universelle établie par le droit conventionnel de l'Europe. Voici comme il en parle (2): « Une conséquence naturelle de ce que je dis à l'égard du droit de la simple visite, c'est que si le vaisseau sur lequel on avait des soupçons, prend la fuite au lieu de se rendre à la

---

(1) « Tout vaisseau qui refusera d'amener ses voiles, après la semonce qui lui en aura été faite par nos vaisseaux ou ceux de nos sujets armés en guerre, pourra y être contraint par artillerie ou autrement ; et en cas de résistance et de combat, il sera de bonne prise ». *Ordonn. de la Marine de France*, tit. *des Prises*, art. 12. L'ordonnance d'Espagne, de 1718, contient la même disposition. D'Habreu, *de las Presas*, part. 1, chap. 7, pag. 99 *et suiv.* — Cleirac, *de la Juridiction de la Marine*, art. 23, pag. 441.

(2) Galliani, pag. 460 et 461.

semonce, on ne doit pas pour cela le poursuivre ni le punir de sa désobéissance. Quoiqu'il n'ait pas satisfait la curiosité, en donnant des preuves évidentes de sa condition, il n'en a pas moins détruit les soupçons, parce que la fuite n'annonce pas des intentions hostiles : ce qui suffit pour la sécurité mutuelle de deux bâtimens qui naviguent pour leurs affaires. Il y a plus : aucun doute que la peur et le soupçon ne soient communs aux deux vaisseaux, et que le plus faible n'en éprouve davantage ; or celui-ci doit craindre de se jeter aveuglément dans les mains d'un ennemi ou d'un pirate, s'il obéit à l'appel : sa fuite n'est donc pas un délit réel. C'est pourquoi on doit regarder comme injustes et cruels quelques édits des souverains, qui, sans autre forme de procès, déclarent de bonne prise tout bâtiment, même ennemi, qui ne se rend pas à l'appel, qui fait résistance, qui souffre le combat. Si le capitaine prouve qu'il a eu de justes motifs de croire que la semonce qu'on lui a faite cachait une surprise, il doit être pleinement excusé de sa désobéissance ; et s'il ne peut justifier ses soupçons, il doit en être puni : mais on ne devra jamais prononcer la confiscation du vaisseau ni des marchandises appartenant à tout autre qu'à l'opiniâtre et mal-avisé capitaine. Qu'aurait-on en effet à reprocher aux propriétaires ? »

§. 7. A la page précédente, Galliani avait déjà détaillé la manière de procéder à la visite d'un vaisseau neutre, pour lui ôter tout soupçon. Il avait reconnu que c'était un droit naturel qu'avait le belligérant, en vertu de la nécessité de sa défense et d'une juste précaution ; il avait bien senti que ce droit était commun à tous, dans tous les temps et en tous les lieux. Comment donc a-t-il pu s'imaginer qu'un vaisseau neutre puisse, en obéissant à l'appel, avoir la crainte de tomber au pouvoir d'un ennemi ou d'un pirate, puisque c'est précisément pour prévenir ce soupçon, qu'on fait toujours précéder la visite par des formalités suffisantes pour rassurer sur les intentions de l'armateur ? Le cas qu'il suppose est donc impossible. Comment en effet le capitaine d'un navire neutre appelé par un légitime armateur, peut-il le soupçonner d'être un pirate mal-intentionné qui lui tend un piège, lorsqu'après le coup de canon d'assurance, il détache la chaloupe avec un petit nombre d'officiers chargés de procéder à la visite, ainsi qu'il est prescrit par ces lois qu'il appelle cruelles (1)? Il n'y a donc point d'excuse à la désobéissance ou à la résistance du

---

(1) Peut-être que Galliani ignorait les principes légaux, lorsque, par un excès de commisération, il dit à la page 462 : « Mais on ne devra jamais prononcer la confiscation du vaisseau ni des marchandises appartenant à tout autre qu'à l'opiniâtre et mal-avisé capitaine. Qu'aurait-on, en effet, à reprocher aux propriétaires » ! Le capitaine d'un vaisseau marchand étant un mandataire stipendié par les propriétaires du vaisseau ou des marchandises, est toujours responsable envers eux des plus petits manquemens ; il est non seulement tenu du dol, mais encore des fautes les plus légères. Loi 3, §. 5, ff. *nautæ*, etc. Loi 6, §. 3, ff. *de His qui effud. vel. ejec.* — Stypman, *Jus. marit.* part. 4, tit. 15, n°. 322.—Stracca, *de Nautis*, part. 2, n. 4.—Casareg. *de com.* dis. 19 en entier. — Targa, *Pond. marit.* chap. 12, n. 27.—Valin, *Ord. de France*, du capit. Si le capitaine n'a pas prévu ce qu'il devait prévoir, selon les principes de son métier, et si, par ignorance ou par malice, il s'engage dans un combat inégal, il doit être regardé comme coupable et tenu à la réparation de tous les dommages qui en résultent. L. 36 et 132, ff. *de reg. jur.* L. 31, vers. *culpam autem*, ff. *ad legem Aquil.* — Stracca, *de Nautis*, part. 3, n. 26 et 32.—Roccus, *de Navib. et naulo*, not. 55.—Kuricke, *Jus marit. Hanseat.* tit.

neutre, puisqu'il ne pourra jamais justifier le soupçon de violence et d'agression sur le belligérant dont la contenance n'annonce que des intentions pacifiques et non offensives. En s'opposant par la fuite ou par la force à la visite que celui-ci a droit de faire à son bord, il manifeste une intention hostile, ou donne des justes motifs de le soupçonner un ennemi déclaré, ou de porter au moins avec lui des effets appartenant aux ennemis, ou de contrebande de guerre. Le droit des gens justifie l'usage de la force contre quiconque s'oppose à l'exercice du droit parfait d'autrui : donc, sous ce rapport, il sera permis de poursuivre le vaisseau neutre et de le condamner à la confiscation, en le déclarant de bonne prise, comme l'a justement établi le droit conventionnel de l'Europe, qui, sur ce point, n'est que l'explication du droit primitif et général

---

3, art. 1 et 2. — Casareg. *de com.* dis. 23, n. 65. — Valin, à l'art. 36 *de l'ord. de Fr.* tit. *du capitaine.* Voyez mon ouvrage sur *la Jurisprudence mercantile*, v°. *Capitaine*, tom. 1. Ainsi, dans ce cas, les propriétaires des marchandises, objets des doléances de Galliani, seront remboursés par le capitaine qui portera seul la peine de sa témérité et de sa coupable désobéissance.

de la nature. « Dans ce cas, conclut Lampredi, en traitant cette question (1), tu peux employer la force nécessaire pour forcer l'obstacle qu'on t'oppose, et si tu crois qu'il convienne à ta sûreté, et pour contenir l'injuste violateur de tes droits, de lui faire assez de mal pour lui ôter à l'avenir le désir de t'offenser, tu peux le faire licitement, pourvu que tu n'en mesures pas la quantité par la chaleur de la colère ou par l'ardeur de la vengeance, mais par la seule nécessité de ta défense. Il en est de même ici que dans l'état de nature où l'offensé est maître de rendre à l'offenseur tout le mal qu'il lui plaît. Les belligérans sont donc selon moi bien modérés, si, dans le cas supposé, ils se contentent, en laissant la liberté aux personnes, de saisir le navire et la cargaison de celui qui, sans raison aucune, cherche à se soustraire, ou par la fuite ou par la force, à la visite à laquelle ils ont droit de le contraindre. J'ai dit sans raison aucune, parce qu'un bâtiment armé en guerre, qui se tient à une distance capable de rassurer le navire neutre, et qui prouve ses vues paci-

---

(1) Lampredi, dans son Œuvre déjà citée, §. 12, pag. 185 et 186.

fiques, en lui envoyant ses officiers sur une chaloupe, prévient tout soupçon d'agression et de violence, unique excuse de la fuite et de la résistance ».

§. 8. Toutes les fois que dans la visite les belligérans auront trouvé les papiers du vaisseau neutre en bonne et due forme, ils devront lui laisser la liberté de poursuivre sa destination, sans l'inquiéter d'aucune manière, à moins qu'un soupçon de fraude légitime et bien fondé, ne demande une recherche plus rigoureuse, qu'il leur sera permis de faire, mais en conservant toujours la plus parfaite modération et tous les égards possibles pour les intérêts des neutres.

§. 9. Malgré ces principes, le droit de visite est encore un sujet de controverse, entre les neutres et les belligérans, quant à la manière dont il doit être exercé. C'est pour prévenir l'arbitraire auquel on peut se livrer dans ces occasions, que quelques puissances en ont fait quelquefois une stipulation particulière dans leurs traités, qui n'étant que des conventions particulières entr'elles, ne forment point un droit public pour les autres qui n'y sont point intervenues, ou qui n'ont pas pris les mêmes précautions. Tel a été le traité entre l'Espagne
et

et l'Angleterre de 1667, dont l'article XIV est stipulé dans les termes suivans : « En cas que des vaisseaux marchands soient rencontrés dans les baies ou en pleine-mer, par les vaisseaux du roi ou par ses armateurs, ceux-ci enverront leurs chaloupes à bord du vaisseau marchand, avec deux ou trois hommes seulement, auxquels le maître ou le capitaine du navire présentera son passe-port, ses lettres de mer, etc. ». Telle est aussi la convention conclue à Pétersbourg, entre la cour de Londres et celle des Russies, du 17 juin 1801, art. IV, à laquelle ont accédé les cours de Suède et de Danemarck, et le traité entre la République française et les États-Unis d'Amérique, du 8 vendémiaire an 9 (1800), art. XIX.

§. 10. Hubner compte jusqu'à onze espèces de papiers qu'on trouve ordinairement sur un navire (1). Galliani et Lampredi (2), croient avec raison qu'il n'y en a que cinq de nécessaires pour prouver l'appartenance du bâtiment et de la cargaison, savoir : *la patente*

---

(1) Hubner, *de la Saisie*, etc. liv. 1, part. 2, chap. 3, §. 10.

(2) Galliani, à l'endroit cité, §. 5. Lampredi, §. 12.

de navigation, ou le passe-port, *le rôle d'équipage*, *le contrat d'achat*, ou le titre de la propriété du vaisseau, *le contrat de nolis*, ou les connaissemens, et *les lettres de naturalisation* du capitaine. Dans les usages actuels de la mer, la patente que donne une nation pour faire respecter un navire comme lui appartenant, ne suffit pas seule ; il faut en outre que le capitaine et les deux tiers des matelots qui y sont enrôlés, appartiennent à la même nation. Les autres papiers dont parle Hubner, tels que la facture des marchandises, le journal, l'inventaire, le certificat de santé, ne concernent que la bonne police du vaisseau et l'économie privée du capitaine, et ne sont d'aucune importance pour le belligérant.

§. 11. Quant à moi, je crois qu'il est impossible de fixer le nombre de ces pièces ; il serait injuste d'en demander plus qu'il ne faut pour prouver que le navire et la cargaison ne sont pas sujets à la confiscation, et il me paraît que le tout doit dépendre des circonstances. Il est vrai que les preuves de la neutralité du navire doivent être sans reproches, mais le seul passe-port peut suffire pour la constater, dès qu'il établit que le navire est destiné pour un port ami, et lorsqu'on suit le principe, que le navire couvre la cargaison, toutes les recherches à l'égard de cette cargaison devraient cesser. S'agit-il de faire preuve de la destination du navire et de la qualité de la cargaison ? la *charte partie*, les *connaissemens*, les *factures* peuvent fournir ces preuves. L'opinion de d'Habreu, que toutes ces pièces doivent se trouver ensemble, est absolument insoutenable, comme l'a fort bien remarqué Valin (1). L'une ou l'autre de ces pièces peuvent suffire, puisque très-souvent on n'est pas en état de produire une *charte partie*, quand le navire n'est pas affreté en bloc; d'ailleurs, on ne peut demander au capitaine les pièces, dont il n'est pas d'usage de se pourvoir en temps de paix, si, lors du départ du navire, il ignorait la déclaration de guerre (2).

§. 12. La preuve de la neutralité est toujours à la charge du capturé. Cette preuve ne peut et ne doit résulter que des papiers trouvés

---

(1) Valin, *des Prises*, chap. 5, sect. 3, §. 2. *Voy.* aussi Hubner, *de la Saisie des Bâtimens neutres*, tom. 1, part. 2, ch. 3, §. 10.

(2) *Voyez* Mémoire pour D. Stevenson, capitaine du navire danois *l'Enighed*, pris par deux vaisseaux français, en 1778; dans *Hennings Sammlung d. Staats-Schriften*, tom. 2, pag. 147.

à bord au moment de la prise; toute autre preuve indirecte ne peut être reçue, ni pour, ni contre. Telle est la disposition de l'art. XI, d'un réglement de la marine de France, du 26 juillet 1778; il veut qu'on n'ait égard qu'aux pièces trouvées à bord, et aucunement à celles qui pourraient être produites après la prise. C'est au capteur à prouver ensuite l'irrégularité des pièces, à les discuter de la manière qu'il juge convenable, pour en démontrer la fraude et la simulation. Quant aux irrégularités qui peuvent affecter certaines pièces de bord, je dirai avec un sage jurisconsulte (1), que ce n'est pas à des omissions de formes usitées que les tribunaux des Prises doivent s'attacher; c'est par l'ensemble des pièces, et surtout par la vérité des choses qui en résulte dans l'examen, qu'ils doivent se déterminer : l'expérience démontre tous les jours que la plus grande régularité dans les papiers masque souvent la fraude et la simulation; *nimia præcautio dolus.*

§. 13. D'après les lois et les usages de la France, tous les papiers indiqués ci-dessus ne

---

(1) Voyez la traduction du *Traité des Prises* de d'Habreu, par M. Bonnemant, dans ses notes.

sont pas nécessaires pour justifier la neutralité d'un navire. L'ordonn. de 1681, art. VI, tit. des Prises, ne déclare confiscable que le navire dans lequel on ne trouverait ni *charte partie*, ni *connaissement*, ni *factures* : aussi l'article XIII défend-il d'arrêter les navires dont les capitaines auront présenté leur charte partie, ou la police du chargement (1). L'article II du réglement de 1778 a apporté un tempéramment à la disposition de ces articles de l'ordonnance, et un navire ne serait pas de bonne prise, parce que l'une de ces trois pièces ne se trouverait pas à bord, s'il s'en trouve une qui la supplée, qui remplisse l'objet des autres, et de laquelle il résulte la preuve de la neutralité. En effet, beaucoup de navires n'ont pas de charte partie, mais seulement des passe-ports, des connaissemens ou des factures, avec un rôle d'équipage. De ce nombre sont ceux chargés à la *Cueillette ;* d'autres n'ont que des manifestes, contenant l'état de toutes les marchandises chargées, à la suite desquelles se trouve le passe-port ; d'autres n'ont qu'un passe-port, dans lequel se trouvent

---

(1) Valin, *Comment. à l'ordon. de la marine,* et dans son *Traité des Prises.*

énoncés les actes de propriété du navire, ou la déclaration de ses propriétaires, l'époque et le lieu de sa construction, le nom des chargeurs, le nombre et la qualité des marchandises chargées, le lieu du départ et de sa destination, le nom du capitaine, celui des officiers et matelots composant l'équipage, et l'endroit de leur domicile. Cette seule pièce remplit alors les dispositions de la loi et supplée à toutes les autres qu'elle exige, conformément à l'article II du réglement de 1778.

§. 14. Le passe-port est une preuve formelle qui garantit la nationalité de celui qui en est porteur. La forme du passe-port que certaines nations neutres doivent avoir en temps de guerre est généralement insérée dans les traités qu'elles ont fait avec les puissances belligérantes, comme on peut le voir dans les traités entre la France et les villes Anséatiques, du 1.er avril 1769, art. XXXI, et dans celui stipulé entre la République française et les États-Unis d'Amérique du 3 septembre 1800, ou prescrite par une loi positive à ce sujet. Telles sont les ordonnances du roi de Danemarck, du 4 mai 1803, art. IX, et le Placard du même roi, en date du 8 juin même année, explicatif dudit article IX. Ces passe-

ports doivent être alors exactement conformes
aux formules prescrites, puisqu'ils forment
spécialement la preuve la mieux caractérisée
de la neutralité du navire qui en est muni.
Néanmoins la dissemblance d'avec ces formules, quelque essentielle qu'elle puisse être,
ne serait pas un motif suffisant pour suspec-
ter la neutralité de ce navire et donner lieu
à sa confiscation, si cette neutralité résultait
de quelques autres pièces de bord, conformément à l'article II du réglement du 26
juillet 1778; car le vice inhérent du passe-port,
son défaut de forme, ne peut être imputé à
celui qui en est le porteur, qui est obligé de
le recevoir tel qu'on le lui délivre. C'est ce
qui a été jugé par le tribunal de Cassation
à Paris, relativement à la prise du navire
hambourgeois *la jeune Cathérine*, le 24 germinal an 7, et par le nouveau Conseil des
Prises, le 27 frimaire an 9, et le 13 germinal de la même année, sur la prise du navire
suédois l'*Elégance*, d'après une lettre du ministre des relations extérieures, adressée au
Conseil, portant, que la carte de privilége ou
de franchise que le gouvernement suédois
expédie aux navires pour naviguer dans la

Baltique, tenait lieu de passe-port lorsqu'elle coïncidait avec la date du départ.

§. 15. Un autre exemple consolidera la justesse de ce raisonnement. L'aticle XIII du traité entre la France et la ville libre d'Hambourg, de 1769, renouvelé en 1789, qui prescrit les conditions auxquelles seront délivrés les passe-ports en temps de guerre, et auxquelles on devra reconnaître la neutralité du navire, quoique conçu en termes impératifs, n'est cependant applicable qu'au cas où le navire aurait une destination ennemie, et que sa neutralité ne serait pas d'ailleurs établie par d'autres pièces de bord. En effet, toutes les conditions pénales de ce traité ne sont relatives qu'à la navigation frauduleuse que les villes Anséatiques feraient avec, ou pour les ennemis de la France, et non d'empêcher ces relations avec la France, à laquelle leur pavillon peut être infiniment utile en temps de guerre. Ainsi, la saisie d'un navire hambourgeois destiné pour la France, sur le fondement que le passe-port n'est pas conforme au modèle annexé au traité, à l'article XXXI, ne serait pas valable, s'il est d'ailleurs prouvé par les autres pièces que le navire est réellement hambourgeois. Telle a été la juste décision du Conseil des Prises de Paris, du 27 frimaire au 9 (1800), en faveur du navire *la jeune Cathérine* d'Hambourg, auquel on apposait la disposition de l'article XXXI du traité.

CHAPITRE IV.

DU DROIT DES BELLIGÉRANS SUR LA MER, ET DE SES EFFETS.

ARTICLE PREMIER.

Des Prises.

§. 1. Une prise est la saisie d'un vaisseau ennemi ou réputé tel, et des effets qu'il contient, exercée par un belligérant en temps de guerre, ou par quelque autre à qui son gouvernement a donné le pouvoir de le faire, dans l'intention de s'en rendre maître et de se l'approprier, en en dépouillant le vrai propriétaire (1).

---

(1) *Voyez* la définition de la prise donnée par d'Habreu, dans son ouvrage *Tratado de las Presas*, chap. 1, §. 3, pag. 2 *et suiv.*, à laquelle Valin, dans son *Traité des Prises*, chap. 1, §. 9, fait le reproche d'inexactitude, quoique la sienne ne soit pas plus exacte.

§. 2. En procédant à l'arrestation ou à la saisie d'un vaisseau, on peut avoir deux objets divers en vue : ou de s'emparer du vaisseau et de sa cargaison, et alors c'est une prise absolue et proprement dite : ou de saisir les effets de l'ennemi ou les marchandises de contrebande de guerre, qui pourraient se trouver à bord d'un navire neutre et ami; ce n'est dans ce cas qu'une simple arrestation, sans dessein de faire tort aux sujets des puissances amies et neutres.

§. 3. On distingue la prise en juste et injuste. Elle est injuste, lorsqu'elle est faite par un pirate, par un ami, par un neutre, contre les principes du droit des gens, ou primitif ou conventionnel. Elle est juste, quand elle est faite par un ennemi déclaré et suivant les lois de la guerre. Ce n'est pas seulement la déclaration de guerre ou les conséquences du droit des gens, qui en fondent la justice : la prise d'un vaisseau neutre et ami est aussi légitime, lorsqu'il est chargé de marchandises destinées pour un port assiégé ou bloqué, ou dont l'accès est manifestement interdit même aux neutres, lorsqu'il fait un commerce défendu et de contrebande, parce que la défense convenue préalablement, donne le droit de saisir et de confisquer les marchandises des contrevenans (1).

§. 4. Quoique les lois de la guerre autorisent les belligérans à exercer toute sorte d'hostilités contre l'ennemi, partout où il se trouve, néanmoins la foi publique et le droit universel des gens ne leur permettent pas d'inquiéter aucun vaisseau dans les ports ou baies des puissances neutres. En vertu de ce principe, la prise est injuste et conséquemment de nul effet, si elle est faite sous le canon d'une ville ou d'un fort, et dans l'espace de mer compris sous la juridiction d'une puissance amie et neutre (2).

---

(1) Grotius, *de Jure bell. ac pac.* liv. 3, ch. 3, §. 1, et ch. 17, §. 3. — Heinecc. *de Navibus ob rect. vel. merc. comm.* ch. 1, §. 9. — Selden, *Mare claus.* liv. 2, ch. 20. — Vattel, *Droit des Gens*, liv. 3, chap. 7, §. 3. — Hubner, *de la Saisie des Bâtimens neutres*, tom. 1, part. 2, chap. 3, § 5.

(2) Valin, *Traité des Prises*, ch. 4, sect. 3 en ent. — Puffend. *de Jure nat. et gent.* liv. 4, ch. 5, §. 6 et 7. — D'Habreu, *de las Presas*, part. 5, ch. 13 et 16. — Emerigon, *des Assurances*, chap. 12, sect. 23, §. 7. *Voyez* le Ier tome de cet ouvrage, chap. 1, art. 1 et 3.

§. 5. Quelques auteurs, même des plus classiques, qui ont écrit sur le Droit public maritime (je ne citerai que Casareggi, parce qu'il a copié la doctrine des autres), s'appuyant sur ce qui se pratique à la chasse des bêtes fauves, soutiennent que si le combat naval a commencé en pleine-mer, on peut poursuivre le navire ennemi, et s'en emparer jusque sous le canon et dans le voisinage du territoire d'une puissance neutre (1).

§. 6. Qu'on se rappelle les principes incontestables que j'ai posés dans le Ier. chapitre de ce volume, et notamment à l'article *des*

---

(1) Casaregi, *de Commercio*, disc. 24, n. 2. « Hostium personæ et bona possunt ubique capi, etiam in alienâ jurisdictione, ut de ferâ captâ in alieno agro etiam domino agri resistente quod fiat capientis ». — A Ponte, *de Potestate Proregis*, tit. 11, n° 11. — Jacobus Galea, cité par Balduc, tit. *de Assec.* decis. 4, n. 5 tout au long. — Roccus, *de Offic.* tit. *de Præs. class.* §. 2, *de Præd.* — Bon. Hott. n. 99, et plusieurs des suivans : « Et propter eandem rationem in mari quoque alteri principi subjecto deprædationes fieri possunt ». Telle est aussi l'opinion de Besold. *de Jure territor.* ch. 3, n. 4, et de Loccen. *de Jure maritimo*, liv. 1, ch. 8, n. 10 vers. *quia et hostilium.*

Devoirs des Neutres, on reconnaîtra bientôt la frivolité de cette opinion et l'insignifiance de la comparaison. En effet, dès que l'ennemi poursuivi est arrivé sous le canon ou dans la mer territoriale d'une puissance amie et neutre, il doit être considéré comme étant dans un asile sacré et sous la protection de la nation amie et pacifique. S'il était permis de le poursuivre jusque sur les parages des neutres, pourquoi ne pourrait-on pas aussi le faire dans le port même, et incendier la ville où il se serait réfugié (1). Casareggi reconnut dans la suite son erreur, ou bien il oublia son premier système, puisqu'il en a adopté un contraire dans un discours postérieur (2).

---

(1) D'Habreu, *de las Presas*, part. 1, ch. 4, §. 15. — Valin, *des Prises*, chap. 4, sect. 3 en entier.

(2) Casareg. *de Com.* disc. 174, n. 11. « Aut naves inimicæ (et hæc est secunda pars distinctionis principalis) reperiuntur intra portus, vel sub præsidiis vel arcibus maritimis alicujus principis alieni, aut in mari ita vicino, ut tela tormenta ve muralia maritimæ arcis illuc adigi possint, tunc citra omne dubium dictæ naves hostiles, eoque minus naves communis amici principis, recognosci, visitari et deprædari sub quovis prætextu minimè valent, quia dictæ naves non minus sunt sub cus-

§. 7. Un vaisseau marchand qui se trouverait en mer dans le temps que la nation à laquelle il appartient entre en guerre, ne peut être pris à son arrivée dans un port ennemi, en vertu de la guerre survenue entre les deux nations. La foi publique doit lui servir alors de sauvegarde. S'il est un cas où il puisse être gardé ou séquestré, ce ne peut être que comme otage et par droit de représailles. On a prévu cette circonstance dans quelques traités publics, dans lesquels on a fixé un terme pour donner aux navires qui se trouveraient en route le temps d'être instruits de la rupture (1). Quelques faits particuliers, arrivés dans les dernières guerres, nous prouvent que les cœurs bien nés commencent à sentir l'importance de cette modération qui devrait régner seule jusque sur les champs de bataille.

§. 8. En 1780, le capitaine Inglis, com-

---

todiâ et protectióne talis principis, quàm sunt illius subditi intra civitatis muros existentes ». Optimus textus est in lege 3, §. fin. ff. *de Adquir. rer. dom.* « Quidquid autem eorum cœperimus, eò usque nostrum esse intelligitur, donec nostra custodia coërcetur ».

(1) *Voyez* ci-dessus l'art. 5, §. 4.

mandant d'un vaisseau marchand anglais, ignorant que le fort de Saint-Ferdinand-d'Omoa, n'était plus au pouvoir de la Grande-Bretagne, y vint mouiller avec la même sécurité qu'auparavant. Le capitaine espagnol, loin de profiter de son erreur, eut la générosité de le laisser séjourner trois jours, pendant lesquels ils se visitèrent mutuellement, et de lui fournir des vivres et des rafraîchissemens dont il avait besoin pour se rendre à la Jamaïque (1). Les Anglais ne surent pas

---

(1) Voyez *la Gazette de France*, du 28 mars 1780. L'histoire du 18e siècle avait déjà fourni un exemple bien remarquable d'une pareille générosité qui caractérise cette nation magnanime. L'abbé Raynal nous l'a conservé dans sa célèbre *Histoire du commerce des Européens dans les deux Indes*, liv. 14, ch. 17. En 1746, le capitaine Edwards, commandant le vaisseau de guerre *l'Elisabeth*, ayant été battu par la tempête sur les côtes de Cuba, et se trouvant à la veille de faire naufrage, se réfugia dans le port de l'île, et se présenta au gouverneur de la Havanne, à qui il adressa le discours suivant : « Je viens vous remettre mon vaisseau, mes matelots, mes soldats et moi-même ; je ne vous demande que la vie pour mon pauvre équipage. — Jamais (lui répondit le gouverneur espagnol) je ne

imiter

imiter cet exemple : leur procédé, pendant la même guerre, envers le capitaine Nalin de Marseille, commandant un brigantin armé par les MM. Arnoux, est bien loin de lui ressembler. Il etait entré dans le port de Grenade, ne s'attendant pas à en trouver les Anglais en possession; il lui fut de suite signifié qu'il était prisonnier de guerre, et son navire de bonne prise : toute la grâce qu'on lui fit fut de lui laisser prendre sa *pacotille* (1). Des

---

commettrai une action infâme. Si nous vous avions pris en combattant en pleine-mer ou sur nos côtes, votre vaisseau nous appartiendrait et vous seriez nos prisonniers ; mais battus par la tempête, c'est la crainte du naufrage qui vous a jetés dans ce port : j'oublie donc et je dois oublier que ma nation est en guerre avec la vôtre. Vous êtes des hommes, et nous aussi ; vous êtes malheureux et nous vous devons de la pitié. Déchargez et faites réparer votre vaisseau en toute assurance; vendez même ici ce qui vous sera nécessaire pour acquitter les dépenses que vous ferez. Vous partirez ensuite, et je vous donnerai un passe-port jusqu'au-delà des Bermudes. Si vous êtes pris après avoir passé ce terme, le droit de la guerre vous aura mis dans nos mains ; mais en ce moment je ne vois en vous que des étrangers, pour qui l'humanité réclame des secours ».

(1) *Voyez* la même gazette.

sentimens infiniment plus nobles et plus généreux dictèrent, le 12 février 1782, la capitulation pour la reddition des îles de Saint-Christophe et de Nevis, entre le comte de Grasse, commandant les forces navales de France, et le marquis de Bouillé, commandant les îles françaises du Vent en Amérique, d'une part, et sir Thomas Shirley, major-général, gouverneur desdites îles, et sir Thomas Fraser, brigadier-général, commandant des troupes anglaises, de l'autre (1). Semblable capitulation fut faite, le 22 du même mois, par le comte de Barras, chef d'escadre des armées navales, et le comte de Flechin, co-

---

(1) Art. 12 : « Les vaisseaux et bâtimens caboteurs appartenans aux habitans lors de la capitulation, leur resteront en nature de propre. Les bâtimens que lesdits habitans attendent des ports d'Angleterre ou de ceux des possessions de S. M. B., seront reçus dans lesdites colonies dans l'espace de six mois, et ils pourront expédier en retour sous pavillon neutre, et même pour les ports de l'Angleterre, avec la permission particulière du gouverneur; et si lesdits bâtimens attendus relâchaient dans quelque île anglaise, le gouverneur sera autorisé à donner des permissions pour les faire venir de ces îles où ils auront relâché ».

lonel d'infanterie, commandant un détachement de troupes françaises, et sir Michel White, lieutenant-gouverneur de l'île de Monssérat, en Amérique.

§. 9. Comme il n'est pas possible que les hostilités ordinaires en temps de guerre puissent cesser partout au moment de la stipulation de la paix; comme il peut se faire aussi qu'en pareille circonstance il se trouve en mer des corsaires et des armateurs qui ignorent l'événement de la paix, on a depuis très-long-temps la sage précaution de fixer dans les traités de paix un temps proportionné à la distance des lieux, passé lequel, les prises faites réciproquement par les belligérans sont déclarées nulles et sujètes à la restitution. Tel est l'esprit du traité de paix de 1570 entre la Suède et la ville de Lubeck, de l'article XII du traité de marine de 1655, entre Louis XIV et les villes Anséatiques; de l'article III du traité de paix du 5 avril 1654, entre Cromwel et les Provinces-Unies de Hollande; et telle est la doctrine universelle fondée sur le droit primitif des gens (1).

---

(1) Grotius, *de Jure bell. ac pac.* liv. 3, ch. 21, §. 5. « Illud obiter addam inducias, et si quid est

§. 10. C'est ainsi que par l'article XXV du traité préliminaire de paix, de 1762, entre la Grande-Bretagne, la France et l'Espagne, il fut réglé que, seulement les vaisseaux pris dans la Manche et dans les mers du Nord après l'espace de douze jours, depuis la ratification, seraient restitués ; que le terme serait de six semaines pour les prises faites depuis la Manche jusqu'aux îles Canaries ; de trois

---

simile ipsos contrahentes statim obligare ex quo contractus absolutus est : at subditos utrinque obligari incipere, ubi induciæ acceperunt formam legis, cui inest exterior quædam publicatio : quâ factâ statim quidem incipit habere vim obligandi subditos, sed ea vis, si publicatio uno tantum loco facta sit, non per omnem ditionem eodem momento se exerit, sed per tempus sufficiens, ad perferendam ad singula loca notitiam. Quare si quid intereà a subditis contra inducias factum sit, ipsi à pœnis immunes erunt, neque tamen eò minus contrahentes damnum resarcire debebunt ». §. 6. « Illiciti enim sunt omnes actus bellici, sive in personas, sive in res, id est, quidquid vi fit adversus hostem : id enim omne per induciarum tempus fit contra jus gentium, ut in concione ad milites loquitur L. Æmilius *apud Livium*, etc. *Voy*. Brunnem. *de Pace*, dissert. 5 et 7.

mois de-là jusqu'à la ligne équinoxiale, et de six mois au-delà. Cette même disposition se trouve dans l'article XXVIII du traité préliminaire de paix de 1783, entre la France et la Grande-Bretagne, et dans l'article X des préliminaires avec l'Espagne; dans les articles III et IV de la convention entre la République française et les États-Unis d'Amérique, du 8 vendémiaire an 9 (1800), entre la France et l'empereur d'Allemagne, du 9 février 1801, article III, entre la France et le roi de Naples, du 29 mars 1801, article Ier.; et entre la France, l'Espagne, la Hollande et l'Angleterre, du 25 mars 1802, article XII, conformément à l'article XI des préliminaires.

§. 11. Un traité de paix peut être stipulé sans fixation de terme pour son exécution, ou bien on y en fixe un comme dans les traités que je viens de citer dans le paragraphe précédent. Dans le premier cas, plusieurs publicistes s'accordent à dire que le traité doit être exécuté du jour même de la signature, et que tout ce qui peut avoir été pris depuis doit être restitué; mais sans dommages ni intérêts, si le capteur ignorait la paix au moment de la prise. D'Habreu, dans son *Traité des Prises*, chapitre 11, soutient indistinctement qu'en pareil cas la prise est bonne, si le capteur a ignoré la paix (1). Valin combat cette opinion dans son *Traité des Prises*, sect. 4, §. 5; et M. Bonnemant, dans une note à la page 146, la réfute d'une manière victorieuse. Dans le second cas, les termes ou les délais fixés pour l'exécution des traités n'ont rapport qu'aux prises. Valin, en faisant cette question, pré-

---

(1) Le *Traité des Prises*, part. 2, chap. 2, §. 3, s'explique en ces termes : « C'est-là, à notre avis, l'argument le plus fort en faveur du sentiment qui veut que ces prises soient illégitimes; mais il n'est pas assez convaincant pour nous faire abandonner l'opinion contraire, qui nous paraît préférable dans la pratique. L'armateur est autorisé à s'emparer des biens de l'ennemi; et pendant tout le temps qu'il ignore la conclusion de la paix, il est en droit de continuer ses courses. C'est à cette fin que les patentes lui ont été expédiées; elles doivent avoir leur plein effet jusqu'à ce que son prince les révoque. Sa commission renferme de plus la condition tacite d'inquiéter les ennemis jusqu'à ce que son souverain en ait ordonné autrement. Comme ce contr'ordre est une loi, l'armateur n'est point censé l'enfreindre s'il n'en a point eu connaissance, et tout ce qu'il prend jusqu'alors est de bonne prise ». Trad. par M. Bonnemant.

voit judicieusement un cas d'exception que je crois utile de rapporter pour éclaircir la doctrine que j'ai adoptée dans le §. 9 ci-dessus. Après avoir dit que la prise, quoique faite avant l'expiration du délai, sera nulle, s'il est prouvé qu'auparavant le capitaine capteur était instruit de la paix, il ajoute : « Cette preuve néanmoins doit se tirer par une autre voie que celle de la déclaration qui en serait faite par le capitaine du navire capturé, au moment de la prise ou aussitôt après ; car, enfin, une telle déclaration peut être suspecte, soit avant, soit après l'expiration des délais. La différence qu'il y aura alors, c'est que si c'est avant l'expiration, la prise n'en sera pas moins bonne, quoique le fait soit reconnu vrai dans la suite, à moins qu'il n'y ait preuve que le capteur savait réellement dès-lors que la paix était faite; au lieu que si c'est après les délais expirés, la prise sera véritablement sujète à restitution : mais ce sera sans dépens, dommages et intérêts, à moins qu'il n'y ait preuve tout de même, qu'au temps de la prise le capteur était instruit de la paix ».

§. 12. M. Bonnemant, dans ses notes sur le *Traité des Prises* de d'Habreu, tome II, page 147, pense au contraire que quand un traité porte un temps déterminé auquel les hostilités sur mer doivent cesser, « comme, dit-il, on le voit dans le dernier traité fait entre la République française et l'Angleterre; il faut s'en tenir alors à ce qui est convenu ». M. Collet-Descotils, dans ses savantes conclusions au Conseil des Prises de Paris, du 2 floréal an 11, sur la décision relative à la prise du navire anglais *le Porcher*, est d'avis contraire, et il partage en cela mon opinion. Voici comme il s'exprime à la page 26 : « Cette opinion ne me semblerait devoir être admise sans restriction que dans le cas (qui ne se rencontrera jamais) où les puissances contractantes ne jugeraient pas à propos de prendre aucune mesure, ni de donner aucuns ordres pour faire cesser les hostilités sur mer; mais dans le cas contraire (et c'est celui du traité d'entre la France et l'Angleterre), c'est-à-dire dans celui où des navires ont été expédiés de part et d'autre pour transmettre des ordres à ceux armés en guerre de cesser les hostilités au moment même de la notification de ces ordres, il est hors de doute qu'une prise postérieure à cette notification, quoique faite dans les délais, devrait être annullée avec dommages-intérêts, à moins que le navire pris n'eût été l'agresseur ». Le Conseil, adhérant aux sages conclusions du commissaire du Gouvernement, déclara la prise faite par le corsaire français *la Bellone* dudit navire *le Porcher* bonne et valable, et l'adjugea en conséquence aux armateurs et équipages dudit corsaire. Sur les mêmes bases de justice et d'équité a été prononcée par le même Conseil des Prises la décision du 7 vendémiaire an 10 (1802), à l'égard de la polacre impériale *la Thétis* contre le corsaire français *le Serpent*.

§. 13. Les lois de la guerre, en permettant au belligérant de chercher à affaiblir son ennemi, pour le vaincre plus facilement ou le forcer à la paix, ont autorisé l'usage trop cruel (1) d'exciter les sujets à s'armer et aller

---

(1) Je ne crains pas de lui donner ce nom dans un temps où toutes les vues des Gouvernemens sont tournées vers la prospérité du commerce et la liberté de la navigation. Il semble que, pour détruire celui-là et entraver celle-ci, il suffise des maux qu'entraînent une guerre maritime et les nombreuses flottes dont chaque belligérant couvre les mers, dans le dessein de se faire réciproquement tout le mal possible. Qu'ici le vertueux Mabli parle, à ma place, au cœur des nations qu'une dure nécessité

en course à leurs propres dépens, pour arrêter les vaisseaux marchands de l'ennemi, ainsi que ceux des neutres, toutes les fois qu'ils sont soupçonnés d'avoir à bord des marchandises prohibées ou appartenant aux ennemis, sous la séduisante espérance de se les approprier, non par l'effet d'un droit propre, mais par la cession spontanée qui s'en fait or-

---

appelle à la guerre : « Je veux parler, dit-il, des pirateries qui s'exercent sur les navires marchands, dès que deux puissances cessent d'être en paix. Comment des nations qui regardent le commerce comme le fondement le plus solide de leur grandeur, et qui font tant d'efforts pour étendre leurs correspondances, n'ont-elles pas compris jusqu'à présent combien il leur serait avantageux de convenir entre elles de quelques articles propres à assurer la navigation de leurs commerçans en temps de guerre ? Interrogez les négocians anglais, hollandais, français, leur réponse sera la même. Ils voient avec horreur les armemens en course, et ils apprendraient avec la plus vive satisfaction, qu'à la paix prochaine, les puissances belligérantes se sont promis, en cas de rupture, de ne plus permettre à leurs sujets le métier de corsaires, et de défendre à leurs vaisseaux d'insulter les navires marchands ennemis et de s'en saisir ». *Droit public de l'Europe*, tom. 2, chap. 12, pag. 310, deuxième édit. de 1748.

dinairement, moyennant la réserve d'une portion de la prise pour le trésor public (1). Cependant comme il n'appartient qu'à l'autorité publique d'une nation d'en diriger les forces en temps de guerre, on ne pourra légitimement se dire armateur ou corsaire, que lorsqu'on sera muni d'une patente qu'on appelle communément *lettres-de-marque*, en vertu de laquelle on est admis à la participation des priviléges et des prérogatives d'asile et de protection dans les ports neutres et amis; et, à défaut, on serait regardé comme

---

(1) Anciennement on offrait aux dieux une partie des prises. Abraham fut le premier qui rendit cet hommage au vrai Dieu, en donnant la dîme au grand-prêtre Melchisédech. Voy. *dans la Genèse,* ch. 14, vers. 10. Les Romains faisaient la même offrande à Jupiter : ce qui, selon Tite-Live, lui fit donner le nom de *Jupiter Prædator,* liv. 5, decad. 1. C'est à quoi Virgile fait allusion, lorsqu'il dit dans le troisième livre de l'Énéïde :

Irruimus ferro, et Divos ipsum que vocamus
In prædam partemque Jovem. . . . . .

Selon le témoignage de César, dans le sixième livre de ses *Commentaires,* les peuples de l'ancienne Gaule faisaient cette offrande au dieu Mars.

un pirate ou un voleur de mer, ainsi que nous le verrons en son lieu.

ARTICLE II.

De la légitime propriété de la Prise.

§. 1. Une des manières d'acquérir le domaine de propriété d'une chose, c'est l'occupation ; et parmi les différentes espèces d'occupations, il en est une qui est du droit des gens, par laquelle un souverain et ceux auxquels il communique son pouvoir, acquièrent le domaine, ou pour mieux dire, la propriété des choses qu'ils prennent sur leurs ennemis, dans une guerre juste et légitime. Ainsi, il est universellement établi, selon les principes du droit des gens, que quiconque fait la guerre dans les formes, et avec autorité publique, devient propriétaire de ce qu'il prend sur l'ennemi (1).

---

(1) « Jure gentium non tantum is qui ex justa causa bellum gerit; sed et is qui in bello solemni et sine fine modoque, dominus fit eorum quæ

§. 2. Opposerait-on à cette jurisprudence le principe, que la tradition d'une chose ne peut transférer la propriété à celui à qui elle est faite, si elle ne l'a pas été par le propriétaire lui-même, ou de son consentement? Mais il est évident que cette règle souffre différentes exceptions, entr'autres celle que, lorsque les effets d'un débiteur sont saisis et vendus par ses créanciers, nonobstant l'opposition qu'il aurait présentée à la saisie et à la vente, la tradition qui en serait faite par le tribunal à ceux qui s'en seraient rendus adjudicataires, aurait son effet plein et légal, quoique exécutée sans le consentement du débiteur qui était le véritable propriétaire de ses effets, puisque l'autorité du juge supplée dans ce cas son consentement (1). Quiconque donc,

---

hosti eripit..... Quod dominium quoad effectus externos licet appellare ». Grotius, *de Jure belli ac pacis*, lib. 3, cap. 6, §. 1 et 2. — Puffendorf, *de Jure nat. et gent.*, lib. 8, cap. 6. — Vattel, *Droit des Gens*, liv. 3, chap. 13. — Selden, *Mare clausum*, liv. 2, cap. 2.

(1) « Non est novum, ut qui dominium non habent alii dominium præbeant; nam ei creditor pignus vendendo, causam dominii præstat quod ipse non habuerit ». L. 46. ff. *de adquir. rer. dominio.*

avec l'appui de l'autorité publique et conformément aux lois de la guerre, s'expose aux dangers nécessaires pour se rendre maître d'un navire ennemi, devient capable, par ce seul acte, de s'en assurer la propriété (1). Or, si les belligérans ont, par le droit de la guerre, la faculté de faire des prises partout où ils trouvent des ennemis, comme je le démontrerai à l'article suivant, il est hors de doute que celui qui a fait la prise, doit être assuré par le même droit, d'en rester légitime propriétaire.

§. 3. De ces principes, il se suit qu'un armateur avoué par l'autorité publique, qui a pris un navire ennemi, selon les lois de la guerre, en acquiert par-là même la légitime propriété (2). C'est une maxime générale de la jurisprudence romaine, que les choses prises à l'ennemi deviennent aussitôt la propriété du capteur. « Quæ ex hostibus capiuntur *statim* » capientium fiunt (3) ».

―――――

(1) Grotius, *de Jure belli ac pacis*, lib. 3, cap. 6. — Vattel, *Droit des Gens*, liv. 3, ch. 9.

(2) Grotius, *de Jure belli ac pacis*, liv. 3, ch. 6, §. 1 et 2. — Puffendorf, *Jus nat. et gent.* liv. 8, ch. 6, §. 17. — Vattel, *Droit des Gens*, liv. 3, ch. 13.

(3) *Instit.* §. 17. De rer. divis. L. 5, §. 7. ff. *de adquir. rer. dominio.*

§. 4. Cependant les publicistes ne sont pas d'accord entr'eux sur le temps ou le moment où la possession de la prise constitue effectivement la propriété du preneur. Les uns prétendent que la propriété de la prise commence à l'instant même qu'on en prend possession de quelque manière que ce soit, sans qu'il soit besoin pour cela d'aucun intervalle de temps, et avant même de l'avoir mise en lieu de sûreté (1). Il en est d'autres qui soutiennent que le preneur ne peut être considéré comme propriétaire incommutable de la prise, qu'après l'avoir mise en lieu de sûreté et à l'abri des poursuites des ennemis; et qu'ainsi il en a bien la possession, pendant tout le temps qu'il est en pleine-mer, mais non pas la propriété, parce qu'il est exposé à en être dépouillé par le même droit en vertu duquel il a cru s'en rendre maître (2).

§. 5. Cette dernière opinion pourrait s'étayer de quelques principes de la jurisprudence ro-

---

(1) Burlamaqui, *Droit politique*, part. 6, ch. 7, n. 16. — Luzac, sur Wolf, §. 1204. — D'Habreu, *de las Présas*, part. 1, ch. 3, §. 5

(2) Grotius, *livre cité*, §. 3. — Puffendorf, liv. 8, ch. 5, §. 17. — Vattel, liv. 3, ch. 13, §. 196.

maine. Le mot *capere*, qui signifie prendre, doit s'entendre d'une prise qui a eu son effet, *capere cum effectu accipitur* (1). De même qu'un prisonnier de guerre ne le devenait effectivement et ne cessait d'être citoyen, qu'après avoir été conduit dans le camp ennemi, *inter præsidia*, ou dans la ville ennemie, *ubi fines nostros excessit;* et jusques-là il était supposé libre par la loi, *manet civis* (2).

§. 6. Malgré la contrariété de ces opinions, la pratique actuelle de toutes les nations est de considérer comme acquise la propriété de la prise, lorsqu'on a pu en garder paisiblement la possession pendant l'espace de vingt-quatre heures, sans qu'il soit nécessaire de l'avoir conduite en lieu de sûreté. On pourrait citer, à l'appui de cette doctrine universelle,

---

(1) L. 71. ff. *de verb. sign.* « Aliud est capere, aliud accipere. Capere cum effectu accipitur. Accipere est, si quis non accepit, ut habeat. Ideòque non videtur quis capere, quod erit restituturus, sicut pervenisse propriè illud dicitur, quod est remansurum ».

(2) L. 5, §. 1, et L. 19, §. 3. ff. *de captiv. et postlim.*

les

les principes du droit commun, qui veulent qu'on entende par le mot *statim* un certain intervalle de temps. *Quod dixi statim cum aliquo temperamento temporis intelligendum est* (1).

§. 7. C'est ainsi que les droits de la guerre accordent au vainqueur un droit de propriété plénière sur les biens qu'il enlève à l'ennemi : *quod occupatio bellica sit modus adquirendi dominium*, disent tous les publicistes; et en partant de ce principe incontestable du droit des gens, la propriété des choses mobiliaires est acquise à l'ennemi, du moment qu'elles sont en sa puissance. S'il les vend, même chez des nations neutres, le premier propriétaire, quoique présent, n'est pas en droit de les revendiquer. Telle est la règle générale; elle est la conséquence des principes établis ci-dessus ; elle est adoptée par tous les publicistes (2), parmi lesquels M. Bouchaud, savant

---

(1) L. 1, §. 8. ff. *ad leg. Falcid.* L. 105. ff. *de Solut. et liber. De Franchis, decis. Neap.* decis. 268, n. 5, ibid. *et de Luca.* n. 3. — Marquard. *de Jure merc.* liv. 2, ch. 4, n. 46. — Casareg. *de Comm.* disc. 24, n. 7 et 8.

(2) Casaregis, *de Commercio et Mercatura*, disc. 24, nº 1. — Vattel, *Droit des Gens*, liv. 3,

professeur de droit public à Paris, s'explique à ce sujet dans les termes suivans : « Lorsque les choses mobiliaires ont passé de l'ennemi en d'autres mains, par la voie du commerce, en quelque endroit qu'elles se trouvent, elles restent à l'acheteur, et l'ancien propriétaire ne peut les réclamer, quoiqu'il les trouve en pays neutre, ou même dans son pays (1) ».

§. 8. C'est ici l'endroit de traiter la question du *Postliminie* déjà agitée par plusieurs publicistes, et dernièrement par le savant M. Martens, dans son *Essai sur les Armateurs*, où il a voulu, au §. 44 du chapitre III, émettre une nouvelle opinion qui avait déjà été énoncée par Coccei dans sa dissertation *de Postliminio in pace*, sect. II, §. 5. Les bornes que je me suis prescrites dans cet ouvrage ne me permettent pas de donner à cette question l'étendue qu'elle mériterait : je me contenterai donc de me prononcer sans discussion, pour ne pas répéter inutilement les principes déjà

---

§. 132 et 169. — Burlamaqui, *Droit de la Nature*, part. 4, chap. 7, n. 14 et 25. — Grotius, *de Jure belli ac pacis*, lib. 3, cap. 6. — Puffendorf, *Jus nat. et gent.* lib. 8, cap. 6.

(1) Bouchaud, *Théorie des Traités*, ch. 5, sect. 2.

posés sur cette matière. Grotius (1), en traitant cette question dit, qu'à l'égard des choses mobiliaires, c'est une règle générale qu'elles ne retournent point à leurs anciens maîtres par droit de *Postliminie*, mais qu'elles font partie du butin dans une guerre. Ainsi, lorsque même ces choses ont passé de l'ennemi en d'autres mains par la voie du commerce, en quelque endroit qu'elles se trouvent elles demeurent à l'acheteur, et l'ancien propriétaire ne peut point les réclamer, quoiqu'il les trouve en pays neutre, ou même dans son propre pays. En effet, le droit de *Postliminie* ne peut avoir lieu parmi des peuples neutres, car quiconque veut demeurer neutre dans une guerre, comme je l'ai précédemment démontré, est obligé de la considérer, quant à ses effets, comme également juste de part et d'autre ; et par conséquent, comme bien acquis tout ce qui est pris

---

(1) « De mobilibus generalis in contrarium regula est, ut postiminio non redeant, sed in præda sint.... Quare et commercia parata (selon Gronovius, empta et permutata) ubicumque reperiuntur, manent ejus, qui emit ; nec apud pacatos reperta aut intra fines perducta, vindicandi jus est veteri domino ». Grotius, *de Jure belli ac pacis*, lib. 3, cap. 9, §. 14.

par l'un ou l'autre des belligérans ; accorder à l'un le droit de revendiquer les choses enlevées par l'autre, ou le droit de *Postliminie*, dans ses terres, ce serait se déclarer pour lui et quitter l'état de neutralité. Or, un tel souverain continuant de la sorte d'être ami impartial de l'un et de l'autre des belligérans, ceux-ci sont obligés d'observer une pareille conduite envers lui ; « joignez à cela, dit Vattel (1), en discutant cet article, que le peu d'espérance qui reste de recouvrer des effets pris par l'ennemi, et une fois conduits en lieu de sûreté, fait raisonnablement présumer qu'ils sont abandonnés par les anciens propriétaires. C'est donc avec raison que l'on excepte du droit de *Postliminie* les choses mobiliaires ou le butin, à moins qu'il ne soit repris tout de suite à l'ennemi qui venait de s'en saisir, auquel cas il n'est ni difficile à reconnaître, ni présumé abandonné par le propriétaire ».

§. 9. Quant à la prise des vaisseaux pacifiques et neutres, dans quelqu'un des cas prévus dans le cours de cet ouvrage, c'est une maxime pratique générale, qu'aucun armateur

---

(1) Vattel, *Droit des Gens*, liv. 3, ch. 14, §. 209.

ne peut se les approprier, ni en rien distraire, avant qu'elle ait été jugée légitime par les magistrats délégués à cet effet par l'autorité publique. Cette loi de guerre, reconnue par le droit conventionnel, est conforme aux principes du droit primitif des gens; parce qu'il est de toute justice que le preneur ne soit pas juge dans sa propre cause, et que celui, sur lequel la prise a été faite, ne soit pas privé de faire valoir les moyens de défense qu'il peut alléguer contre la légitimité de la capture (1).

---

(1) Struv. *Exercit.* 39. §. 51. — Heinecc. *de Navib. ob vect. vel. merc. comm.* ch. 11, §. 16.

ARTICLE III.

Du Juge compétent et capable de prononcer sur la légitimité des Prises des bâtimens neutres.

§. 1. C'est une question aussi célèbre par elle-même, qu'embrouillée par les discussions des auteurs qui ont traité des affaires maritimes, de savoir quel est le juge compétent de la légitimité des prises et des saisies faites sur les neutres en temps de guerre.

§. 2. Tous les publicistes étaient persuadés que le jugement de toutes les prises appartenait exclusivement au tribunal des belligérans. Hubner est le premier qui ait esssayé de démontrer l'erreur de cette opinion (1), et d'établir, avec trop de confusion à la vérité, la doctrine contraire, qui aurait peut-être prévalu, s'il avait mis plus de soin à la développer. Galliani va encore plus loin : il prétend « qu'abso-

---

(2) Hubner, *de la Saisie des Bâtimens neutres*, tom. 2, part. 1, ch. 1 et 2 en entier.

lument il n'y a pas d'autre juge compétent de la légitimité des prises de navires et de marchandises, faites sur les côtes d'un état neutre, ou en pleine-mer, que le souverain des sujets qui l'ont amené (1) ». Lampredi combat fortement l'opinion de ces écrivains. La sienne est qu'il est de toute justice et conforme à la raison, que le souverain, dont les sujets ont fait les prises, prononce sur leur légitimité, lorsqu'elles sont conduites sur les côtes de ses états (2).

§. 3. La prolixité avec laquelle ces écrivains ont traité cette matière, par le seul motif de se contredire l'un l'autre, ne me permet pas de faire l'analyse de leurs argumens. Ceux qui s'occupent de l'étude du droit maritime, pourront s'appliquer à chercher de quel côté est la raison. Selon moi, tous ont tort ; parce qu'aucun d'eux ne s'est avisé de recourir aux principes du droit primitif et conventionnel des nations, pour faire les distinctions qu'exige la différence des cas, et y rattacher sa doctrine. Ce sont ces principes que je prendrai

---

(1) Galliani, ch. 9, §. 8, pag. 403 et 404.

(2) Lampredi, *du Commerce des Neutres*, §. 14, pag. 208.

pour guides dans un point aussi essentiel du droit maritime. C'est pourquoi je crois convenable de rappeler ici quelques-unes des maximes répandues dans le cours de cet ouvrage, pour en tirer celles qui peuvent éclaircir la question, et servir à combattre les opinions contraires et donner du poids à la mienne qui, dans certains points, sera opposée, et conforme dans d'autres à celle de quelques-uns de ces auteurs.

§. 4. En admettant l'étendue que j'ai donnée, dans le chapitre premier de la première partie de cet ouvrage, à la mer territoriale dépendante et soumise à la jurisdiction d'une puissance, il en doit résulter en sa faveur tous les effets naturellement attachés à la propriété, et spécialement le droit légal de protection, de garde et de défense, qui consiste à y réprimer toute violence et tout attentat, non seulement contre ses propres sujets, mais aussi contre ceux des nations qui sont en guerre. C'est donc un principe incontestable, qu'il n'est pas permis aux belligérans de faire des prises les uns sur les autres, dans toute l'étendue de la mer territoriale dépendante d'un état neutre.

§. 5. Quoique plusieurs de ceux qui ont écrit sur le Droit maritime, s'accordent à dire qu'en vertu du droit qu'a une puissance sur sa mer territoriale, elle peut y établir des impôts, permettre ou prohiber la navigation, faire arrêter les bâtimens marchands, confisquer les marchandises, punir, suivant ses propres lois, les délits qui s'y commettent, et y exercer en un mot tout acte de souveraine juridiction; ils soutiennent néanmoins avec la même assurance qu'un gouvernement ne peut empêcher les vaisseaux des belligérans d'y faire réciproquement des prises, quand ils se trouvent hors de la portée du canon et des ports de sa dépendance (1). Dans cette hypothèse, il semble que le preneur puisse conduire sa prise dans un des ports du souverain de la mer où il l'a faite, sans courir aucun risque de la perdre, et que, dans le cas que le capitaine du navire capturé aurait recours au tribunal du lieu pour faire déclarer la prise illégitime, le preneur soit en droit d'opposer le défaut de juridiction, sur ce qu'un armateur avoué par sa nation ne cesse pas de dépendre d'elle, en quelque lieu qu'il se trouve, et ne peut

---

(1) Qu'on réfléchisse sur tout ce que j'ai dit dans le premier tome de cet ouvrage, chap. Ier, art. IV, on sentira bien vite l'inconséquence de ces principes.

être soumis à une juridiction étrangère que de son consentement (1).

§. 6. Il est aisé de concilier la contrariété de ces maximes, sans attaquer la légitimité de la juridiction d'une puissance sur son territoire, parce qu'un vaisseau de guerre peut conserver toute son indépendance dans tout ce qui concerne son régime intérieur, et que le gouvernement ou le souverain du port où il s'est retiré, ne peut soumettre les gens de l'équipage aux lois civiles de son état, et encore moins les obliger à relâcher une prise légitime; mais tout cela n'ôte pas au souverain du port le droit de prendre connaissance du fait, dans la seule vue de s'assurer si la prise a été faite ou non dans des lieux qui relèvent directement de son propre domaine, et s'il a été porté atteinte aux droits de la suprême protection qu'il est tenu d'accorder dans ses états à tout le monde, même aux étrangers, lorsqu'ils

---

(1) Loccen. *de Jure marit.* liv. 2, ch. 4, §. 6 et 7. — De Hevia, *Commerc. naval.* liv. 3, ch. 3, n. 16, et *in curiâ Philippicâ*, part. 1, §. 4, n. 25. — Roccus, *de offic. Præfecti classis*, n. 51. — Targa, *Pond. marit.*, ch. 100, §. *in ordine.* — Kuricke, *Quæstion. illust.* quæst. 27. — Casareg. *de Comm.* disc. 174, n. 415.

n'y troublent pas le bon ordre, ou qu'ils n'y commettent aucune infraction aux lois.

§. 7. La prérogative qui exempte un vaisseau de guerre, ou un bâtiment armé en course, de la juridiction du souverain du port où la prise a été conduite, ne devrait tout au plus avoir son effet que dans le cas où la prise appartiendrait à l'ennemi ou aux sujets de l'ennemi, et non, lorsque quelque sujet du souverain du port où elle a été conduite, ou de quelque autre puissance neutre, est intéressé sur le navire capturé, ou qu'il appartient en entier à celle-ci; ce qui fait un cas différent. Dans le premier cas, en supposant qu'on puisse faire des prises dans les mers d'une autre puissance, sous les réserves dont nous venons de parler, c'est-à-dire hors des ports et de la portée du canon, ce qui, suivant mon opinion, équivaut à la pleine-mer, on ne pourrait contester la validité de la propriété d'une prise conduite dans les ports du souverain de cette partie de la mer. Le capteur en devient légitime propriétaire, en réussissant à s'en emparer; et pour en obtenir l'adjudication, il n'a qu'à se présenter au tribunal de sa nation, où tout parlera en sa faveur. La vérification de la prise lui en assure la propriété, parce qu'elle porte avec elle sa propre condamnation (1).

§. 8. Mais il faudra procéder d'une manière bien différente, pour faire déclarer de bonne prise un vaisseau neutre, ou les marchandises des neutres trouvées sur un navire ennemi. On ne peut, dans ce cas, procéder que suivant les règles de la plus exacte justice. Pour établir la légitimité de la prise, le preneur doit donner des preuves évidentes et non équivoques de la violation des lois de la neutralité. C'est pourquoi il me paraît qu'un armateur qui amène dans un port étranger des prises faites sur des neutres, soit par rapport à la nature du chargement, soit en considération du pa-

---

(1) « Ut enim victor intra propria præsidia tutus est ita, si amici fidem elegerit et in ejus præsidia se et sua contulerit etiam illic publico nomine tutus erit. Is vero cui res illæ jure belli ademptæ sunt frustra eas in communis amici territorio repetitum venit; quod enim belli sors occupanti dedit in pacato loco apud communem amicum merito sibi servabit ». Loccenius, *de Jure maritimo*, lib. 2, cap. 4, §. 6. — Vattel, *Droit des Gens*, liv. 3, ch. 7, §. 132. — Hubner, *de la Saisie des Bâtim. neut.* tom. 2, ch. 3, §. 6. — Lampredi, *Livre cité*, pag. 208.

villon, ou sous tout autre motif, ne doit pas refuser d'y reconnaître la juridiction du souverain, si elle est réclamée par le capitaine du navire pris, dans tout ce qui concerne l'intérêt qu'avaient sur le bâtiment ennemi les sujets des puissances neutres, et à plus forte raison les sujets du souverain dudit port (1).

§. 9. Cette juridiction du souverain du port où est amenée une prise de cette nature, est tellement conforme aux principes de la raison universelle, que les puissances européennes ont été obligées dans tous les temps, pour la rendre vaine, d'en faire un article spécial de leurs traités, et de convenir expressément que les vaisseaux de guerre des nations contractantes pourraient librement conduire les prises qu'ils feraient sur leurs ennemis, partout où il leur plairait, sans que les juges des ports où ils entreraient pussent connaître de leur légitimité (2). Une pareille stipulation aurait été

---

(1) Hubner, *de la Saisie des Bâtimens neutres*, t. 2, part. 1, ch. 1, §. 2, et ch. 2, §. 5. — D'Habreu, *de las Presas*, part. 2, ch. 3, §. 3 et 4.

(2) Tel est l'art. 23 du traité des Pyrénées de 1659; l'art. 22 du traité de commerce, conclu en 1662, entre la France et les Etats-Généraux de Hollande,

superflue, si le souverain du port où l'on conduit une prise, n'avait pas le droit d'en connaître. Mais ce qui fortifie encore plus mon assertion, c'est que telle a été la pratique de diverses nations de l'Europe, lorsqu'elles n'étaient pas liées par des conventions contraires (1); et surtout que dans ces derniers

et l'art. 14 de celui de 1739. Tel est encore l'art. 9 du traité de commerce et de marine passé à Nimègue, par Charles XI, roi de Suède, et la Hollande, le 12 octobre 1679. L'article 21, du traité de 1714, entre l'Espagne et la Hollande, fait une mention plus particulière du cas où les Hollandais conduiraient dans les ports de la monarchie espagnole des prises qu'ils auraient faites sur leurs ennemis, et renouvelle la défense aux magistrats locaux de connaître de la validité des ces prises. La même convention eut lieu entre l'Espagne et l'empereur, en 1725.

(1) On peut en citer plusieurs exemples; celui d'une pinque génoise qui prit, en septembre 1747, une tartane savoyarde, chargée de marchandises, qui fut jugée de bonne prise par le magistrat de Porto-Longone; celui d'un navire catalan, qui en prit un autre en 1745, et la conduisit dans le port de Cagliari, où le régent de l'audience royale, comme juge compétent des prises maritimes, prit connaissance du cas, et prononça sur la validité de la prise; celui d'un armateur savoyard qui,

temps on trouve cette stipulation dans quelques traités publics des puissances maritimes les plus constamment occupées à maintenir et à protéger la liberté du commerce, et à mettre un frein aux prétentions immodérées des belligérans (1).

---

dans le mois de septembre de l'année 1747, prit un vaisseau et une pinque napolitains, et les conduisit à Civita-Vecchia, où la prise de celle-ci fut confirmée par jugement, et le vaisseau relâché comme n'étant pas de bonne prise. *Voy.* Hubner, tom. 2, ch. 1, §. 7. *Voy.* ci-après l'article *du Rachat des Prises.*

(1) Art. 23 du traité d'amitié, de navigation et de commerce entre la Russie et la France, daté du 31 décembre 1786, ratifié le 11 janvier 1787 : « En cas qu'un tel navire marchand ainsi visité en mer eût à bord de la contrebande de guerre, il ne sera point permis de briser les écoutilles, ni d'ouvrir aucune caisse, coffre, malle, ballots ou tonneaux, ni de déranger quoi que ce soit du navire. Le patron dudit bâtiment pourra même, s'il le juge à propos, livrer sur-le-champ la contrebande de guerre à son capteur, lequel devra se contenter de cet abandon volontaire, sans retenir, molester, ni inquiéter en aucune manière le navire ni l'équipage, qui pourra, de ce moment même, poursuivre sa route en toute liberté. Mais s'il refuse de livrer la

§. 10. Ces principes posés, je crois à propos d'indiquer les cas principaux et les plus fréquens, où le souverain de la mer territoriale devient juge légitime des prises entre deux parties qui ne sont pas ses sujets-nés. Il l'est, soit que le preneur et le capturé soient tous deux belligérans et ennemis l'un de l'autre, soit que l'un des deux réclame sa protection, en vertu de sa neutralité. Comme ces deux cas forment le développement de mon opinion, je vais entrer dans un plus grand détail, et d'autant plus volontiers, que, par ce moyen, je concilierai la doctrine des publicistes qui ont cherché à se contredire mutuellement, quoique dans le fond leurs principes fussent les mêmes.

§. 11. Lorsque le capitaine d'un navire pris et conduit par force dans quelque port que ce

---

contrebande de guerre dont il serait chargé, le capteur aura seulement le droit de l'emmener dans un port, où l'on instruira son procès devant les juges de l'amirauté, selon les lois et formes judiciaires de cet endroit, et après qu'on aura rendu là-dessus une sentence définitive, les seules marchandises reconnues pour contrebande de guerre, etc. ». La même convention eut lieu dans le traité de navigation et de commerce des 6 et 17 janvier 1787, entre la Russie et le roi des Deux-Siciles, à l'art. 22.

soit,

soit, accuse en justice l'armateur de ne pas être un corsaire légitime, mais un pirate et un écumeur de mer, le gouvernement du lieu peut et doit décider la question, et s'établir juge de la prise, par la raison manifeste qu'un pirate étant l'ennemi du genre humain, toute puissance a le droit de le faire arrêter, de le juger, de le punir avec toute la rigueur des lois, et d'en purger la terre (1). Il en sera de même dans le cas où, ne pouvant contester à l'armateur sa légitimité, on pourra le convaincre de s'être conduit dans la saisie plutôt en infâme pirate qu'avec la loyauté d'un guerrier; parce que tout souverain, qui le tient en son pouvoir, a le droit de punir et de réprimer ses excès. Ainsi si le preneur a violé les lois de la nature, qui sont universelles et sacrées même entre les ennemis; s'il a sans nécessité exercé des cruautés monstrueuses sur le navire capturé, tout souverain neutre pourra avec justice s'occuper du salut du malheureux équipage, faire lâcher prise au monstre qui s'est rendu coupable de ces atrocités, et le faire arrêter même s'il le juge nécessaire.

---

(1) Galliani, ch. 9, §. 8. — Lampredi, §. 14.

§. 12. Cette juridiction sera encore plus compétente envers un armateur qui, en visitant un vaisseau neutre, aura violé les lois de la neutralité, soit en le faisant arrêter sous la portée du canon, ou en déchirant les papiers qui attestaient l'innocence de sa cargaison, pour faire par-là disparaître les preuves de sa neutralité. Dans ce cas, comme dans tous les cas semblables, la raison veut que le délinquant soit jugé par les magistrats du lieu où il se trouve, quoique le délit et la violence dont on l'accuse aient commencé hors de ce territoire (1). L'armateur qui conduit une prise neutre, s'il vient à être accusé d'avoir violé les lois de la neutralité de l'état où il se trouve, ne pourra donc jamais récuser les juges du lieu, en excipant de sa qualité de non-sujet, ou de son privilége de capitaine de navire armé en guerre; parce que, de ces deux motifs d'exception, le premier ne le dispense pas de la juridiction du lieu où le délit

---

(1) L. 1. Cod. *Ubi de criminib. agi oporteat.* « Quæstiones eorum criminum quæ legibus aut extra ordinem coërcentur, ubi commissa vel inchoata sunt, vel ubi reperiuntur qui rei perhibentur criminis, perfici debere satis notum est ».

a été commis ou consommé (1); et le second n'est qu'un titre de l'autorité militaire qu'il a sur son vaisseau, mais qui ne peut le dérober à la justice des tribunaux locaux, s'il s'est rendu coupable de quelque offense ou de quelque délit contre les lois de l'état (2).

§. 13. Galliani cite un autre cas de la compétence de la jurisdiction d'une puissance neutre sur un armateur, et même sur un vaisseau de guerre d'une des parties belligérantes. Faisons-le parler lui-même : « Supposé qu'un souverain belligérant eût la prétention mal fondée et l'insupportable orgueil de se croire en droit de confisquer non seulement les marchandises des ennemis trouvées à bord d'un navire ami, mais le navire même et toute la cargaison; s'il se trouve dans le chargement

---

(1) « Ut si quis in uno loco rem aufert in alio in custodiam suam defert.... At ex facto suo si quid in transitu (peregrini) contraxerunt, vel deliquerunt, conveniri et detineri possunt : illud enim sub potestate ejus territorii continetur, atque inde fundari potest ». Henric. Coccei, *Dissert. de fund. in territ. et plur. locor. concurrent. pot.* tit. 4, §. 7 et 9.

(2) *Voyez* l'article I du chap. 2 du tom. 1 de cet ouvrage.

des marchandises appartenant aux sujets de la puissance neutre dans un des ports de laquelle la prise a été conduite, le souverain du lieu a pleinement le droit de faire relâcher et rendre aux propriétaires, ses sujets, la portion de marchandises dont ils auront prouvé la propriété. La raison en est évidente : il est absurde de dire, *qu'effets d'ennemis entraînent la confiscation d'effets d'amis;* c'est une maxime qu'on n'a jamais lue dans aucun traité de souverain à souverain, qui n'a été adoptée dans aucun temps par les neutres, aussi contraire au bon sens qu'au droit universel des nations, et dont la pratique serait un vrai brigandage. Le souverain du territoire où s'est retiré l'armateur avec la prise, ne peut donc refuser à ses sujets le secours de son autorité, pour leur faire recouvrer un bien injustement ravi. Pour ce qui regarde ceux qui ne sont pas ses sujets, il ne peut que les renvoyer au tribunal de leurs propres souverains. Ainsi je pense que le souverain du port où se trouve la prise doit borner ses droits sur l'armateur à lui faire rendre la marchandise appartenant à ses sujets, qui a été saisie sur un vaisseau neutre, sans se permettre aucun autre jugement sur la prise : ce qui serait une marque de partialité (1) ».

§. 14. Lampredi, toujours en opposition avec Galliani, établit quelques maximes générales dans l'intention de prouver que le souverain neutre n'a aucun droit de s'ériger en juge de la légitimité des prises conduites dans ses ports, par la raison que, si le corsaire n'en a pas encore acquis la propriété, il en a du moins la possession. Il observe ensuite que le Droit de *Postliminium* ne peut pas s'appliquer aux prises faites par les belligérans, et dirigées par le preneur même, ou poussées par les hasards de la mer dans les eaux appartenant à un souverain neutre et ami. Il cite en preuve l'autorité de Cuneus et d'Heineccius contre celle d'Alberico-Gentile, et conclut ainsi : « Il (le souverain neutre) devra donc respecter ce titre de possession, et laisser aux juges naturels du preneur le droit de prononcer sur la légitimité ou l'illégitimité de la prise, de la déclarer libre ou de la lui adjuger, pourvu que le jugement en soit rendu hors de son territoire où il n'est permis à personne d'empiéter sur son autorité souveraine.

---

(1) Galliani, pag. 409 et 410.

L'assertion de Galliani est donc une erreur en droit, et l'exécution de son projet sur le jugement des prises blesserait les droits des souverains (1) ».

---

(1) Lampredi, ouvrage cité, pag. 228 et 229. M. de Sainte-Croix, dans son excellent livre intitulé : *Histoire de la puissance navale de l'Angleterre*, tom. 1, pag. 190, en parlant du jugement des prises, propose le projet suivant qui avait déjà été indiqué par Hubner, *de la Saisie des Bâtimens neutres*, tom. 2, p. 56.: « De pareilles causes, dit-il, ne devraient jamais être portées que devant un tribunal permanent et neutre, qui serait établi non dans une place de commerce, mais seulement dans une ville indépendante. On choisirait les députés de tous les peuples de l'Europe, pour membres de ce conseil *Amphictionique*, dont l'entrée ne devrait être interdite qu'aux représentans des parties intéressées. Cet établissement serait aujourd'hui d'autant plus nécessaire, que la sûreté et la liberté de la navigation sont devenues les principaux objets de notre politique ». Voilà la source où Galliani a puisé son projet d'un tribunal des prises *Amphictionique*, qu'il a donné comme une invention de son génie. M^r. Martens, dans son *Essai sur les Armateurs*, chap. 2, §. 36, n. o. regarde cette proposition comme spécieuse, et pense qu'outre les difficultés que rencontrerait son exécution, elle ne leverait pas les doutes qui concernent

§. 15. Il serait trop long de réfuter quelques-uns des argumens de Galliani, et de prouver l'inconséquence de ceux qu'y oppose Lampredi. Il suffira de développer mon opinion sur ce point : ce que je ferai en combattant celle d'un autre écrivain célèbre, et chacun pourra se convaincre que le premier avait deviné le principe, sans s'embarrasser de le mettre dans tout son jour, et que le second s'est entièrement écarté de la route qui devait l'y conduire.

§. 16. L'ordonnance de la marine de France, de 1681, servira de guide à mon opinion. L'article XIV du titre *des Prises* (1), défend qu'aucun vaisseau pris par un capitaine ayant commission étrangère, puisse demeurer plus de vingt-quatre heures dans les ports et les

---

les principes d'après lesquels on jugerait. Mais s'il est possible de s'entendre pour l'institution de ce tribunal, pourquoi ne pourrait-on s'entendre également pour poser avant tout les principes sur lesquels on devrait juger ?

(1) « Aucuns vaisseaux pris par capitaines ayant commission étrangère, ne pourront demeurer plus de vingt-quatre heures dans nos ports et hâvres, s'ils n'y sont retenus par la tempête, ou si la prise n'a été faite sur nos ennemis ».

baies du royaume, à moins qu'il n'y soit retenu par la tempête, ou que la prise n'ait été faite sur les ennemis de la France. L'article XV (1) porte que, s'il se trouve à bord des vaisseaux pris et conduits dans les ports de France par un navire de guerre muni d'une commission étrangère, des marchandises appartenant aux sujets ou alliés de l'état, celles qui appartiennent aux premiers leur seront restituées, et les autres ne pourront être mises en magasin, ni être achetées par qui que ce soit, sous aucun prétexte.

§. 17. Valin, dans ses commentaires sur ces deux articles, au lieu de chercher le motif d'une telle disposition dans les principes du droit des gens, l'attribue à une raison de convenance qui a fait regarder cette restitution comme une juste récompense de l'asile donné par les neutres au preneur, lorsque celui-ci s'est réfugié dans un de leurs ports pour éviter la tempête

---

(1) « Si dans les prises amenées dans nos ports par les navires de guerre armés sous commission étrangère, il se trouve des marchandises qui soient à nos sujets ou alliés, celles de nos sujets leur seront rendues, et les autres ne pourront être mises en magasin ni achetées par aucune personne, sous quelque prétexte que ce puisse être ».

ou tout autre accident supérieur. Hors de-là, il est d'avis qu'il ne peut y avoir lieu à aucune restitution (1) : ce qui reviendrait presque à l'opinion de Lampredi.

§. 18. Malgré le mérite des commentaires de Valin sur l'*Ordonnance de la Marine de France*, je crois qu'il suffit de peser sans prévention son sentiment sur ce point et les raisons qu'il en apporte, pour se déterminer en faveur de l'opinion contraire, comme la plus universellement adoptée aujourd'hui, et la plus raisonnable : savoir, que l'obligation de la restitution est fondée sur le droit universel des

---

(1) « On ne voit point d'autres motifs de cette décision qu'une raison de convenance, qui a fait regarder cette restitution d'effets comme une juste récompense du service rendu au preneur, en lui donnant un asile. Car enfin, si c'était une prise faite par un allié ou confédéré sur l'ennemi commun, même par un étranger sur son ennemi particulier, et qu'elle fût amenée volontairement dans un de nos ports, ce ne serait pas plus le cas de rendre aux sujets du roi les effets qui se trouveraient leur appartenir, que si le preneur eût conduit sa prise dans l'un des ports de son souverain ». Valin, dans ses *Comment. à l'Ordonn. de France*, 1681. Art. 15, tit. *des Prises*, tom. 2, pag. 273.

gens. En effet, si un corsaire étranger, abordant volontairement un port neutre, sans y être forcé par la nécessité, mais seulement pour s'y ravitailler, n'est pas tenu de rendre les effets appartenans aux sujets du souverain dudit port, je ne vois pas pourquoi il y serait obligé dans le cas où il aurait été forcé d'y relâcher ; parce qu'il me semble qu'il a d'autant plus de droits à la pitié et aux égards qu'on doit à l'infortune, que la cause qui l'a jeté dans le port était pressante et malheureuse. D'ailleurs, combien de controverses ne ferait pas naître l'opinion de Valin entre les preneurs et les sujets du souverain du port neutre, qui se trouveraient propriétaires des effets capturés ? Si d'un côté il est facile de prouver que l'armateur s'est réfugié dans le port pour fuir la tempête, peut-être que de l'autre on n'aurait pas la même facilité à déterminer et à prouver quel est, de tant d'autres motifs d'urgence, celui qui l'y a conduit, parce que ces motifs, quoique possibles, peuvent être simulés avec beaucoup d'adresse. Ainsi, quelle que soit la cause de l'entrée d'un corsaire dans un port neutre, le souverain du lieu aura toujours le même droit de lui faire restituer les effets appartenans à ses sujets.

§. 19. Valin fonde encore son opinion sur la disposition de l'article VII, du même titre *des Prises*, qui déclare de bonne prise tous les vaisseaux chargés d'effets appartenans aux ennemis de la France, et les marchandises des sujets ou des alliés qui seront trouvées à bord de navires ennemis (1); et il ajoute, pour prouver que la restitution prescrite par l'article XV n'est qu'un objet de pure convenance pour reconnaître le service rendu au preneur en lui donnant asile, que, si les Français ne sont pas admis à réclamer les effets à eux appartenant, qui se trouvent sur un navire ennemi pris même par un armateur français, ils ne le seront pas plus, si la prise a été faite par un étranger, allié ou neutre, sur son ennemi (2).

---

(1) « Tous navires qui se trouveront chargés d'effets appartenans à nos ennemis, et les marchandises de nos sujets ou alliés qui se trouveront dans un navire ennemi, seront pareillement de bonne prise ». Art. 7, tit. *des Prises*.

(2) « Pour se convaincre de la vérité de cette proposition, il n'y a qu'à se rappeler la seconde partie de l'article 7 ci-dessus, qui déclare de bonne prise et sujettes à confiscation toutes les marchandises trouvées dans un navire ennemi, à qui que

§. 20. Quoique cet argument ait une apparence assez plausible, il aura bientôt perdu sa force, si l'on fait attention que l'article VII cité, ne parle que des marchandises appartenant aux sujets et alliés, et nullement de celles des neutres, comme Valin l'a faussement supposé. Cela posé, il est facile de reconnaître que le motif de cette ordonnance n'a d'autre base que la justice, l'équité et les lois d'un bon gouvernement, qui ne doivent pas permettre qu'un sujet ou un allié entretienne en temps de guerre une correspondance particulière et étroite avec les sujets d'une puissance ennemie,

---

ce soit qu'elles appartiennent, aux sujets du roi, aux alliés, comme à tous autres. Or, si les sujets du roi ne sont pas recevables à réclamer les effets qui leur appartiennent dans un navire ennemi pris même par un Français, comment le seraient-ils, la prise étant faite par un étranger, allié ou neutre, sur son ennemi ? Si donc les effets des sujets du roi doivent leur être rendus, lorsque la prise est forcée de gagner un port du royaume, soit pour éviter la reprise, soit par tempête ou autrement, il est évident que ce ne peut être qu'à titre de récompense ou de rétribution pour l'asile donné, puisque hors ce cas il ne peut y avoir lieu à la réclamation ». Valin, dans son *Comment.* pag. 274.

et favorise leur commerce de marchandises prohibées. Cette raison de sûreté publique ne pouvant avoir lieu vis-à-vis d'une nation qui se trouve dans un état de neutralité parfaite à l'égard des puissances belligérantes; ce serait une injustice manifeste que de soumettre à la confiscation ses marchandises trouvées à bord d'une prise ennemie. Quelque extension que l'on veuille donner aux droits de la guerre, ils ne pourront jamais servir à justifier la violation des droits naturels d'un état neutre et pacifique, qui, sans s'immiscer dans les querelles d'autrui, tend, par des moyens licites, à sa conservation et à sa prospérité, en vertu du droit de la nature (1), attendu qu'il est de prin-

---

(1) « In hâc tamen quæstione pro interpretatione tam juris civilis quàm dictæ dispositionis consulatus (cap. 273) distinguendum videtur. Aut merces quæ inveniuntur super navi inimicâ deprædatâ spectant ad omnes subditos, vel vassallos, aut confœderatos cum ipso principe vel rege, sub cujus vexillis navigabat altera navis quæ dictam navim hostilis rationis deprædavit, et tunc merces quoque cadunt sub prædâ, quemadmodum ipsa navis hostilis, quia qui communicant cum inimicis nostris, ipsi quoque inimici nostri fiunt : est enim prohibitum habere commercium cum inimicis. Aut verò merces spec-

cipe dans la jurisprudence universelle, que quiconque use d'un droit qui lui est légitimement dû, n'est jamais responsable des conséquences qui peuvent naturellement en provenir (1).

---

tant ad alios amicos qui non sunt subditi, neque vassalli aut confœderati, sed neutrales utriusque nationis, et tunc prædictæ merces non rite et recte possunt deprædari, quia eis non est prohibitum contrahere cum inimicis alicujus principis vel regis, prout prohibitum est vassallis et subditis, ac aliis jure pacis aut aliâ lege confœderatis : et in isto secundo casu benè procedit dispositio tam juris civilis quàm consulatus ablatè tradita, etc. ». Casareg. *de Comm.* disc. 24, n. 21. *Voyez* Roc. *de Officiis*, tit. *de offic. Præfect. class.* §. 2. *de Præd. bonor.* n. 28, 29, 30 et 31. — Hubner, *Œuvre citée*, tom. 1, ch. 4, §. 5.

(1) Les décisions suivantes de quelques tribunaux maritimes sont parfaitement d'accord avec les principes que j'ai exposés; savoir : la sentence du consulat de Nice, du 21 février 1760, dans la cause de Christophe Maurello et compagnie, contre le corsaire anglais *Charles Vardelac*, par laquelle il est dit et ordonné de relâcher, en faveur de Maurello et compagnie, sujets de S. M. sarde, quarante balles de chanvre et deux paniers de vermicelle, qui avaient été pris sur un bâtiment français par

ARTICLE IV.

Des Tribunaux des Prises.

§. 1. D'après les principes que j'ai établis à l'article précédent, et l'usage constant des puissances maritimes en temps de guerre, nul

---

ledit corsaire, et conduits dans le port de Villefranche. Une autre sentence du même Magistrat, rendue le 20 mai de la même année, dans la cause de Sébastien Gilli et Raymond Imbert, de Nice, contre le même corsaire *Vardelac*, qui ordonna la restitution en leur faveur de quatorze balles de chanvre appartenant au premier des deux, et de deux ballots appartenant au second, qui avaient été pris par le même corsaire sur un bâtiment français, et conduits dans le port de Villefranche. La sentence rendue par le suprême Conseil royal de Sardaigne, le 27 janvier 1786, rapporteur M^r. de la Vallé de Clavesane, à l'appui d'une autre sentence de la Capitainerie générale de Cagliari, en date du 23 juillet 1779, entre le patron Jean Arnaud et le marquis de Saint-Ursule, D. J. B. Cuggia, François Baille et Thérèse Brunet de Ca-

doute que chaque puissance belligérante n'ait le droit d'instituer chez elle des tribunaux pour prononcer sur la validité des prises faites par leurs armateurs, et conduites dans leurs ports ou dans un port neutre. Ces tribunaux sont des tribunaux d'exception, établis pour juger les nationaux et les étrangers, d'après les traités ou les lois maritimes. Aussi voyons-nous partout, que la discussion des prises est réglée administrativement et soumise à l'action immédiate du gouvernement, soit pour diriger les armemens en course, soit pour en régulariser la marche, soit pour en modifier les effets.

§. 2. La course sur mer en temps de guerre n'est qu'une délégation du droit de la guerre, faite par le gouvernement aux particuliers qui se vouent à ces spéculations périlleuses. Les corsaires font, par cette raison, partie de la force armée, ils servent d'auxiliaires à leur patrie. Les prises étant par elles-mêmes des actes d'hostilités, de vraies conquêtes permises vis-à-vis d'un ennemi déclaré ou déguisé, ne

---

gliari, où il est ordonné que le susdit Arnaud sera tenu de restituer aux demandeurs sus-nommés, le chargement d'huile pris sur une tartane française conduite dans le port de ladite ville.

peuvent

peuvent donc être de la compétence des tribunaux ordinaires, non plus que pourraient l'être celles faites par une armée de terre; ainsi, les corsaires ne doivent être soumis qu'à des lois et à une jurisdiction particulière indépendante de la justice civile et distributive de l'état (1).

§. 3. En Espagne, par l'article II de l'ordonnance sur la Course (de Corso), la légitimité des prises est jugée par les intendans ou leurs subdélégués, résidans dans les ports où

---

(1) « La course, dit à ce propos M. Bonnemant dans ses notes sur d'Habreu, tom. 2, pag. 152, étant la délégation d'un droit qui n'appartient qu'à l'état, ceux qui exercent cette délégation ne peuvent le faire que conformément aux conditions et aux règles prescrites, et doivent être jugés d'après ces mêmes règles et principes sur lesquels le bien de l'état repose. C'est donc parce que l'intérêt de l'armateur est subordonné à l'intérêt national, que le produit des prises est regardé comme une propriété politique, que l'on ne peut assimiler aux propriétés civiles ordinaires, et que l'adjudication ne peut se réaliser qu'après une vérification des faits sur lesquels on fonde leur légitimité: voilà ce qui constitue l'intervention de l'autorité publique ».

elles auront été conduites ; et au cas que dans lesdits ports il n'y ait ni intendant ni subdélégué, l'intendant de la province décide le différend. En 1675 s'éleva une forte contestation dans cet État, entre le suprême Conseil de guerre et celui d'Arragon. Il s'agissait de savoir quelles étaient les causes qui ressortaient de chacun de ces conseils. Après plusieurs instances et représentations de part et d'autre, la Reine régente, mère de Charles II, de l'avis de l'assemblée des États du royaume, décida ce grand procès par sa déclaration du 17 avril de la même année, où elle s'expliquait dans les termes suivans : « Le conseil de guerre a le droit exclusif de connaître de tous les différends concernant la guerre, comme l'expédition des dépêches, les procès sur le salut et sur les prises, lesquelles doivent être jugées par les lois militaires ». Cette jurisprudence est encore observée en Espagne. Il y existe une autre ordonnance du roi, en date du 14 juin 1797, relative à la compétence des tribunaux, contenant des dispositions générales sur les prises, dont l'article VII est conçu dans les termes suivans : « Si un navire neutre est conduit dans mes ports, et chargé des effets de propriété espagnole, toutes les fois que la valeur de ces effets atteint la moitié de la valeur du chargement, la prise sera jugée par mes tribunaux ; mais si la valeur ne monte pas à la moitié de celle de la cargaison, la prise sera jugée par les tribunaux du capteur ». Cet article a donné lieu pendant le cours de la dernière guerre avec la France, à quelques contestations qui ont été applanies par les ministres des deux puissances ; mais la dernière ne s'est jamais départie du droit qui lui est attribué par ses conventions avec la cour de Madrid. Il y a encore une autre marche à suivre en Espagne, lorsqu'il s'agit d'un bâtiment sujet de l'empereur d'Allemagne. D'après l'article XXX du traité de 1725, entre ces deux cours, le roi d'Espagne consent que l'appel des sentences interjeté par les sujets de S. M. I., soit porté au Conseil du commerce de Madrid, à l'exclusion de tout autre.

§. 4. En Danemarck, les affaires maritimes sont de la compétence de l'amirauté, et par conséquent les prises maritimes sont jugées par ce tribunal ; mais en cas de plainte, les décisions de l'amirauté sont portées devant le Conseil du roi, conformément à l'article XXXVIII du traité de 1742, entre la France et ce royaume. La disposition de cet article a été répétée ensuite dans tous les traités stipulés avec les autres puissances.

§. 5. Dans la guerre entre la Russie et la Porte-Ottomane, la première de ces deux puissances, par son réglement du 31 décembre 1787, a établi le mode de juger les prises dans l'article XVI qui est de la teneur suivante : « Quand on aura amené une prise, le ministre Russe, après en avoir été averti, devra examiner tous les documens trouvés sur les navires, puis interroger le patron et quelques matelots prisonniers, en couchant leurs réponses par écrit; et lorsqu'il aura trouvé celles-ci conformes aux documens, et qu'il n'existera plus de doute que le navire ainsi que les marchandises ne soient effectivement de propriété ennemie, il devra prononcer une sentence formelle, et en remettre une copie au patron armateur, et une seconde au capitaine du navire pris. En conformité de cette sentence, ledit patron pourra procéder à la vente de la prise et des marchandises à son profit ». L'article XXIII du même réglement est conçu en ces termes : « Dès l'arrivée de la flotte impériale russe dans la Méditerranée, le commandant en chef aura à établir une commission pour juger les affaires des prises; c'est pourquoi il est prescrit à tous les armateurs de lui faire alors, sans faute, le rapport des navires et des marchandises dont ils se seront emparés » ; et à l'art. XXIV il y est dit que « si avant l'arrivée de la flotte dans la Méditerranée, quelqu'un de l'un ou de l'autre côté n'est pas content de la décision du ministre sur une prise, ou ensuite, de la décision même du commandant en chef de la flotte, il pourra en apppeler à la cour impériale de Russie ».

§. 6. En Angleterre, les prises maritimes sont portées directement aux amirautés ; les appels au Conseil du roi, et non au Banc du roi qui est au civil le seul tribunal suprême ; ainsi c'est toujours le pouvoir exécutif qui prononce administrativement la décision en définitif.

§. 7. En Sardaigne, tous les procès relatifs aux prises maritimes, sont jugés en dernier ressort, par le tribunal dit de la Capitainerie générale, établi à Cagliari ; mais les parties peuvent se pourvoir en révision pardevant le Conseil suprême, établi auprès du roi conformément à l'édit du 30 août 1770.

§. 8. Les prises maritimes sont soumises dans le royaume de Naples au tribunal de l'amirauté, établi par édit du roi en date du 6 décembre 1783, qui a aboli l'ancienne cour du grand amiral.

§. 9. Les mêmes procès sont jugés à Trieste par le tribunal de Commerce ; à Ancone et Civita-Vechia par le gouverneur local ; à Livourne par l'Auditeur civil avec l'intervention du gouverneur de la ville ; à Gênes par le tribunal de Commerce : mais à tous ces tribunaux, les parties peuvent se pourvoir en révision par-devant les gouvernemens respectifs.

§. 10. En France, avant la révolution, le jugement des prises était attribué, depuis le 20 décembre 1759, à un conseil composé de dix conseillers d'état et de six maîtres de requêtes, présidé par l'amiral, sauf l'appel au Conseil du roi, qui ne prononçait jamais que d'après les raisons d'état. Les traités publics et secrets étaient consultés, et jamais les neutres n'étaient sacrifiés aux subtilités de droit. La France s'était écartée un moment, du principe émané du droit des gens primitif et conventionnel de l'Europe, par les lois qu'elle proclama le 14 février et 1er. octobre 1793, et d'après une fausse interprétation de la constitution de l'an 3, en attribuant aux tribunaux civils les jugemens des prises. Mais la loi du 26 ventôse an 8, et l'arrêté des Consuls du 8 germinal de la même année (1800), portant la sage création d'un Conseil des prises, auprès du gouvernement à Paris, a ramené les choses dans l'ordre primitif et tel qu'il aurait dû toujours exister.

§. 11. Ce Conseil qui juge en dernier ressort toutes les affaires concernant les prises, est présidé par un conseiller d'état, et composé en outre de huit membres, d'un commissaire du gouvernement, d'un secrétaire et deux huissiers. Ses décisions doivent être rendues par cinq membres au moins. Ce Conseil ne fait pas partie de l'ordre judiciaire; 'c'est une institution politique, une commission spéciale du gouvernement, établie pour décider d'une manière administrative la validité ou l'invalidité des prises maritimes; c'est un tribunal d'équité, un corps isolé pour juger les régnicoles et les étrangers, bien plus d'après le droit des gens et les relations diplomatiques à entretenir avec les puissances étrangères, que d'après ses formes rigoureuses du Droit civil. Sa compétence n'est pas conséquemment limitée à des points de procédure ou à des formalités, quoiqu'il en soit le juge. L'instruction ne s'y fait point comme devant les tribunaux ordinaires; de simples mémoires respectivement communiqués par la voie du secrétariat du Conseil aux parties ou à leurs défenseurs, qui doivent justifier au préalable de leurs droits et de leurs pouvoirs, suffisent : point de publicité, point de jugemens, mais des décisions. Les délais pour cette instruction ne peuvent excéder trois mois pour les prises conduites dans les ports de la Méditerranée, et deux mois seulement pour les autres ports de France ; le tout à compter du jour où les pièces auront été remises audit secrétariat. Les conclusions du commissaire du gouvernement doivent être données par écrit.

§. 12. Les décisions de ce Conseil sont exécutées à la diligence des parties intéressées, mais avec le concours et la présence, 1°. de l'officier d'administration de la marine ; 2°. du principal préposé des douanes; 3°. d'un fondé de pouvoirs des équipages capteurs. Toutes les dispositions contraires audit arrêté, qui sert de réglement en matière de prises, ont cessé d'avoir leur effet.

§. 13. D'après cette jurisprudence, on ne peut se pourvoir contre les décisions du Conseil par requête civile, car elle n'est qu'un moyen extraordinaire réservé dans certaines circonstances aux matières purement civiles, et qu'on ne peut introduire que dans les tribunaux ordinaires, d'après les formes rigoureusement déterminées par l'ordonnance de 1667. Cependant il y a lieu à révision par le Conseil des prises, toutes les fois qu'il est prouvé que la décision par lui rendue est fondée sur des pièces fausses, ou dont la traduction serait reconnue infidelle par la suite; ainsi qu'il a été décidé par le même Conseil, le 23 ventôse an 9 (1801), dans l'affaire du navire danois *le Wilhemsbourg*, capitaine *Jens - Booysen*, dont le Conseil avait prononcé la confiscation le 19 brumaire précédent. Je ne crois pas inutile de rapporter ici quelques passages des belles conclusions du commissaire du gouvernement, M. Dufaut, dans cette affaire : « Si cependant le Conseil, dit-il, a rendu une décision qui ait été surprise à sa religion, il doit pouvoir la rétracter. Pouvoir réparer ses erreurs, est un droit dont le juge et l'administrateur trompés doivent être jaloux. Si un jugement est l'ouvrage du dol et de l'erreur, la loi a donné les moyens de le faire rapporter : ils sont consacrés dans l'ordonnance de 1667. Si un corps administratif prend un arrêté fondé sur des pièces fausses, la loi veut encore qu'il puisse le rétracter lui-même. Les formes des tribunaux et des corps administratifs sont différentes, mais le but est le même ; c'est de réparer une erreur commise. Le Conseil des prises, étant une institution administrative, peut donc modifier ou réviser ses décisions ; l'intérêt public et celui des particuliers le commandent. Si cette faculté lui était enlevée, comment pouvoir concilier l'intérêt des puissances que vos décisions pourraient blesser, et dont elles ont droit de se plaindre ? comment concilier les intérêts des particuliers ? Le gouvernement, en donnant au Conseil le pouvoir de juger en dernier ressort, n'a pas voulu ôter aux parties les moyens de faire reviser une décision qui serait le fruit de la surprise. Si des pièces qui ont servi de base à une décision sont reconnues fausses, rien ne saurait s'opposer à ce que cette décision soit de nouveau examinée ; le Conseil peut, comme commission administrative, user d'un moyen dont les corps administratifs se servent tous les jours. Si, dans l'affaire du *Wilhelmsbourg*, les pièces qui ont déterminé votre décision sont fausses, le Conseil doit les réviser. Par ces considérations, je conclus, etc., etc. ». Le Conseil, ouï le rapport de M. Collet-Descotils, etc., etc., a ordonné conformément auxdites conclusions.

§. 14. La course maritime étant, comme j'ai

dit ci-dessus, une délégation du droit de la guerre appartenant à l'autorité suprême, celle-ci reste par conséquent toujours juge de la manière dont l'armateur a rempli sa mission. C'est par cette raison que les transactions par lui consenties ne sont exécutoires que quand elles ont été sanctionnées par le Conseil, et qu'elles ont reçu son attache; à la différence des autres transactions entre particuliers sur des objets purement civils, dans lesquelles l'autorité souveraine n'a aucun droit d'intervenir, attendu que les parties sont libres de régler les conditions qu'elles jugent convenables, et de faire les sacrifices qu'il leur plaît. Mais comme d'un côté le produit de la course n'est dévolu à l'armateur qu'à titre d'encouragement et de récompense du service qu'il a rendu à l'état, et que de l'autre son intérêt est toujours subordonné à l'intérêt général, il ne peut se lier par des conventions particulières qui y seraient contraires. Telle a été la décision du 13 prairial an 8, (1800) conforme à un ancien arrêté du Conseil du roi, du 7 décembre 1675, et à la lettre du grand-amiral de France, du 25 décembre 1757, rapportée par Valin dans son commentaire sur l'ordonnance de la marine de 1681.

§. 15. Ce fut par la même raison que le roi

crut devoir prévenir l'abus qui résultait pou l'état des rançons exigées par les corsaires dans les cas autorisés par les lois françaises : elles furent limitées à certaines circonstances par un arrêt du Conseil du 11 octobre 1780. Elles ont été entièrement prohibées par l'article 1er. de l'ordonnance du 30 août 1782 (1).

---

(1) Voyez plus bas l'article du *Rachat* et des *Rançons*.

ARTICLE V.

De la Recousse ou des Reprises, et de ses effets.

§. 1. Un vaisseau pris peut être délivré et retourner à son premier propriétaire de plusieurs manières, savoir : par la générosité du preneur qui le relâche, quoiqu'il s'en soit légitimement emparé, par la reprise ou recousse (1) faite par l'adresse ou la force de l'équipage même, par la reprise faite par un tiers, ou par le rachat que fait le capitaine, ou tout autre, du navire ou de la cargaison, en payant une somme pour recouvrer la liberté ou pour éviter un jugement sur la légitimité ou l'illégitimité de la prise.

§. 2. Si l'équipage d'un navire capturé, pro-

---

(1) Une prise enlevée à l'ennemi qui l'a faite, s'appelle en français *Recousse* ou Reprise, en anglais *Recapture*, en espagnol *Recobro*, en hollandais *Henoomen-Schepen*, en Allemand *Wiedereroberung* ou *Wiedernehmung*, en italien *Ricupero*, en Danois *Tilbage-Erobring*.

fitant d'une occasion favorable, se révolte et vient à bout de le soustraire au preneur, en quelque temps que cela arrive, les choses retourneront à leurs premiers et respectifs propriétaires, et le preneur n'aura aucun droit de réclamer la prise qu'il n'a pas su conserver; seul moyen, selon les principes de la raison commune, de se maintenir dans sa possession (1). Il ne s'ensuit pas pourtant de-là que l'équipage soit en droit de se l'approprier, parce qu'il est autant de son devoir de défendre et conserver le vaisseau, que de le recouvrer toutes les fois qu'il peut le faire; néanmoins il est juste alors, de lui accorder une récompense raisonnable, proportionnée à la nature du cas, à la richesse de la cargaison et aux circonstances du recouvrement (2).

---

(1) Vattel, *Droit des Gens*, liv. 3, §. 213 et 228. — Valin, *des Prises*, ch. 6, §. 1, n. 18, et dans son *Comment. à l'Ordonn. de France*, art. 8, tit. *des Prises*. L. 3, §. 2. ff. *de Adquir. rer. dom.* « Quidquid corum cœperimus, eò usque nostrum esse intelligimus, donec nostrâ custodiâ coërcetur. Cùm verò evaserit custodiam nostram, et in naturalem libertatem se receperit, nostrum esse desinit et rursùm occupantis fit ».

(2) *Consulat de la mer*, ch. 287. — Targa, *Ponder.*

§. 3. Dans le recouvrement d'un navire, il faut toujours distinguer le cas où la prise a été

---

maritime, ch. 46, n. 10. — Emerigon, *Traité des Assurances*, chap. 12, sect. 24 et 25. On lit dans cette 25ᵉ section de ce Traité, page 505, un fait qu'il ne sera pas hors de propos de rapporter ici. « La pinque *la Sainte-Anne*, capitaine Pierre Arnaud, venant de Damiette, fut prise par un corsaire anglais qui l'amarra pour Livourne, sous le commandement d'un officier et de douze matelots. Six jours après, les prisonniers qui avaient été laissés à bord, trompant la vigilance des vainqueurs, emportèrent le navire et le conduisirent à Ajaccio en Corse, de-là à Marseille. Ils prétendaient que c'était une recousse faite par eux-mêmes après les vingt-quatre heures, et que le tout leur appartenait, suivant l'art. 8, tit. *des Prises*. Les propriétaires et les assureurs, pour lesquels j'écrivais, répondaient, 1°. que l'article 8 du titre *des Prises*, parle du navire qui aura fait la recousse, et nullement des prisonniers qui recouvrent leur première liberté; 2°. Qu'on se trouvait plutôt au cas de l'art. 9, titre *des Prises*, où il est parlé du navire pris par les ennemis, et qui revient par cas fortuit en la possession des sujets du roi; 3°. que les gens de l'équipage français étant aux gages du navire, étaient obligés par état de le conserver, et par conséquent de le reprendre lorsque la chose est possible; 4°. qu'ils

faite par des pirates ou voleurs de mer, de celui où elle l'a été par des ennemis déclarés, ou par des armateurs reconnus. Dans le premier cas, il n'y a aucun doute que si le vaisseau capturé vient à s'échapper ou même à être délivré par le secours d'un tiers survenu, il ne doive être rendu au propriétaire; parce que les pirates n'ayant aucun droit légitime de faire des prises, le propriétaire n'a pas cessé de l'être. On doit considérer ce recouvrement comme celui des choses volées, toutes les fois qu'il y a concours des circonstances susdites, ainsi que je le dirai à l'article *des Pirates*. Mais lorsqu'un armateur, sous les auspices du droit de la guerre, et revêtu de l'autorité publique, s'est rendu maître du navire et du chargement en vertu d'un titre reconnu pour légitime, la propriété doit lui en être adjugée, au préju-

---

avaient agi pour eux-mêmes, puisqu'ils avaient recouvré leur liberté, leurs hardes, leurs pacotilles et leurs salaires. Sentence du 8 janvier 1748, qui, sans s'arrêter à la requête des gens de l'équipage de la pinque *la Sainte-Anne*, adjugea cependant 300 liv. de gratification au capitaine Arnaud, 130 liv. au nocher, 115 liv. à l'écrivain, et 100 liv. à chaque matelot : le tout indépendamment de leurs salaires.

dica

dice du premier propriétaire qui en reste dépouillé. Ainsi ce recouvrement change entièrement de face, parce qu'il est considéré comme une prise faite sur le dernier possesseur, sur laquelle le dernier preneur acquiert le même droit de propriété (1).

§. 4. Les lois de chaque état, ainsi que les traités entre les puissances, peuvent en disposer autrement, soit pour éviter les contestations, soit pour encourager les vaisseaux armés en course à reprendre les navires marchands que l'ennemi a enlevés. Je crois donc nécessaire de parcourir rapidement ce qui a été réglé à cet egard par les lois et les traités des peuples maritimes.

§. 5. L'ordonnance de France, du 15 juin 1779, porte que les navires recouvrés sur des corsaires légitimement armés, après avoir été l'espace de vingt-quatre heures en leur pou-

---

(1) Grotius, *de Jure belli ac pacis*, liv. 3, ch. 16 en entier, avec les *Commentaires* de Gronov. et de Cocc. — Marquardi, *de Jure mercat.* liv. 2, ch. 4, n. 30, et ch. 5, n. 75. — Vattel, dans son *Ouvrage cité*, liv. 3, ch. 13, §. 196. — D'Habreu, *de las Presas*, part. 2 en entier. — Cleirac, *Jurisdiction de la Marine*, art. 34, pag. 452.

voir, appartiendront en totalité à ceux qui les auront repris; mais si la reprise a été faite avant l'expiration des vingt-quatre heures, le droit de recouvrement ne doit être que d'un tiers de la valeur du navire et de la cargaison. Quant aux recouvremens faits par les vaisseaux du roi, ladite ordonnance les adjuge au profit du trésor royal; le gouvernement se réservant d'accorder une gratification à ceux qui y auraient contribué : mais par une ordonnance du mois d'août suivant, adressée aux chambres de commerce, le roi déclara qu'il entendait les céder au profit des propriétaires armateurs et chargeurs qui auraient légalement justifié de leur propriété. La même chose se pratique en Hollande, en Angleterre et en Suède : ce qui est conforme aux maximes et aux principes d'équité que tout souverain doit se faire gloire de professer pour le bonheur de son peuple (1). Ainsi, par la même raison, et en conséquence des rapports mutuels qui lient

---

(1) Grotius, liv. 3, ch. 9 en entier. — Puffendorf, liv. 8, ch. 6, §. 22. — Bynkershoeck, *Illust. Quæst.* liv. 1, ch. 10, et liv. 3, ch. 6. — Vattel, *Droit des Gens*, liv. 3, ch. 14, §. 207. — Valin, *des Prises*, ch. 5, sect. 5, n. 8.

le prince aux sujets et les sujets au prince, si un armateur particulier vient à reprendre aux ennemis un vaisseau ou toute autre chose appartenant à son souverain, il devra le rendre à son premier maître, moyennant une indemnité pour les dépenses et les dommages qu'il peut avoir essuyés, et une récompense proportionnée (1).

§. 6. Pour que la reprise soit légitime, il faut que la première prise ait été de nature à pouvoir être déclarée valable ; parce que si le premier preneur avait agi contre les lois de la guerre, la possession de plus de vingt-quatre heures ne serait pas pour lui un titre de propriété, et par conséquent celui qui aurait fait la recousse ne pourrait prétendre autre chose que le droit de recouvrement dont nous avons parlé plus haut (2).

---

(1) Loccen. *de Jure marit.* liv. 2, ch. 4, n. 3. — Targa, *Ponder. marit.* ch. 46, n. 5. — Emerigon, *Traité des Assurances*, ch. 12, sect. 23, §. 9.

(2) *Ordonn. de France*, art. 10, tit. *des Prises*, et dans le *Comment.* de Valin, sur cet endroit. — Emerigon, dans son Traité ci-dessus cité, chap. 12, sect. 23, §. 7, rapporte un fait qui ne sera pas ici hors de propos. « Le 23 avril 1757, la barque *la Victoire*, capitaine Fouquart, poursuivie par un

§. 7. Un navire abandonné par le preneur, à cause des mauvais temps, ou de quelque autre circonstance impérieuse, même après avoir été plus de vingt-quatre heures en son pouvoir, et avant d'avoir été conduit dans quelque port de l'ennemi, doit être rendu aux propriétaires, ou, à leur défaut, à l'assureur,

---

corsaire anglais, se réfugia sous la Tour de l'île de Mayorque, où elle mouilla l'ancre à la distance d'un coup de pistolet de ladite Tour. Le corsaire mit en mer sa chaloupe armée, et enleva la barque, malgré trois coups de canon qui furent tirés de la Tour. Quelques jours après, elle fut reprise par le capitaine Michel. Les sieurs Roangon et Dangallière, à qui elle appartenait, la réclamèrent. Ils disaient que, par le droit des gens, chaque souverain a le domaine des mers adjacentes à ses états..... Puisque la barque *la Victoire* s'était réfugiée sous le canon du fort de Mayorque, le corsaire anglais n'avait pas eu le droit de s'en emparer. Il avait agi en pirate. La prise était nulle et illigitime. On se trouvait donc au cas de l'art. 10, tit. *des Prises* ». Jugement du conseil des Prises, rendu en décembre 1757, qui n'adjugea au capitaine Michel que le tiers de la valeur de la barque et de la cargaison pour frais de *recousse*. Les deux autres tiers restèrent au profit des sieurs Roangon et Dangallière et de leurs assureurs.

pourvu que la réclamation s'en fasse avant un an et un jour (1).

§. 8. Valin, dans son commentaire sur l'article IX de l'ordonnance de France (2), compare ce cas à celui du naufrage, et appuie sa comparaison sur la disposition de l'art. XXVII, titre *des Naufrages*. Il prétend, en conséquence, que le tiers de la valeur de la prise recouvrée est dû à celui qui ramène dans un port le navire abandonné par son preneur, et le rend à ses propriétaires.

§. 9. Valin se trompe; et il est facile de le prouver; car l'ordonnance elle-même est contre lui. L'article IX ordonne la restitution au propriétaire du navire recouvré (3). Il est dit dans l'article XXVII que le tiers de la va-

---

(1) *Guidon de la Mer*, ch. 11. — *Ord. de Fr.* art. 9, tit. *des Prises*. — Emerig. chap. 12, sect. 24 en ent.

(2) Valin, tom. 2, pag. 260 et 261.

(3) Art. 9, titre *des Prises* : « Si le navire, sans être recous, est abandonné par les ennemis, ou si, par tempête ou autre cas fortuit, il revient en la possession de nos sujets avant qu'il ait été conduit dans aucun port ennemi, il sera rendu au propriétaire qui le réclamera dans l'an et jour, quoiqu'il ait été plus de vingt-quatre heures entre les mains des ennemis ».

leur des effets naufragés trouvés en pleine-mer, ou tirés du fond des eaux, sera adjugé à celui qui les aura sauvés (1); mais le cas d'un vaisseau abandonné par son équipage pour une cause forcée, ne peut jamais être comparé à celui des effets naufragés en pleine-mer : le propriétaire des choses qu'a dispersées et englouties le naufrage, n'a plus aucune espérance de les recouvrer, au lieu que mille hasards peuvent faire revenir sain et sauf au pouvoir de son propriétaire le vaisseau que la crainte lui avait fait abandonner. D'ailleurs l'article XXVII ne parle que des effets naufragés, et nullement des vaisseaux abandonnés. Il n'y a donc aucune analogie entre les deux cas. L'ordonnance n'accorde le tiers que dans le cas où un vaisseau pris par

---

(1) Art. 27, titre *des Naufrages* : « Si toutefois les effets naufragés ont été trouvés en pleine-mer, ou tirés de son fond, la troisième partie en sera délivrée incessamment et sans frais, en espèce ou en deniers, à ceux qui les auront sauvés, et les deux autres tiers seront déposés pour être rendus aux propriétaires, s'ils les réclament dans le temps ci-dessus, après lequel ils seront partagés également entre nous et l'amiral, les frais de justice préalablement pris sur les deux tiers ».

les ennemis vient à être recouvré par un autre navire. L'unique motif de cette disposition est de récompenser la généreuse audace de celui qui, pour délivrer la prise, s'expose à tomber lui-même dans les mains de l'ennemi; mais hors de-là, et sans ce motif, l'adjudication du tiers qui en est la conséquence et l'effet, ne serait pas avouée par la justice et l'équité. En effet, celui qui, trouvant un navire abandonné, le ramène à son propriétaire, a certainement moins fait que celui qui, pour le retirer des mains de l'ennemi, expose sa vie et ses propres biens : il doit donc recevoir une moindre récompense. Il est vrai qu'un navire ainsi abandonné aux caprices des ondes peut faire naufrage, ou tomber au pouvoir des pirates ou écumeurs de mer; mais, en ce cas, on n'a fait que le sauver d'un danger possible, au lieu qu'en le reprenant sur l'ennemi, on l'a délivré d'un péril réel et d'une perte consommée et certaine. La récompense, dans le premier cas, doit donc être moindre que dans le second, bien que proportionnée à la qualité du recouvrement, mais toujours au-dessous du tiers de la valeur des objets recouvrés (1).

---

(1) *Consulat de la Mer,* ch. 287 ; *Guidon de la*

§. 10. La convention touchant les reprises, conclue le 1.er mai 1781, entre la France et la Hollande, porte que, si la reprise a été faite par un armateur avant d'avoir été vingt-quatre heures entre les mains de l'ennemi, elle sera restituée, à la charge par le propriétaire de payer un tiers de la valeur du bâtiment repris et de sa cargaison ; que si le bâtiment repris a été en la puissance de l'ennemi au-delà de vingt-quatre heures, il appartiendra en entier à l'armateur ; que si la reprise a été faite par un vaisseau de guerre de l'état, elle sera restituée aux propriétaires moyennant un trentième de la valeur si elle a été faite avant, et moyennant un dixième si elle a été faite après les vingt-quatre heures (1). L'article XXXIV du traité de commerce, entre la France et la Grande-Bretagne de 1786, prescrit pour la restitution des reprises exactement le même mode établi par la susdite convention avec la Hollande (2).

Mer, ch. 11. — Targa, *Pond. marit.* ch. 46, n. 10. — Casareg. *de Comm.* disc. 24, n. 3. — Loccen. *de Jure marit.* liv. 2, ch. 4, §. 3.

(1) Martens, *Recueil des Traités*, tom. 2, pag. 127.

(2) Martens, *Recueil des Traités*, tom. 2, p. 680.

§. 11. Quoiqu'il n'y ait pas de convention expresse entre la France et l'Espagne au sujet des reprises, il paraît cependant que tant que le pacte de famille a subsisté entre les deux puissances, leurs sujets pouvaient demander que la restitution des reprises eût lieu mutuellement sur le même pied qu'elle se pratiquait à l'égard des propres sujets de chacun des deux états; puisque d'après la teneur de ce pacte chaque guerre de l'une des deux nations devait être commune à l'autre, à la charge de compenser réciproquement les avantages avec les pertes et d'assurer un traitement égal aux individus soumis aux deux gouvernemens (1). Aussi durant le cours de la guerre d'Amérique, plusieurs navires espagnols pris par les Anglais et repris par des vaisseaux du roi, furent restitués ; savoir : le *Saint-Joseph* repris par la frégate du roi *Montréal*, par arrêt du Conseil du 17 décembre 1780 ; la *Notre-Dame-des-Carmes*, reprise par les cotters du roi le *Malin* et le *Lésard*, par arrêt du Conseil du 2 décembre 1781 (2) ; le *Saint-François* repris par la fré-

---

(1) Martens, *Recueil des Traités*, tom. 1, pag. 1.

(2) *Code des Prises*, tom. 2, pag. 1016.

gate du roi la *Boudeuse*, par arrêt du Conseil du 10 mars 1782. Il en doit être autrement de la recousse faite par un armateur, auquel l'état doit une récompense, ou pour mieux dire, une espèce d'encouragement. C'est dans ce sens que le Conseil des prises séant à Paris l'a décidé le 29 pluviôse an 9 (1801), au sujet des navires espagnols l'*Inesperado* et le *Santo Antonio y animas*, repris par le corsaire l'*Éole* de Bordeaux. Dans cette affaire, l'ambassadeur d'Espagne calculant sur la générosité française, avait réclamé à titre de justice et d'amitié les deux navires recous, quoique par la loi du roi d'Espagne du 2 mai 1799, il soit également ordonné, *que toute reprise de navires alliés demeurerait au capteur*. Parmi les motifs que le Conseil des prises expose en cette occasion, il en est un digne de remarque, conçu en ces termes; « Que si nous étions avec l'Espagne dans les termes du droit des gens ou du droit commun, et que les navires réclamés eussent été *recous* par des vaisseaux de l'état, le gouvernement ferait le généreux sacrifice de son intérêt aux sentimens qui l'unissent à cette puissance, sans considération même pour les lois espagnoles sur les prises maritimes; mais sa législation particulière sur les reprises ne permet pas au gouvernement de sacrifier à un allié le droit sacré de propriété du citoyen français......, et de décourager ses braves marins, en leur enlevant le prix de leurs services et de leur dévouement à la patrie ».

§. 12. Il n'y a point de convention particulière sur les reprises entre la France et le Portugal. Le traité de 1641 n'en parle pas (1), et celui du 11 avril 1713 n'établit rien de nouveau à cet égard (2); l'article 6 porte seulement, que les mêmes privilèges et exemptions dont les sujets de S. M. très-chrétienne jouiront en Portugal, seront accordés aux sujets de S. M. Portugaise en France. Dans la dernière guerre d'Amérique où le Portugal était neutre, un navire de cette nation, la *Nostra senora d'Ovalle*, pris par un corsaire anglais, et repris dans les vingt-quatre heures par un armateur français, le *prince de Tingry*, fut restitué par arrêt du 29 décembre 1781 (3), avec condamnation du corsaire français à vingt mille livres de

---

(1) *Voyez* Dumont, *Corps diplom.* tom. 6, part. 1, pag. 214.

(2) Dumont, tom. 8, part. 1, pag. 353.

(3) *Code des Prises*, tom. 2, pag. 1021.

dommages et intérêts, en faveur des propriétaires portugais, en lui refusant de plus le droit de sauvetage, par la raison que le droit de recousse ne pouvait avoir lieu au profit des corsaires français, lorsqu'ils faisaient sur les ennemis la reprise d'un navire neutre, dont il était à présumer que la confiscation n'aurait pas été prononcée en Angleterre. D'ailleurs, il avait été pris et repris le même jour, et par conséquent avant les vingt-quatre heures.

§. 13. La convention préliminaire de commerce, entre la France et la Suède de 1741 (1), expliquée par celle de 1784 (2), n'accorde aux sujets des deux puissances qu'une égalité de traitemens par rapport aux douanes, et encore avec plusieurs limitations. Le simple traité de subsides qui existait entre ces deux puissances n'était pas de nature à pouvoir être appliqué aux reprises. La Suède étant neutre dans la guerre d'Amérique, un navire suédois, le *Mercure*, chargé de chanvre, fut pris par un corsaire anglais, et repris par un corsaire français dans les vingt-quatre heures. Sa restitution fut prononcée par le Conseil des prises,

---

(1) Wenk, *Cod. Jur. gent.* tom. 2, pag. 5.
(2) Martens, *Recueil des Traités*, tom. 2, p. 526.

en date du 14 avril 1779, et confirmée par arrêt du Conseil d'état du roi, en date du 27 décembre de la même année (1). Le même prononcé eut lieu à l'égard du navire Suédois l'*Argos*, chargé de fer en barre, pris par un corsaire anglais, et repris neuf jours après par le corsaire français la *Josephine* : le Conseil des prises avait par sentence du 13 juin 1781, donné main levée aux Suédois, du navire et de la cargaison, à la charge de payer à l'armateur de la *Josephine*, par forme de récompense le tiers de la valeur de ces mêmes objets, à dire d'experts. Les Suédois avaient appelé de ce jugement, et l'armateur de *Josephine* s'était aussi rendu incidemment appelant, et avait demandé la totalité de l'*Argos*, soit à titre de prise, soit à titre de reprise. Le roi, par arrêt du Conseil d'état du 8 avril 1782, décida qu'il n'était dû aucun droit de recousse, et condamna l'armateur à tous dommages, frais et dépens, selon les mêmes principes qui avaient dicté l'arrêt du *Mercure* rapporté plus haut (2).

§. 14. Le traité de 1662 (3), entre la France

---

(1) *Code des Prises*, tom. 2, pag. 789.
(2) *Code des Prises*, tom. 2, pag. 1044.
(3) Dumont, *Corps diplom.* tom. 6, pag. 436.

et le Danemarck, quoique fort étendu sur tous les autres points qui concernent le commerce en temps de guerre, ne parle pas des reprises. L'article XXXIV, du traité de 1742, conclu pour quinze ans (1), et prolongé le 30 septembre 1749, porte la restitution des biens repris sur des pirates, mais il ne fait pas mention des reprises proprement dites (2).

§. 15. Le traité de commerce entre la France et la Russie de 1787, ne parle pas expressément des reprises : il y est cependant stipulé à l'article XXXIV, que les sujets réciproques seront traités en temps de guerre comme les propres sujets de l'état; d'où il semble découler qu'on doive leur accorder la restitution des prises, dans tous les cas où elle aurait lieu en faveur des propres sujets (3).

§. 16. Le traité de commerce entre la France et les Etats-Unis d'Amérique, art. XVI, établit, que les biens repris sur les pirates seront réciproquement restitués aux propriétaires, mais il ne fait pas mention des autres reprises. Ni le traitement de la nation la plus

---

(1) Wenk, *Cod. Jur. gent.* tom. 2, pag. 5.
(2) *Code des Prises*, tom. 1, pag. 470.
(3) Martens, *Recueil des Traités*, tom. 3, pag. 1.

favorisée, assuré dans les termes ordinaires, par l'article III, ni la protection accordée en vertu de l'article VI, aux vaisseaux respectifs, ne peuvent s'entendre des reprises en général (1). Le traité d'alliance de la même date n'en parle pas directement.

§. 17. Les lois d'Espagne sont presque entièrement d'accord avec celles de France au sujet des reprises appartenant à des sujets espagnols, faites par des armateurs; de sorte que si une telle prise légitime est recousse avant d'avoir été vingt-quatre heures entre les mains de l'ennemi, elle sera restituée au propriétaire, moyennant un tiers pour la recousse; mais qu'après cette époque elle appartiendra en totalité au repreneur. On y excepte cependant le cas d'un navire qui aurait été chargé de contrebande, ou qui aurait navigué pour le seul plaisir de ceux qui le montaient (2). Quant aux reprises faites par les vaisseaux du roi, l'ordonnance de 1633 porte, que ce qui appartient à des personnes connues, devra

---

(1) Martens, *Recueil des Traités*, tom. 1, p. 685 et 701.

(2) Ordonnances de 1621 et de 1718, art. 10; ordonn. de 1779, art. 23.

être restitué d'abord que l'ennemi né l'aura point gardé pendant l'espace de vingt-quatre heures (1). L'article XI de l'ordonnance de 1718 porte, que si un navire a été abandonné par l'ennemi, ou si une tempête ou quelque autre accident le fait tomber entre les mains des sujets du roi, avant d'avoir été conduit dans quelque port ennemi, il sera rendu au premier propriétaire, quand même l'ennemi l'aurait retenu en son pouvoir plus de vingt-quatre heures. Mais quant aux vaisseaux repris sur les pirates, on trouve dans les lois espagnoles une disposition qu'il est difficile de justifier, d'après les principes du droit naturel ; savoir : que ces mêmes reprises appartiendraient à l'armateur, si les pirates les avaient possédées pendant vingt-quatre heures (2). Relativement aux droits des puissances étrangères, il est à oberver que, tandis que les ordonnances de 1621 et 1718 ne parlaient que des reprises appartenant à des sujets du roi, et que l'ordonnance de 1633 concernant

---

(1) Ordonn. pour la flotte royale, chap. 397 ; Collect. Philip. IV, part. 2, pag. 371.

(2) Ordonn. de 1621, art. 10 ; déclaration du 22 décembre 1624. Dans l'ordonn. de 1618, art. 7

la

la flotte royale prescrivait vaguement que ce qui appartient à des personnes connues serait restitué. L'ordonnance du 1.er juillet 1779, pour la course, art. XXIV, traite les étrangers à l'égal des propres sujets du roi, par le dispositif portant, que les navires des sujets neutres ou alliés, dont les armateurs de l'ennemi auraient fait prise, seront restitués avec leur cargaison aux propriétaires, si la reprise se fait avant les vingt-quatre heures, moyennant un tiers de la valeur qui sera attribué au repreneur.

§. 18. Ayant parlé des traités de l'Espagne avec la France, dans lesquels a été réglé le point des reprises, et me proposant de faire connaître ceux qu'elle a stipulés avec l'Angleterre, lorsque je donnerai en son lieu la notice de ces traités, je me bornerai à indiquer ici les conventions de la même cour de Madrid sur cet objet, avec les autres puissances.

§. 19. L'Espagne convint avec la Hollande,

---

et 12, il y a sur ce point une contradiction apparente, que d'Habreu, dans son traité *de las Presas*, pag. 75, tâche de concilier; mais l'ordonn. de 1779, art. 9, ne laisse plus de doutes à cet égard. *Voyez* le chapitre *de la Course*, etc. ci-après.

par l'article III de la déclaration sur le traité de marine de 1650, faite le 25 novembre 1676, que si un navire était repris sur les ennemis par les navires de sa majesté, ou des armateurs particuliers, ou par ceux de L. H. P. ou par leurs sujets, au cas où la reprise se ferait deux fois vingt-quatre heures après qu'il aurait été en la puissance de l'ennemi, les repreneurs auraient un cinquième dudit navire et de toute la cargaison. Et si la reprise se fesait deux fois vingt-quatre heures après les premières deux fois vingt-quatre heures, ils jouiraient du tiers de la valeur du navire et de toute la cargaison. Mais que si elle était faite après lesdits termes, les repreneurs auraient et jouiraient de la moitié (1). Tous les traités faits depuis entre ces deux puissances n'ont point parlé des reprises.

§. 20. Par le traité de commerce du 1.er mai 1725, il a été réglé entre l'Espagne et l'Autriche, que quand un navire appartenant à des sujets d'une puissance, aura été pris par quelque ennemi commun et repris sur lui par quelque vaisseau de guerre, ou armateur de l'autre, si la reprise se fait dans les pre-

---

(1) Dumont, *Corps diplom.* tom. 7, part. 1, pag. 325.

mières quarante-huit heures qu'il aura été entre les mains de l'ennemi, la cinquième partie du vaisseau et de son chargement appartiendra au repreneur ; que si la reprise se fait dans les quarante-huit heures suivantes, il en aura un tiers ; et qu'enfin si elle se fait plus tard, la moitié lui appartiendra, le reste devant retourner aux propriétaires (1).

§. 21. Le traité de commerce entre l'Espagne et le Danemarck du 19 mars 1641, ne parle point des reprises, quoique l'article XIX semblât en fournir l'occasion. L'article III promet simplement que les sujets des deux états seront réciproquement traités comme sujets naturels des deux puissances, en ce qui regarde le commerce (2), ce qui ne peut pas être entendu des reprises. Le même silence sur les reprises a été gardé dans les traités avec le Portugal, quoique ces deux nations, par l'article XVII du traité du 6 février 1715, se soient promis le traitement réciproque de la nation la plus favorisée et la plus privilégiée de celles qui trafiquent dans la domination de l'Espagne et du Portugal (3).

---

(1) Dumont, tom. 8, part. 2, pag. 118.
(2) Dumont, *Corps diplom.* t. 6, part. 1, p. 210.
(3) Dumont, tom. 8, part. 1, pag. 444.

§. 22. L'Espagne a stipulé avec la Porte-Ottomane à l'article XIII du traité de commerce de 1782, que si quelque navire de l'une des deux puissances était pris par un ennemi commun, l'autre joindrait ses efforts à elle pour le reprendre, et le ferait restituer au propriétaire (1). Le traité avec la régence de Tripoli, de 1784, enjoint, art. XI, de faire restituer au propriétaire les effets enlevés par les pirates, et, article XIII, de faire restituer les effets qui seraient enlevés par l'ennemi sous la portée du canon de l'un de deux états (2). Ce dernier point a été réglé à peu près de même, dans l'article IV du traité de 1786 avec le Dey et la régence d'Alger; mais l'un et l'autre de ces traités ne font pas mention des reprises proprement dites (3).

§. 23. L'article IX du traité d'amitié, de limites et de navigation entre l'Espagne et les États-Unis d'Amérique du 27 octobre 1795, statue que les effets repris sur les pirates seront restitués à leurs propriétaires; mais il ne

---

(1) Martens, *Recueil des Traités*, tom. 2, p. 229.
(2) Martens, *loc. cit.* tom. 2, pag. 531.
(3) Martens, *loc. cit.* pag. 666.

règle rien sur les reprises proprement dites, quoique, eu égard à la faveur que les deux puissances s'accordent réciproquement dans tout le contenu du traité (1), il soit à présumer que dans le cas des reprises elles s'en tiendront aux principes universellement suivis.

§. 24. La première loi qu'on connaisse en Angleterre au sujet des reprises, et qui a servi de base à plusieurs des suivantes, est l'acte du Parlement de 1692, par lequel il fut ordonné; que si quelque vaisseau appartenant à des sujets de S. M., après avoir été pris par un ennemi, est repris, ce vaisseau et sa cargaison ou partie d'icelle, sera restitué par décret de la cour de l'amirauté aux premiers propriétaires, qui paieront pour sauvement, si la reprise s'est faite par un vaisseau de guerre, un huitième de la valeur qui sera délivré aux capitaines, officiers et mariniers dudit vaisseau de guerre, pour être partagé entre eux, conformément à l'acte du Parlement touchant la part qui leur appartient des prises; que si la reprise a été faite par un armateur ou autre vaisseau, après avoir été entre les

---

(1) Voyez *the Laws of United States of America*, pag. 220.

mains de l'ennemi durant vingt-quatre heures, un huitième de la valeur lui sera payé ; si le vaisseau a été au-delà de vingt-quatre heures, et moins de quarante-huit, un cinquième ; si le vaisseau a été au-delà de quarante-huit heures, et moins de quatre-vingt-seize, entre les mains de l'ennemi, un tiers ; s'il a été au-dela de quatre-vingt-seize heures, la moitié ; lequel paiement se fera sans déductions quelconques. Mais si le vaisseau repris a été mis en mer par l'ennemi en qualité de vaisseau de guerre, le premier propriétaire sera tenu à payer la moitié. Ces dispositions ont été répétées mot à mot dans les actes du Parlement de 1740, 1744 et 1746 (1).

§. 25. Au commencement de la guerre d'Amérique, il fut réglé par un acte du Parlement, de 1776, que si des effets appartenant à des sujets du roi étaient pris par les sujets *rebelles* dans les colonies, et repris par un vaisseau du roi ou autre vaisseau sous sa protection, cette reprise serait toujours restituée aux propriétaires moyennant un huitième pour droit de sauvetage. Cette disposition a été

---

(1) Runnington, tom. 5, pag. 379. — *Laws, of the Admirally*, tom. 1, pag. 513.

étendue, par l'acte du Parlement de 1777, à tous ceux qui auraient obtenu des lettres de marque du roi (1). Ce changement semblait provenir de ce qu'au commencement de la guerre, les Américains ne furent pas considérés comme ennemis légitimes; et c'était précisément leur appliquer le principe universellement reçu pour les reprises faites sur les pirates.

§. 26. Lorsque la cour de Londres étendit la même guerre, en 1778, à la France, et en 1780, à l'Espagne et à la Hollande, cette disposition fut aussi appliquée aux vaisseaux des sujets du roi pris par ceux de ces puissances et repris par un vaisseau du roi ou par un armateur. C'est ainsi que l'acte du Parlement de 1779 répète mot à mot l'article IV de l'acte de 1776, mais en se servant de l'expression générale, si quelque vaisseau était pris *par nos ennemis et repris*, etc. Il y est cependant statué de plus, que si le vaisseau repris avait été mis en mer par l'ennemi qui en a fait la prise en qualité de vaisseau de guerre, alors l'armateur aurait la moitié de la valeur pour droit de sauvement. L'acte de 1780

---

(1) Runnington, tom. 12, pag. 436.

ajoute encore à ceci la clause particulière, qu'à l'égard des reprises de si peu d'importance, qu'elles ne vaudraient pas les frais du procès, il serait permis aux deux parties de s'accommoder à l'amiable, pourvu qu'elles en rendent compte au tribunal de l'amirauté (1).

§. 27. Les rapports particuliers qui subsistent entre l'Angleterre et les puissances étrangères à cet égard, ont été réglés par des conventions et des traités publics. Elle fit une convention particulière au sujet des reprises avec la Hollande, lors de son alliance de 1689, par laquelle il fut établi « qu'en cas que quelque vaisseau appartenant au roi de la Grande-Bretagne ou aux États-Généraux, ou à leurs sujets, ayant été pris par les vaisseaux de guerre ou armés en course, appartenant à une puissance ennemie, soit repris par les vaisseaux de

---

(1) Les écrivains anglais regardent l'acte du parlement, de 1740, comme la forme de tous les actes subséquens. Park *System on the Laws of marine insurances*, pag. 86. — Wesket, *Digest. V, Capture.* Il est à croire que dans la guerre actuelle on aura passé un nouvel acte à cet égard ; les contestations survenues prouvent suffisamment que cet acte doit être conforme à ceux de 1776 et 1783, quant à la restitution des prises.

guerre du roi ou des États-Généraux, ou par un armateur dûment autorisé par une des deux puissances, avant que tel vaisseau ait été conduit *intrà præsidia*, c'est-à-dire dans aucun port de l'ennemi, ou flotte d'icelui portant pavillon, tel vaisseau avec son chargement, canons et appareil sera restitué au premier propriétaire, en payant la récompense du sauvement comme s'ensuit; c'est-à-dire, s'il est repris par un armateur avant quarante-huit heures après la prise, on paiera un cinquième; avant quatre-vingt-seize heures, un tiers; après quatre-vingt-seize heures, la moitié de la valeur du vaisseau, de sa charge, canons et appareil; mais en cas que des vaisseaux soient repris par un navire de guerre avant que l'ennemi l'ait conduit *intrà præsidia*, il sera payé pour récompense du sauvement la huitième partie de la valeur (1).

§. 28. Cette convention conclue en vue de l'alliance alors existante, ne peut plus être considérée comme obligatoire aujourd'hui. En 1748, un navire anglais, *the Lydia*, ayant été pris par un armateur français, fut repris par

---

(1) Groot, Placcar Boeck, tom. 5, pag. 395. — Dumont, *Corps diplom.* tom. 8, part. 2, p. 301.

un vaisseau hollandais et conduit à Zikirzée. L'Angleterre réclama sa propriété : les États-Généraux répondirent que la reprise appartenait *Jure belli* aux repreneurs, mais qu'ils seraient prêts à en faire la restitution si l'Angleterre voulait ou déclarer qu'elle en agirait de même dans de semblables cas, ou faire une convention, ou renouveler l'ancienne de 1689, qui n'était plus obligatoire (1). Je ne connais pas l'issue de cette négociation, mais il est hors de doute qu'aucune des conventions faites entre ces deux puissances n'a été renouvelée ni par le traité de paix de 1784, ni par le traité d'alliance de 1788 (2). Je ne pense pas, d'après cela, que s'il survenait une dispute à ce sujet, elle pût être décidée par des traités antérieurs à cette alliance qui, tant qu'elle a subsisté, pouvait opérer la restitution dans les cas d'une guerre devenue commune.

§. 29. Quoiqu'il n'y ait pas de convention

---

(1) Voyez *Extrait des résolutions des États-Généraux*, du 19 février 1748. *Recueil van Zeezaken*, tom. 6, pag. 45.

(2) *Voyez* Martens, *Recueil des Traités*, tom. 3, pag. 127.

expresse entre l'Angleterre et le Portugal sur les reprises dans les traités de commerce de 1641 et 1703, il paraît cependant que du traité d'alliance de 1654, et de celui d'alliance perpétuelle entre l'Angleterre, les Provinces-Unies et le Portugal, de 1703, on peut tirer quelques conséquences de leurs intentions sur la restitution des reprises. On voit que, par l'article IV de ce dernier traité, ces puissances promettent de maintenir sur les côtes du Portugal un nombre suffisant de vaisseaux de guerre pour protéger les côtes, le commerce et les navires marchands, et que l'article V porte, qu'au cas où les ennemis s'empareraient de quelques villes ou places portugaises hors de l'Europe, les puissances contractantes joindraient leurs efforts pour les reprendre sur l'occupant (1). Cependant tout ceci suppose le cas où le Portugal prendrait part à la guerre, et non celui d'une neutralité parfaite. Le traité du 26 septembre 1793, conclu pour la guerre actuelle, statue à l'article VI, qu'au cas où la France attaquerait les États de S. M. très-fidèle, ces vaisseaux de guerre ou navires

---

(1) Dumont, *Corps diplom.* tom. 6, part. 2, pag. 82, tom. 8, part. 1, pag. 127.

marchands, les deux puissances feraient cause commune, et se prêteraient l'une à l'autre tous les secours possibles, conformément auxdits traités (1); ce qui semble ne point laisser de doutes à l'égard de la restitution des reprises durant la guerre actuelle, dans le cas où celles-ci sont rendues aux propres sujets des deux puissances.

§. 30. On ne trouve rien sur les reprises dans les traités entre la Grande-Bretagne et la Suède; et il ne paraît pas que la protection générale stipulée par l'article XVI du traité de 1661, puisse être appliquée à la restitution des reprises. Les traités d'alliance conclus en 1664, 1699, 1703, 1720 et 1727, ne peuvent plus être allégués aujourd'hui. Le traité d'alliance et de commerce de 1766 n'assure à l'art. II le traitement de la nation la plus favorisée, que dans ces expressions vagues qu'on ne saurait étendre aux reprises (2).

§. 31. Le traité d'alliance et de commerce stipulé par l'Angleterre, en 1670, avec le Danemarck, porte, article XXXII, que si quelque navire appartenant à des sujets d'une des deux

---

(1) Martens, *Recueil des Traités*, tom. 5, p. 210.
(2) Martens, *Recueil des Traités*, t. 4, p. 44.

puissances, était pris par l'ennemi dans l'enceinte de la juridiction maritime de l'autre, celle-ci joindrait ses efforts à elle pour découvrir et reprendre ledit navire, et pour le restituer aux propriétaires, moyennant les frais de sauvement (1). La convention explicatoire du 4 juillet 1780, ne s'étend pas davantage sur ce point (2).

§. 32. Les traités de l'Angleterre de 1734 et 1766, avec la Russie, ne parlent point des reprises; ils accordent seulement dans des termes généraux, le traitement de la nation la plus favoriséé (3), et la convention du 25 mars 1793 ne fait que prolonger le traité de 1766 pour six ans, avec peu de changement (4). La convention pour la guerre de la même date, promet seule assistance mutuelle, mais dans des termes si vagues, qu'il serait difficile d'en faire l'application aux reprises (5).

---

(1) Dumont, *Corps diplom.* tom. 7, part. 1, pag. 132.
(2) Martens, *Recueil des Traités*, tom. 2, p. 102.
(3) Martens, loc. cit. tom. 1, pag. 141.
(4) Martens, loc. cit. tom. 5, pag. 108.
(5) Martens, loc. cit. pag. 114.

§. 53. L'Angleterre n'a fait aucune convention expresse avec l'Espagne à l'égard des reprises. Le traité de navigation et de commerce de 1713, dans lequel celui de 1667 a été renouvelé et copié mot à mot, ni le traité d'alliance de 1793, ne font aucune mention formelle de cet état. Cependant, par les articles II, III et VII de ce traité, les deux puissances se sont engagées à faire cause commune pour protéger mutuellement leurs vaisseaux respectifs, et pour se couvrir l'une l'autre, lorsqu'elles seraient attaquées ou lésées par terre ou par mer; ainsi, d'après les principes établis, les prises faites après la signature de ce traité devraient, tant que cette alliance subsistera, être restituées sans distinction entre les propres sujets et les sujets de l'allié.

§. 34. Le traité de la Grande-Bretagne de 1713, avec le roi des deux Siciles, ne fait que confirmer généralement pour ces deux puissances, le traité entre l'Angleterre et l'Espagne, de 1667, qui ne parle point des reprises. La guerre présente étant devenue commune à la Grande-Bretagne et au roi de Naples, en vertu de la convention du 12 juillet 1793, et de la dernière de 1798, il n'est pas douteux que les principes sur cet objet n'aient pu s'appliquer aux reprises des deux nations tant que la guerre a duré.

§. 35. L'article XIX du traité conclu par l'Angleterre, avec la Porte-Ottomane en 1675, promet la restitution des effets des Anglais repris sur des pirates, mais il ne parle pas des reprises en général. On chercherait en vain des dispositions sur les reprises, dans les traités de la Grande-Bretagne avec l'empereur de Maroc, de 1761 et 1783 ; avec les Algériens, de 1751 ; avec les Tunisiens, de 1751 et de 1762 ; et avec les Tripolitains de 1751 et 1762.

§. 36. Les lois de la Hollande au sujet des reprises, selon le détail que Bynkersohek (1) nous en a donné, ont été sujettes à des changemens essentiels. L'ordonnance des États-Généraux, du 4 juillet 1625, porte, que si le vaisseau est repris avant d'avoir été vingt-quatre heures entre les mains de l'ennemi, l'armateur qui fait la reprise jouira d'un huitième ; s'il est repris avant d'avoir été deux fois vingt-quatre heures entre les mains de l'ennemi, il jouira d'un cinquième ; et s'il est repris plus

---

(1) *Quæst. juris Publici,* lib. 1, cap. 5.

tard encore, d'un tiers : ce qui, par une autre ordonnance du 22 juillet 1625, a été étendu aux reprises faites par des vaisseaux de guerre. L'ordonnance du 11 mars 1632, établit, que sans avoir égard au temps plus ou moins long de la reprise, il sera adjugé deux tiers à l'armateur par qui elle est faite. Une autre ordonnance du 1.er septembre 1643, ramène les principes aux dispositions des ordonnances de 1625. L'ordonance du 8 février 1645, introduit de nouveau les dispositions de celle de 1632, en ajoutant qu'au défaut d'un arrangement à l'amiable, entre le premier propriétaire et le repreneur, touchant la fixation de la valeur du vaisseau et de la cargaison, les tribunaux de l'amirauté en jugeraient. Une autre ordonnance du 19 avril 1659, veut que sans distinguer entre le temps et entre la qualité du repreneur, celui-ci se contente d'un huitième du navire et de son chargement. L'ordonnance du 13 avril 1677, porte, à l'égard des armateurs particuliers, que si le vaisseau repris ou la cargaison n'a pas été encore quarante-huit heures entre les mains de l'ennemi, il leur sera assigné du chef de droit de sauvement (voor borgloan) un cinquième ; si elle a été au-delà de quarante-huit heures, mais

moins

moins de quatre-vingt-seize heures entre les mains de l'ennemi, un tiers; et au-delà, la moitié. Quant aux reprises faites par les vaisseaux de guerre; cette ordonnance confirme les anciennes lois, sans exprimer lesquelles. Il semble cependant qu'on devrait entendre par-là l'ordonnance de 1659, qui avait abrogé les ordonnances antérieures.

§. 37. Le Placard des États-Généraux concernant les récompenses pour les armateurs, du 6 juin 1702, art. VIII; celui de 1747, art. VII; celui de 1781, art. VII, et un autre de 1793, art. VII, portent de même, que si quelque navire ou effets appartenant aux habitans de ces états, était pris par l'ennemi et repris par quelque armateur, navire ou autre vaisseau armé aux frais des particuliers hollandais, le repreneur, jouirait, si la reprise se fait dans deux fois vingt-quatre heures, d'un cinquième; si elle se fait après, mais dans les quatre fois vingt-quatre heures, d'un tiers; et après, de la moitié. Ces lois sont donc conformes à la disposition de celle de 1677, mais elles ne parlent pas des reprises faites par les vaisseaux de guerre de l'état, à l'égard desquelles il semble que la disposition de 1659 soit encore applicable.

§. 58. Toutes ces lois, tant anciennes que modernes, ne concernent que les reprises appartenant à des sujets de l'état : elles ne statuent rien par rapport à celles qui seraient la propriété de l'ennemi, si ce n'est que le Placard du 18 juillet 1705, art. XVIII, porte, que quant aux reprises des vaisseaux alliés et neutres, les armateurs se contenteront de ce qui est convenu ou de ce qui sera convenu avec ces puissances. Cependant cette disposition, d'ailleurs très-insuffisante par le petit nombre de conventions qui subsistent à cet égard, n'a pas été renouvelée dans les Placards de 1781 et 1793 (1).

§. 39. Outre les rapports indiqués de la Hollande avec la France, l'Espagne et l'Angleterre au sujet des prises, elle en a encore avec d'autres puissances. Elle a stipulé par l'article XX du traité d'amitié et d'alliance de 1661, avec le Portugal, que si quelque navire d'une des deux puissances, après avoir été pris par l'ennemi ou par un pirate, était conduit dans un des ports de l'autre, on ne permettrait pas de le vendre, et que si dans l'espace de trois mois en Europe, ou d'un an hors de

---

(1) *Recueil Wanzeezaken*, tom. 3, pag. 348.

l'Europe, le propriétaire réclamait son bien. il lui serait restitué en payant les frais (1). On voit cependant que ceci ne concerne point le cas d'une reprise proprement dite, dont le traité ne parle pas; mais il semble qu'on pourrait en tirer, par analogie, un argument en faveur de la restitution des reprises.

§. 40. Le traité d'alliance et de commerce entre la Hollande et la Suède, du 2 octobre 1679, ne parle pas expressément des reprises; on doit observer cependant que, par l'article XXVII, le roi de Suède s'étant engagé à traiter les sujets des Provinces-Unies comme les siens propres, il devait donner les ordres nécessaires pour que, relativement aux prises, la justice leur soit administrée d'après le droit et l'équité par des juges impartiaux (2). Il semble que ce n'est pas faire violence au sens de cet article, que de l'appliquer à la restitution des reprises, dans le cas où cette restitution a lieu pour les sujets suédois ; condition que l'article XXIX a rendue réciproque pour les Provinces-Unies, et restitution en-

---

(1) Dumont, *Corps diplom.* tom. 6, part. 2, pag. 367.

(2) Dumont, tom. 7.

jointe par l'article XXII pour les effets pris par des pirates. Ce traité ne fut conclu que pour vingt-quatre ans, et on ne voit pas qu'il ait été renouvelé. Les disputes élevées entre la Suède et les États-Généraux au sujet de la forme des lettres de mer, en 1713, prouvent qu'on doutait déjà alors si le traité de 1679 était encore obligatoire (1); et la déclaration du 28 octobre 1741, ne semble avoir renouvelé que cette partie du traité de 1679, qui concerne la forme des lettres de mer (2).

§. 41. La Hollande n'a rien stipulé à l'égard des reprises avec le Danemarck, dans le traité de 1701, ni avec la Russie, dans le traité de commerce projeté par le Czar Pierre I.er, de 1715, qui n'eut pas lieu; il ne resterait donc qu'à appliquer à ces puissances, ainsi qu'à la Suède, ce qui peut être déduit du système de la neutralité armée auquel ces états accédèrent en 1781.

§. 42. Les traités de la Hollande avec les Algériens de 1760; avec les Tunisiens, de 1712; avec les Tripolitains, de 1718; avec Maroc,

---

(1) Lamberty, *Mémoires*, tom. 8, pag. 342.
(2) *Mercure d'Europe*, 1742, part. 1, pag. 269. part. 2, pag. 142.

de 1752, ne prescrivent rien au sujet des reprises, non plus que le traité de 1680, avec les Turcs, dont les articles XVII et XXXVI n'établissent que la restitution des effets qui seraient enlevés par des corsaires ou par des pirates (1).

§. 43. La Hollande fit avec les Provinces-Unies de l'Amérique, une convention particulière concernant les reprises, le 8 octobre 1781, portant que celles faites par des armateurs seraient restituées, moyennant un tiers de leur valeur pour droit de sauvement, si la reprise n'a pas été vingt-quatre heures entre les mains de l'ennemi; mais après cette époque elle appartiendra en entier au repreneur. Si la reprise a été faite par un vaisseau de guerre de l'un ou l'autre des deux états, la restitution aura toujours lieu, en payant aux repreneurs, si elle se fait en deux fois vingt-quatre heures, un trentième; et si elle se fait plus tard, un dixième de la valeur du vaisseau et du chargement pour droit de sauvetage (2). On peut douter cependant, si cette convention faite à l'époque où ces deux états se trou-

---

(1) Dumont, tom. 7, part. 2, pag. 4.
(2) Martens, *Recueil des Traités*, tom. 2, p. 279.

vaient en guerre contre un ennemi commun, serait appliquée aux cas futurs où l'une d'entre elles serait neutre.

§. 44. L'ancienne loi maritime de Danemarck de 1561, ne détermine rien au sujet des reprises (1); mais dans la loi maritime de Christian V (2), il est statué, que si un armateur fait la reprise d'un vaisseau danois, il en devient le propriétaire, quand ce vaisseau s'est trouvé vingt-quatre heures entre les mains de l'ennemi : si la reprise est faite avant cette époque, elle sera partagée également entre l'armateur et le propriétaire. Cette loi est la seule connue au sujet des reprises en Danemarck : les ordonnances concernant les armateurs du 5 avril 1710, et du 6 avril 1711, ne règlent pas le droit des reprises, non plus que l'ordonnance pour le commerce neutre de 1756 (3). Cette loi ne concerne que les reprises des vaisseaux danois : elle laisse les

---

(1) *Westphalen*, *Monum. inedita*, tom. 4, pag. 1831.

(2) *Codex legum Danicar.* lib. 4, cap. 7, §. 6.

(3) Forord. af Frid. IV, 1710 et 1711, pag 53 et 55. — Hubner, *de la Saisie des Bâtimens neutres*, part. 2. Append.

mêmes doutes à l'égard des reprises appartenant à des puissances étrangères ou à leurs sujets. Il reste donc à examiner avec quels états le Danemarck a pris des arrangemens à cet égard.

§. 45. J'ai déjà donné une notice des rapports de cet état, au sujet des prises, avec la France, l'Espagne, l'Angleterre et les Provinces-Unies. Il n'en a pas de positifs avec le Portugal, mais cette dernière puissance a accédé au système général de la neutralité armée proposée en 1782, par les puissances du Nord. On doit en dire autant à l'égard du roi de Naples qui, sans avoir aucun traité spécial concernant les reprises, a cependant adopté les principes de la neutralité armée en 1783 (1).

§. 46. Le traité d'amitié et de commerce avec la république de Gênes, de 1789, renferme à l'article XI une disposition qui est remarquable, même par les argumens dont elle est appuyée; savoir, que si un bâtiment marchand neutre arrêté en mer par un vaisseau de guerre, ou un corsaire est recous ou repris par un vaisseau de guerre ou un armateur de la partie contractante qui est en guerre contre la nation du premier capteur, ce bâti-

(1) Martens, tom. 3, pag. 274.

ment sera incontinent remis en liberté pour continuer son voyage, sous quel prétexte que ce soit, qu'il ait été détenu en premier lieu, et sans que son libérateur puisse prétendre à aucune rétribution ou part dans le navire ou sa cargaison, soit qu'il ait été plus ou moins longtemps au pouvoir du premier capteur, puisque aucun bâtiment neutre ne peut jamais être considéré comme prise, avant qu'il soit légitimement condamné dans un tribunal d'amirauté (1).

§. 48. La Suède a depuis 1667 une ordonnance de marine, donnée par Charles XI. Elle porte, qu'en cas qu'un navire appartenant à des sujets suédois, après avoir été pris par l'ennemi, serait repris, le repreneur jouirait de deux tiers de la valeur, et un tiers sera rendu au propriétaire, sans égard au temps pendant lequel il aurait été entre les mains de l'ennemi (2). Cette loi semble ne

---

(1) Martens, tom. 4, pag. 532.

(2) Ordonn. de la marine de 1667, par. 7. Ammirals-Kap Balken, cap. 8, §. 8. « Undsater ock nagon nagot skep swenske undesatare tilhorwgt, som af fiende eller rofurare allaredan tagit iwaro, njute af samma atertagne skep och gods twa tred-

parler que des reprises faites par des armateurs; mais les vaisseaux du roi ont le même droit sur leurs prises. Les réglemens touchant les armateurs, du 8 février 1715, du 25 mars 1719, du 28 juillet 1741, la déclaration du 14 août 1741, ne traitent point l'article des reprises, non plus que les articles de guerre maritime (sioe articlar) de 1755. La Suède a donné aussi une instruction pour les armateurs en date du 1.er juillet 1788 (1).

§. 49. Outre les rapports que nous avons indiqués entre la Suède et la France, l'Angleterre, la Hollande et le Danemarck, à l'égard des reprises, la première en a d'autres avec les deux Siciles, par le traité de 1742, dont l'article XXIX porte qu'en tant qu'il serait compatible avec la neutralité, la prise que l'ennemi de l'une des puissances contractantes aurait faite sur elle, et qu'il aurait conduite dans les ports de l'autre, lui serait enlevée et restituée au propriétaire. Quoique ceci ne prononce

---

jedelar, och den ofrige tredjedelen blifwe Agandenom atergifwen, oaktadt antingen det Kort eller laned tid i fiende hander warit hafwert ».

(1) Kluit, *Histor. fed. Belg.* part. 2, pag. 439. — Modée, D. 6, pag. 35, 96.

rien de positif à l'égard des reprises, il est cependant hors de doute, que la Sicile ayant accédé au système de la neutralité armée, il en résulte tant envers elle, qu'envers la Russie, le Portugal et la Prusse, une sorte de législation générale, qui rend réciproquement commune à toutes ces puissances l'application du système de la neutralité, et étend à chacune d'elles l'influence des principes qui y sont établis relativement aux prises et reprises.

ARTICLE V,

Du Rachat des Prises.

§. 1. Le rachat d'un navire pris par les ennemis est un contrat du droit des gens, par lequel, moyennant une certaine somme ou un profit déterminé, le preneur relâche la prise et la rend aux anciens propriétaires, qui en font par-là, pour ainsi dire, une nouvelle acquisition (1).

§. 2. Ce rachat peut être fait en tout temps, pour une somme quelconque, par les intéressés, c'est-à-dire, par les propriétaires du navire et de la cargaison, s'ils se trouvent présens, ou, en leur absence, par leurs commis ou facteurs, ou par le capitaine lui-même, aux conditions les plus avantageuses, de l'avis de l'équipage (2). Le capitaine n'étant

---

(1) Emerigon, ch. 12, sect. 21, §. 1.

(2) *Consul. de la Mer*, chap. 227 et 228. — *Ordonn. de France*, art. 66, tit. *des Assurances*. — Et Valin, dans son *Comment.* — *Guidon de la Mer*, chap. 6, art. 3, 7 et 9.

que le légitime administrateur, et le procureur des propriétaires qui lui ont confié le navire et le chargement, il est évident qu'il ne peut en faire le rachat en son nom et pour lui-même, mais qu'il est toujours censé l'avoir fait pour le compte des propriétaires, suivant les principes de la raison commune (1).

§. 3. Le rachat d'un vaisseau peut se faire de deux manières : l'une, et c'est la plus ordinaire, est de fixer une somme d'argent, de laquelle le capitaine du navire capturé fournit une lettre de change au preneur, en lui donnant provisoirement des otages de l'exécution du contrat : l'autre est de payer comptant la somme, ou de céder une partie de la cargaison, pour avoir la liberté de poursuivre sa route (2).

§. 4. Ici naît la question de savoir si on est

---

(1) Loi 18 et Loi 42, §. 2, ff. *de adquir. possess.* Loi 13, ff. *de adquir. rer. dom.* Loi 6, §. 1, ff. *de precar.* Loi 10, §. 3, ff. *mandati*, et Loi 23, ff. *de negot. gest.* Olea, *de Cession. Jur.* tit. 4, quæst. 2. — Pothier, *des Oblig.* n. 74.

(2) *Guidon de la Mer,* chap. 6, art. 1. — Kurricke, *ad Jus marit. Hanseat.* tit. 8, art. 4. — Valin, *Comment.* sur l'art. 67 de l'*Ordon. de France,* tit. *des Assuranc.*—Pothier, *des Assurances,* n. 135 et suiv.

obligé de tenir la promesse faite au corsaire par lequel on a été pris, sur le sacrifice pécuniaire auquel on a consenti, et si en conséquence on doit acquitter la lettre de change fournie au preneur pour prix du rachat. L'avis unanime de tous les publicistes est pour l'affirmative (1). Tout engagement fait avec un ennemi est une obligation légitime à laquelle on doit être fidèle. Donc, *la lettre de change*, prix convenu du rachat, est aussi obligatoire pour le tireur que toute autre obligation de commerce.

§. 5. Souvent, pour la sûreté du paîment du rachat, on donne en otage au preneur une personne de l'équipage du vaisseau capturé, comme une espèce de garantie, ou comme un gage de l'exécution du contrat. Mais si cet otage avait la bassesse de prendre la fuite et de s'évader des mains du capteur, ou s'il

---

(1) Si quod singuli hosti promiserint, est in eo fides servanda. Cicéron, *de Offic.* lib. 1, cap. 13 et lib. 3, cap. 29. —Valer. Maxim. lib. 2, cap. 10, §. 8. —Burlamaq. part. 4, ch. 4. —Grotius, *de Jure bell. ac pac.* ib. 3, cap. 23 en entier. — Puffendorf, *Jus nat. et gent.* lib. 3, cap. 6, §. 11. —Loccen, *de Jure marit.* lib. 2; tit. 3, n. 6.

venait à mourir, les conditions du rachat n'en seraient pas moins obligatoires, suivant les principes que j'ai posés dans le paragraphe précédent (1). Celui qui a, pour un tel motif, laissé un otage entre les mains du capteur, n'en doit être que plus exact à s'acquiter; car, outre qu'il est lié par sa promesse, il doit encore se hâter de faire rendre la liberté à celui qui en a fait le sacrifice, pour l'avantage commun du vaisseau et de ses propriétaires, et à qui, par ces considérations, il est dû de plus une indemnité pour tous les dépens et dommages qu'a pu lui occasionner cette privation (2). C'est ainsi que le parlement d'Aix l'a décidé par son arrêt du 27 juin 1714; et que l'amirauté de la Rochelle était

---

(1) Valin, *des Prises*, chap. 11, n. 1 et 3. — Vattel, *Droit des Gens*, liv. 2, §. 254, et liv. 3, chap. 17, §. 281 et 286.

(2) Grotius, *de Jure belli ac pacis*, lib. 3, cap. 10, §. 52. — Puffendorf, *Jus nat. et gent.* lib. 8, cap. 2, §. 6. — Marquardus, *de Jure mercat.* lib. 3, cap. 4, n. 38. — Loccenius, *de Jure mar.* lib. 2, cap. 8, n. 5. — Kurrike, *ad Jus marit. Hanseat.* tit. 8, art. 4. — Casaregis, *de Comm.* disc. 46, n. 21 et suiv.

dans l'usage d'accorder à l'otage, outre le remboursement de sa dépense légitime, la demi-solde, autrement la moitié des gages qu'il gagnait sur le navire rançonné, et cela, pour tout le temps de sa détention, jusqu'à son retour effectif dans son pays.

§. 6. Le rachat fait, le capteur doit en donner au vaisseau pris, une attestation par écrit, pour lui servir de passe-port et de sauf-conduit envers les autres navires armés de sa nation, afin qu'il puisse continuer sa route, et parvenir à sa destination sans être pris de nouveau. Ainsi, tant que le capitaine sera fidèle aux obligations contractées et désignées dans le billet de rachat dont il est porteur, son vaisseau sera à l'abri de toute nouvelle arrestation. Si, au contraire, il manque en quelques points à l'accord fait, ou à quelques-unes des obligations contractées, il s'exposera alors à être pris encore par les navires de la nation de celui à qui il avait payé son rachat, ou par ceux de quelque autre puissance alliée; et dans ce cas son vaisseau ne serait pas moins sujet à l'hypothèque vis-à-vis du premier capteur, pour le prix convenu du rachat (1).

---

(1) Valin, *des Prises*, chap. 11, sect. 2 et 3, et

§. 7. Valin, dans son *Commentaire à l'ordonnance de la marine de* 1681, *titre des Prises*, et dans son *Traité des Prises*, chap. 11, sect. 2, n. 14 et sect. 3, n. 5, suppose le cas d'un corsaire qui, après avoir fait une prise, est capturé lui-même avec le billet du rachat et l'otage que lui a consigné le capitaine du vaisseau racheté; et il prétend que le prix de ce rachat appartient de droit au dernier capteur qui peut aussi retenir l'otage jusqu'à ce que le paiement en ait été effectué; ce qui serait avoir fait deux prises différentes d'un seul coup.

§. 8. Emerigon, dans son *Traité des Assurances*, chap. 12, sect. 23, §. 8, combat l'opinion de Valin par une réflexion très-judicieuse. Le billet du rachat, dit-il, n'est que la preuve de l'obligation elle-même : or les obligations ne sont pas des objets d'une possession matérielle, et le capteur n'acquiert que ce dont il se rend maître en effet. A l'égard de l'otage, il ajoute qu'il serait bien étrange qu'il devînt prisonnier de guerre de ses propres

---

dans son *Commentaire à l'Ordon. de France*, art. 19, tit. *des Prises*. — Pothier, *des Assurances*, n. 137. — Emerigon, *des Assurances*, loc. cit. §. 11.

concitoyens;

concitoyens; que le corsaire ennemi perd tous ses droits en le perdant, et que le corsaire ami n'en a que sur la prise qu'il vient de faire réellement. Il conclut de-là que le billet de rachat doit rester sans effet; que l'otage recouvre sa liberté; que le capteur ennemi est déchu de toutes ses prétentions, et que le corsaire ami n'acquiert aucun droit au-dela de la prise réelle qu'il vient de faire.

§. 9. Emerigon, pour donner plus de poids à cet argument, considère les principes ci-dessus sous trois points de vue; ce qui amène la distinction des trois cas suivans, que je crois à propos de rapporter ici pour mieux éclaircir cette question de jurisprudence.

I. Si l'otage mis à terre par le premier capteur est retenu prisonnier, on doit lui procurer la liberté aux dépens du navire racheté, ou de toute autre manière, quoique le billet de rachat ne se soit pas trouvé sur le vaisseau du corsaire capturé.

II. Si le billet de rachat est accompagné d'une lettre de change tirée par le capitaine racheté, et qu'elle ait été négociée de bonne foi à l'ordre d'un tiers, avec la clause, *valeur reçue comptant*, elle doit être acquittée par les propriétaires du navire racheté, quoique l'otage ait recouvré sa liberté.

III. Si la lettre de change n'a pas été négociée avec cette clause, et si l'otage a recouvré sa liberté, le vaisseau racheté est censé libre de toute obligation envers le premier capteur qui, par sa défaite, a perdu les actions qu'il avait acquises dans sa course.

§. 10. Le même auteur conclut à l'appui de ces principes, et je partage son opinion, qu'une action est un droit intellectuel qui n'est pas plus susceptible de possession matérielle que de recouvrement physique; qu'on n'acquiert par la guerre que les objets pris et retenus réellement; et qu'ici l'otage est un ami, et le billet de rachat un papier sans valeur.

§. 11. Le produit de la course n'étant dévolu à l'armateur qu'à titre d'encouragement et de récompense, et son intérêt se trouvant toujours subordonné à l'intérêt général, il ne pourra en conséquence se lier par des conventions particulières qui y seraient contraires (1). C'est la raison pour laquelle on a

---

(1) Décision du Conseil des Prises de Paris, du 13 prairial an 8 (1799), conformément à l'arrêt du

cru sagement en France devoir prévenir l'abus qui résultait pour l'état, des rançons exigées par les corsaires pour les rachats des navires ennemis, en déterminant les cas où la loi autorise de telles transactions. D'après les collusions auxquelles se prêtait cette faculté accordée aux armateurs de rançonner les navires capturés; d'après, surtout, que par ces rançons, si, d'un côté, l'armateur dispensé du soin d'amener la prise, pouvait continuer sa course et multiplier le nombre de ses succès; de l'autre, en cas de capture d'un vaisseau de guerre, le souverain de l'armateur perdait l'avantage d'affaiblir l'ennemi en diminuant ses forces navales, les rachats furent limités à certaines circonstances, par un arrêt du Conseil du roi, du 11 octobre 1780; et finalement ils ont été entièrement prohibés par l'article 1.er de l'ordonnance du 30 août 1782.

§. 12. Les mêmes considérations ont dicté les réglemens de plusieurs puissances maritimes qui ont défendu aux corsaires d'offrir et d'accepter de telles rançons en les déclarant

---

Conseil du Roi, du 7 décembre 1675, et à la lettre de M. l'Amiral, du 25 décembre 1757.

nulles. Tels sont les actes du Parlement de la Grande-Bretagne, 19, Geor. III, cap. VII, sect. 11, 1779 et 22; Geor. III, cap. XXV, sect. 1-3, 1782; les Placards des Etats-Généraux de la Hollande, du 2 juin 1689, 12 janvier 1690 et 28 juin 1692; et l'ordonnance de la Russie, de 1787, article XXVII. L'ordonnance de l'Espagne de 1779 permet, à l'article XLIV, à ses armateurs d'accepter des rançons, s'ils se trouvent déjà chargés de trois prises : elle le défend en tout autre cas en pleine-mer.

CHAPITRE V.

DES AUTRES DIFFÉRENS DROITS QUE LES PUISSANCES PEUVENT EXERCER SUR MER.

ARTICLE PREMIER.

Du Droit d'Asile en faveur des Belligérans dans les ports et la mer des Neutres.

§. 1. L'ASILE est un droit facultatif qui dépend de la volonté du souverain dans le port duquel on va le réclamer. Dans l'état d'une exacte neutralité, la puissance qui accorde l'asile aux vaisseaux d'une puissance belligérante, ne peut le refuser à l'autre, sans violer les principes de la neutralité qui reposent sur la plus parfaite impartialité, de manière à ne pas accorder, en les recevant dans ses ports, plus de préférence et plus d'égards aux navires d'un belligérant qu'à ceux d'un autre.

§. 2. La neutralité adoptée par une puissance quelconque devient, du moment de sa publication, une loi sacrée et générale pour tous ceux qui vivent et qui habitent sous quelque titre, ou pour quelque temps que ce soit, dans toute l'étendue du territoire soumis à sa domination. Ainsi toute personne, quoique sujète d'une des nations qui se trouvent en guerre, sera tenue dans le territoire neutre où elle se trouve même de passage, ou bien où elle se serait réfugiée, de se montrer par ses actions, indifférente aux disputes des belligérans, et d'observer une tranquillité pacifique et une modération absolue. Quelque soit le sentiment intérieur d'un tel individu, sentiment dont il n'est responsable qu'envers le Tout-Puissant, et pour lequel, par conséquent, il n'est pas sujet à l'animadversion des lois humaines (1); il n'en sera pas moins exposé par sa conduite publique aux peines établies par les lois de l'état pour ceux qui en sont les sujets, comme pour ceux qui ne le sont pas, lesquels encourent d'ordinaire le bannissement.

---

(1) Cogitationis pœnam neminem mereri. L. 18, ff. *de Pœnis.*

§. 3. Il suit de ce même principe de raison universelle, qu'une puissance neutre doit, dans son territoire, protection, asile et sûreté, à tous ceux qui s'y trouvent, quel que soit le motif qui les y ait amenés, pourvu qu'ils manifestent des intentions pacifiques, et se soumettent à y observer les lois de la neutralité. A cette seule condition, le territoire neutre doit être un asile sacré, qu'il n'est pas permis aux belligérans de violer, conformément aux principes incontestables du droit des gens (1).

§. 4. En combinant cette théorie avec ce qui est actuellement en usage dans les ports neutres en temps de guerre, je dirai qu'aucune nation, quelque scrupuleuse observatrice qu'on puisse la supposer d'une parfaite neutralité, n'a jamais poussé la rigueur, jus-

---

(1) Pacatus utrique bellum gerentium plenissimam securitatem in suo territorio præstare debeat. Samuel Coccei, *de Jure belli in amicos*, §. 18. — *V.* Thomasius, *de Jure Asylii*, ect. Dissert. 16. Cette opinion a même été celle des peuples les plus grossiers. César, parlant des usages des Germains de son temps, dit à ce sujet : « Hospites violare fas non putant, sanctosque habent ». *De bello Gall.* lib. 5, cap. 5.

qu'à refuser dans aucun cas l'accès de ses ports aux armateurs des puissances belligérantes. Tous en général y sont reçus ; mais on a toujours obervé à leur égard, deux manières différentes de procéder.

§. 5. L'usage de quelques ports est de n'accorder aux corsaires que la permission de mouiller dans un pressant danger, et de se pourvoir des objets de première nécessité qui leur peuvent manquer, sans les admettre jamais à une libre communication, ni leur laisser la faculté de débarquer; de sorte qu'ils sont traités comme s'ils étaient infectés de contagion. Lorsque la mer s'est calmée, et qu'ils se sont ravitaillés, on les oblige à mettre à la voile et à s'éloigner à l'instant, avec leurs prises. Telle fut la pratique adoptée dans les ports des deux Siciles, pendant les deux fameuses guerres de 1740 et de 1756; ce fut aussi celle des états du roi de Sardaigne, dans la guerre de 1778.

§. 6. On reçoit les armateurs dans d'autres états, avec plus d'indulgence. Après que le gouvernement du port s'est assuré de la légitimité de l'armement, après qu'on y a rempli les formalités indispensables concernant la salubrité, et au sortir de la quarantaine à laquelle on soumet les corsaires avec la plus grande rigueur, à cause de l'irrégularité ordinaire de leurs courses, de la quantité et de la diversité des vaisseaux avec lesquels ils communiquent, on ne leur refuse, ni à eux, ni à leurs prises, l'entrée et la libre communication du port et de la ville, en observant quelques règles établies, que je crois utiles de rapporter ici, attendu qu'elles sont depuis long-temps en usage dans les ports les plus fréquentés de l'Europe.

§. 7. 1.° Les corsaires et tout autre vaisseau de guerre, doivent vivre en paix et dans la plus grande tranquillité avec tous, et surtout avec les sujets et les navires de leurs ennemis, quand même ce serait des corsaires ou des vaisseaux de guerre.

2.° Il leur est défendu de recevoir à bord, pour augmenter leur équipage, aucun marin de quelque nation qu'il soit, pas même ceux de leurs concitoyens qui se trouveraient enrôlés pour le service de l'état militaire.

3.° Ils ne peuvent augmenter ni le nombre, ni le calibre de leurs canons, ni la quantité de leurs munitions de guerre.

4.° Ils ne doivent pas se tenir en *vedette* dans le port, ou y chercher à s'instruire des bâtimens ennemis qui doivent y aborder. Dans le cas qu'ils en découvrent, ils ne peuvent sortir du port pour les attaquer : s'ils le font, on emploie l'artillerie et les chaloupes qui se trouvent dans le port pour les forcer à y rentrer.

5.º Ils ne peuvent mettre à la voile dès qu'un navire a levé l'ancre; ils doivent au moins mettre entre le départ de celui-ci et le leur l'intervalle de vingt-quatre heures. Ce temps écoulé, si le navire ennemi est encore à la vue du port, on doit retarder leur départ jusqu'à ce qu'on l'ait perdu de vue, et qu'on ne sache plus quelle direction il a prise.

6.º Ils ne peuvent s'embusquer dans les baies ou dans les golfes, ni se cacher derrière les pointes des promontoires et des petites îles dépendantes du territoire neutre, pour s'y tenir aux aguets et faire la chasse aux vaisseaux ennemis. Ils ne doivent troubler en aucune manière l'accès des bâtimens, de quelques nations qu'ils soient, dans les ports et les rivages des neutres.

7.º Ils ne peuvent, pendant tout le temps qu'ils sont dans les ports ou dans la mer territoriale d'un neutre, employer la force ou la ruse, pour recouvrer les prises qui se trouveraient au pouvoir de leurs ennemis, ni pour délivrer leurs compatriotes prisonniers.

8.º Ils ne peuvent procéder à la vente ni au rachat des prises faites par eux, avant qu'un jugement légal n'en ait constaté la validité.

§. 8. L'exposition des deux différentes manières d'admettre dans les ports neutres les corsaires et les vaisseaux de guerre des puissances belligérantes, amène naturellement la question de savoir laquelle de ces deux manières est préférable pour un souverain qui veut observer la plus sincère et scrupuleuse neutralité.

§. 9. Galliani m'a prévenu sur ce point, et a résolu la question en vrai publiciste. Je rends donc hommage à la vérité, et mon opinion à ce sujet étant conforme à la sienne, je ne ferai que la rapporter dans ses propres termes (1): « Dans l'examen que je vais faire de ces deux méthodes, tous ceux qui connaîtront mon aversion pour l'usage d'armer en course, s'attendront à me voir préférer la première. Il est certain que ceux qui la suivent, mon-

---

(1) Galliani, *De' doveri de' Principi neutrali*, etc. chap. 10, §. 3, pag. 443 et suiv.

trent une horreur plus déclarée pour les calamités de la guerre, puisqu'ils consentent à se priver des avantages que procureraient à leurs ports, une plus grande affluence, la circulation de l'argent, la vente des prises, dans la seule vue de détourner les corsaires d'un métier qui n'est propre qu'à prolonger les guerres. Néanmoins, sans blâmer la première, je préfère la seconde, comme plus salutaire et plus humaine. Refuser aux armateurs la libre communication dans les ports neutres, les empêcher d'y déposer ou d'y vendre leurs prises, ce n'est pas faire assez pour les dégoûter de la course. Ne les voit-on pas parcourir les côtes et les rivages même du pays ennemi, où certainement ils ne se flattent pas de trouver un asile en cas de nécessité ? Que leur importent donc les rigueurs d'un port neutre, où après tout ils sont sûrs d'un abri contre la tempête ? Qu'en arrivera-t-il ? La condition des malheureux prisonniers n'en deviendra que plus dure et plus misérable, si on refuse au capteur la liberté de les débarquer sur-le-champ : ils se verront exposés à des traitemens barbares, traînés dans toutes les mers à la suite du corsaire qui les a pris, jusqu'à ce que le nombre des prises ait rassasié sa cupidité, manquant de tout, réduits aux alimens les plus vils et les plus grossiers, chargés de chaînes par la crainte ombrageuse du corsaire, ou étouffant au fond de cale. Et qui sait quelles autres horreurs leur réserve l'avarice cruelle d'un corsaire ? Peut-être les massacrera-t-il ; peut-être les fera-t-il précipiter dans la mer, ou les fera-t-il embarquer sans provisions sur un bateau fragile, et jeter à l'aventure sur le rivage le plus voisin. N'est-il pas à craindre encore que les corsaires n'en viennent à la résolution désespérée de décharger le vaisseau capturé de tout ce qu'il contient de plus précieux, et après de le couler bas, ou de le faire sauter, au détriment général du commerce et de l'humanité ! A l'aspect de tant d'atrocités, j'applaudirai au parti de les admettre (puisqu'il en existe encore parmi les chrétiens, et que la race n'en est ni éteinte, ni assez abhorrée) dans les ports neutres, pour le soulagement des prisonniers ; car ce n'est pas l'avantage qui en résulte pour les neutres qui détermine mon opinion ; c'est la pitié qu'on doit aux vaincus. »

§. 10. Pour établir quel est le droit d'asile et de protection qu'ont à réclamer les vaisseaux armés des belligérans dans les ports et sur les rivages des mers, il faut distinguer les cas et les circonstances, les vaisseaux marchands et les vaisseaux de guerre, les ports fermés et les rivages ouverts de la mer territoriale, et le motif enfin qui les y fait aborder.

§. 11. Les vaisseaux marchands des belligérans qui entrent dans les ports fermés ou dans la mer territoriale d'une puissance neutre, pour quelque cause que ce soit, devront toujours y jouir d'un asile sûr et parfait, s'ils ne portent pas de marchandises dont le commerce soit défendu; comme s'ils étaient chargés de munitions et autres effets de contrebande de guerre; car, dans ce cas, ils ne pourraient plus être regardés comme vaisseaux marchands, mais comme vaisseaux de guerre, à l'égard desquels la question ne peut se résoudre que d'après le motif de leur entrée dans le port neutre.

§. 12. Trois motifs peuvent obliger un navire armé en guerre à relâcher dans un port ou sur les plages des neutres. Le premier et le plus ordinaire est le besoin pressant du vaisseau ou de son équipage; c'est-à-dire, pour éviter le danger de la violence des vents ou des courans, en se tenant trop près de la terre, pour le faire radouber, pour le pourvoir d'agrès, le ravitailler, faire de l'eau, ou débarquer les malades. Le second est de se joindre à d'autres bâtimens de sa nation pour former une escadre ou marcher de conserve. Le troisième est de fuir et se dérober à des forces ennemies supérieures qu'on aurait signalées de terre, ou que le vaisseau aurait aperçues lui-même.

§. 13. Chacun de ces motifs, en variant les cas, fait varier aussi les décisions. Je dis donc, et je ne fais que suivre ici l'opinion de Galliani, que, si quelque besoin pressant oblige un navire armé en guerre de relâcher dans un port neutre, c'est alors un acte d'amitié et d'hospitalité de l'accueillir avec tous les égards dus en pareilles circonstances ; que le neutre ne peut être pour cela, accusé de partialité, ni paraître par cette condescendance désirer la prolongation de la guerre. En fournissant à l'équipage ce dont il a besoin, il ne fait qu'accorder des secours à l'homme, et non au combattant, à l'humanité, et non à l'animosité, aux besoins de la vie, et non à ceux de la guerre: c'est là ce qui constitue le droit que tout vaisseau de marine militaire a dans ces cas à la protection et à l'asile territorial. Par le même principe, un navire ennemi n'y pourrait exercer contre lui, le moindre acte d'hostilité, sans manquer au respect dû au gouvernement du lieu qui l'a admis sous sa protection et sa sauve-garde.

§. 14. Si un des belligérans a donné rendez-vous dans un port neutre à ses vaisseaux de guerre, pour y former une escadre destinée contre l'ennemi, celui-ci doit toujours respecter leur asile. Mais si le souverain du port est instruit de ce rassemblement et de son vrai motif, et qu'il ne s'y oppose pas, tandis qu'il peut le faire, il offense alors l'un des belligérans, en accordant à l'autre la facilité d'une conduite véritablement hostile dans son territoire. Cette condescendance, toute passive qu'elle paraisse, est suffisante pour le faire déchoir des droits d'une parfaite neutralité; il ne pourrait plus être regardé en conséquence que comme l'allié de l'un et l'ennemi de l'autre; ce qui donnerait alors à celui-ci le droit d'agir aussi hostilement.

§. 15. Dans le troisième cas supposé, ce n'est pas sortir des bornes de la neutralité, que d'accueillir un navire qui se voit obligé de chercher une retraite dans un port neutre,
contre

contre des forces supérieures par lesquelles il est poursuivi. On ne peut refuser un asile à l'infortune; d'ailleurs un navire dans ce cas est obligé à la rigueur de désarmer et de ne plus mettre à la voile pendant la durée de la guerre, pour que la protection qui l'a empêché de tomber entre les mains de ses ennemis, ne devienne pas une offense pour ceux-ci. En matière de droit public, c'est un principe incontestable, que les ports des neutres sont toujours des asiles inviolables, tant que le souverain du lieu ne peut être accusé d'avoir oublié les devoirs de la neutralité.

§. 16. Quoique les lois de la guerre, comme j'ai dit ailleurs, autorisent les armateurs à exercer toutes sortes d'hostilités contre les ennemis, il est néanmoins hors de doute que la foi publique et le droit des gens leur défendent de les inquiéter dans les ports, baies et rades appartenant aux puissances neutres, auxquelles ils manqueraient essentiellement par un semblable procédé. Les armateurs des puissances belligérantes, s'écrie d'Habreu (1), n'ont pas le droit de violer l'asile que le souverain neutre

---

(1) D'Habreu, *Tratado de las Presas*, part. 1, chap. 5, §. 16.

leur accorde dans ses ports, ni de s'emparer des navires ennemis qui s'y trouvent. « Les Anglais, dit-il, sont les seuls qui se soient portés à ces attentats, sans respecter aucun droit, et qui, contre toute raison, se soient emparés des vaisseaux de leurs ennemis, à la vue même et sous les canons des ports neutres ; cette conduite, ajoute-t-il, ne saurait être regardée comme une pratique générale, puisque personne n'est tenu de se régler sur des procédés tout-à-fait injustes ».

§. 17. Ce passage de d'Habreu n'est pas une invective calomnieuse. Les Anglais ont eu soin de prouver qu'il n'inventait rien à leur égard. En 1794, Gênes, port neutre, fut témoin d'une indigne perfidie d'un vaisseau anglais. La frégate française *la Modeste*, tranquille à l'abri de l'asile qui lui était accordé par la neutralité la plus parfaite de la république génoise, voit sans aucun soupçon, un vaisseau de 74 se placer auprès d'elle, après une ruse qui, par une apparence de franchise, redoublait sa sécurité. Tout-à-coup les Anglais somment les Français d'amener leur pavillon. Sur leur refus, des ponts-volans préparés sont jetés sur la frégate. Les Français désarmés sont aisément massacrés : les Anglais poursuivent dans leur chaloupes, les malheureux lancés à la mer pour se sauver, les assomment à coups d'aviron, ou les précipitent au fond des flots rougis du sang des victimes.

ARTICLE II.

Des Représailles, en temps de paix.

§. 1. Tous les hommes étant soumis aux lois de la nature, et leur union en société civile n'ayant pu les soustraire à l'obligation d'observer ces lois primitives, puisque dans cette union ils ne cessent pas d'être hommes, la nation entière dont la volonté commune n'est que le résultat des volontés réunies des citoyens, demeure soumise aux loix de la nature, et obligée en conséquence de les respecter dans toutes ses démarches. Or, puisque le droit naît des obligations d'un peuple tant envers lui-même qu'envers les autres, toute nation conserve donc les mêmes droits que la nature donne aux hommes, et par l'exercice desquels ils parviennent à s'acquitter de leurs devoirs.

Ainsi les lois de la société naturelle sont d'une telle importance au salut de tous les états, que si l'on s'accoutumait à les enfreindre, aucun peuple ne pourrait se flatter de se conserver, et d'être tranquille chez lui, quelques mesures, quelques précautions qu'il pût prendre. Or, tous les hommes et tous les états ont un droit parfait aux choses sans lesquelles ils ne peuvent se conserver, puisque ce droit répond à une obligation indispensable : donc toutes les nations sont en droit de réprimer par la force celle qui viole ouvertement les lois primitives de la société que la nature a établies entr'elles, ou qui attaque directement le bien et le salut de cette société.

§. 2. La justice est la base de toute société et le lien assuré de tout commerce parmi les hommes. La société humaine, bien loin d'être une communication de secours et de bons offices, ne serait plus qu'un vaste brigandage, si l'on n'y respectait pas cette vertu qui rend à chacun le sien. Elle est plus nécessaire encore entre les nations qu'entre les particuliers, parce que l'injustice a des suites plus terribles dans les démêlés de ces puissans corps politiques, et qu'il est plus difficile d'en avoir satisfaction. L'obligation imposée à tous les hommes d'être justes, se démontre aisément en droit naturel; je la suppose ici assez connue, et je me contente d'observer que, non seulement les nations n'en peuvent être exemptes, mais qu'elle est plus sacrée encore pour elles, par l'importance de ses suites. J'ai démontré dans le discours préliminaire, et crois utile de répéter ici, que toutes les nations sont étroitement obligées à cultiver la justice entr'elles, à l'observer scrupuleusement, à s'abstenir avec soin de tout ce qui peut y donner atteinte: chacune doit rendre aux autres ce qui leur appartient, respecter leurs droits, et leur en laisser la libre jouissance. De cette obligation indispensable que la nature impose aux nations, aussi bien que de celles dont chacune est liée envers elle-même, résulte pour tout état la faculté de ne pas souffrir qu'on lui enlève aucun de ces droits, ni rien de ce qui lui appartient légitimement; en s'y opposant il ne fait rien que de conforme à tous ses devoirs, et c'est en quoi consiste ce droit.

§. 3. Ce droit est parfait et a sa pleine exécution, lorsqu'il est accompagné du pouvoir d'user de la force pour le faire valoir. La nature nous aurait en vain donné le droit de ne pas souffrir l'injustice; en vain elle aurait obligé les autres à être justes à notre égard, si nous ne pouvions légitimement user de contrainte quand ils refusent de s'acquitter de ce devoir. La propriété de chaque nation et de chaque individu se verrait à la merci de la cupidité et de l'injustice des autres nations; tous ces droits deviendraient bientôt inutiles. Quiconque offense l'état, blesse ses droits, trouble sa tranquillité, ou lui fait injure, de quelque manière que ce soit, se déclare son ennemi et se met dans le cas d'être justement puni. D'après ce même principe, quiconque maltraite un citoyen, offense indirectement l'état qui doit protéger ce citoyen. Le souverain de celui-ci doit venger son injure, obliger, s'il le peut, l'agresseur à une entière réparation, ou le punir; puisque autrement ce citoyen n'obtiendrait pas la grande fin de l'association civile, qui est la sûreté de chaque individu (1).

§ 4. Un souverain ne doit pas souffrir que ses sujets fassent injure à ceux d'un autre état; moins encore qu'ils offensent cet état lui-même; et cela, non seulement parce qu'aucun gouver-

---

(1) Grotius, *de Jure belli ac pacis*, lib. 2, cap. 25, §. 1 et 2. — Puffendorf, *de Jure nat. et gent.* lib. 8, cap. 6, §. 14.

nement ne doit permettre que ceux qui sont sous ses ordres violent les principes de la loi naturelle, qui défend toute injure, mais encore parce que les nations doivent se respecter mutuellement, s'abstenir de toute offense, de toute lésion, de toute injure, en un mot, de tout ce qui peut faire tort aux autres. Si un souverain qui peut retenir ses sujets dans les règles de la justice et de la paix, souffre qu'ils maltraitent une nation étrangère dans son corps, ou dans ses membres, il ne fait pas moins de tort à cette nation que s'il la maltraitait lui-même. C'est alors que l'offensé doit regarder le souverain comme le véritable auteur de l'injure dont peut-être le sujet n'a été que l'instrument. Ainsi quand un gouvernement n'est pas satisfait de la manière dont ses sujets sont traités par les lois, par les usages ou par les magistrats d'une autre nation, il est en droit de déclarer qu'il usera envers les sujets de cette nation, de la même manière qu'elle en usé envers les siens : c'est ce que les publicistes appellent *Retorsion de droit* (1). Ce fut ainsi que les Romains, comme le remarque

---

(1) Vattel, *Droit des Gens*, liv. 2, chap. 18, §. 341.

Cicéron (1), firent souvent la guerre pour venger les mauvais traitemens faits à des marchands, ou des maîtres de navires qui étaient citoyens de Rome. Les mêmes, après avoir refusé de prendre les armes pour de simples alliés, croyaient ne pouvoir s'en dispenser lorsque ces alliés se donnaient à eux ; c'est-à-dire, devenaient leurs sujets ; et c'est pour cela que les Campaniens déclarèrent qu'ils avaient pris ce parti, *afin* (disent-ils dans Tite-Live) *que vous défendiez les biens qui vont être à vous, puisque vous n'avez pas voulu les défendre pendant qu'ils étaient à nous* (2).

§. 5. Si donc une nation s'est emparée de ce qui appartient à une autre, si elle refuse

---

(1) Majores vestri sæpe mercatoribus ac naviculariis injuriosius tractatis, bella gesserunt. Cicero, *orat. pro Lege manilia*, cap. 5. Quot bella majores nostros et quanta suscepisse arbitramini, quod cives Romani injuria adfecti, quod naviculari retenti, quod mercatores spoliati dicerentur ! *id. in Verrem*, lib. 5, cap. 58.

(2) Quandoquidem, inquit Princeps legationis Campanorum nostra tueri adversus vio atque injuriam justa vi non vultis, vestra certe defendetis, itaque populum Campanorum, etc. Tit.-Liv. *Histor*. lib. 7, cap. 31, n°. 3.

de payer une dette, de réparer une injure, ou d'en donner une juste satisfaction, celle-ci peut se saisir de quelque chose appartenant à la première, et l'appliquer à son profit, jusques à concurrence de ce qui lui est dû, avec dommages et intérêts, ou le retenir en gage jusqu'à ce qu'on lui ait donné une satisfaction complète : c'est alors qu'on exerce le droit de représailles qui est celui qu'a tout prince souverain et indépendant, de se faire justice lui-même, du tort qui lui a été fait par une autre puissance ou par ses sujets, et dont il ne lui a pas été donné satisfaction; ou pour mieux dire, c'est la faculté qu'ont les gouvernemens d'accorder à leurs sujets des lettres de représailles pour les autoriser à s'emparer des vaisseaux et des marchandises qu'ils trouveront appartenir aux sujets d'un autres ouverain, pour s'indemniser du tort qu'ils en auraient reçu, et qu'on aurait refusé de réparer (1).

§. 6. Les effets ainsi saisis se gardent tant

---

(1) Loccenius, *de Jure mar.* lib. 3, cap. 5, n°. 2, donne la définition des représailles en ces termes : Est jus prendendi ac detinendi bona et corpora subditorum, etiam exterorum in compensationem injuriæ et læsionis quæ in publicum detrimentum præcipue vergit.

qu'il y a espoir d'obtenir justice et satisfaction. Dès que cet espoir est perdu, on les confisque, et alors ces représailles s'accomplissent. Si les deux nations, sur cette querelle, en viennent à une rupture ouverte, la satisfaction est censée refusée, dès le moment de la déclaration de guerre ou des premières hostilités, et dès-lors aussi les effets saisis peuvent être confisqués (1). C'est conformément à ces principes du droit public universel, que le déni de justice continuant de la part de l'agresseur, le gouvernement offensé est dès-lors en droit de déclarer la guerre, unique moyen de réparer l'injure ou le tort qu'il en avait reçu (2); et dès-lors, les propriétés saisies de l'agresseur sont censées confisquées au profit de celui qui a été lésé de la part de l'étranger (3).

---

(1) Tali igitur de causa, aut corpora, aut res mobiles subditorum ejus qui jus non reddit capi posse, non quidem natura introductum est, sed passim moribus receptum. Grotius, *de Jure belli ac pac.* lib. 3, cap. 2, §. 5, n°. 2.

(2) Nullæ repressaliæ aut arresta tam terra quam mari ratione cujuscumque injuriæ nisi justitia pluribus vicibus repetita non administratur, admittentur. Loccenius, *de Jure marit.* loc. cit.

(3) Nam universo patrimonio suo factum Prin-

§. 7. Il est hors de doute, que les biens des individus d'un état, font partie de la totalité des biens de la nation. Tout ce qui appartient en propre aux membres, est considéré comme appartenant au corps, et est affecté en conséquence aux dettes de ce corps (1). Par une conséquence immédiate de ce principe, si une nation a droit à quelque partie des biens d'une autre, elle a droit indifféremment aux biens des citoyens de celle-ci, jusqu'à concurrence de la dette (2); d'où il suit que dans les représailles, on saisit les biens des sujets, comme on saisirait ceux de l'état ou du souverain qui n'a pas voulu satisfaire à son

---

cipis tueri tenentur, adeoque totum hoc patrimonium læsis est obligatum; unde et in bello id occupare licitum est. Cocceius *ad Grotium*, lib. 3, cap. 2, §. 2.

(1) Si quis patriæ meæ pecuniam credat, non dicam me illius debitorem, nec hoc alienum profitebor: ad exsolvendum tamen hoc, portionem meam dabo... unus è populo non tanquam pro me solvam, sed tanquam pro patria conferam, et singuli debebunt non tanquam proprium, sed tanquam publici partem. Seneca, *de Beneficiis*, lib. 6, cap. 19 et 20.

(2) Vattel, *Droit des Gens*, liv. 2, chap. 7, §. 82.

devoir (1). C'est d'après ces principes qu'on compte les représailles parmi les moyens dont on s'est toujours servi pour contraindre un peuple qui trouble la navigation des autres peuples, soit par des déprédations, soit par des infractions aux traités de paix et de commerce qu'il avait stipulés, soit par des délais affectés dans la réparation du dommage qu'il aurait causé, pour le contraindre à se conduire par la suite avec l'équité et la modération convenables à des nations en paix (2).

§. 8. Quoique la dénomination de *représailles* soit moderne, elles paraissent néanmoins avoir été pratiquées de tous temps chez les nations libres. On en trouve un exemple dans Homère (3), où Nestor se vante d'avoir enlevé par droit de représailles, les troupeaux des

---

(1) Grotius, *de Jure belli ac pac.* lib. 3, cap. 2, et ibi Cocceius *in notis*.

(2) Ob represalias vero aut arrestum injustè alicujus navi, mercibus aut corpori impositum, damnum cum omni causa et expensis resarcitur. Loccenius, *de Jure mar.* lib. 3, cap. 4, §. 9. *Voyez* Grot. *de Jure belli ac pac.* lib. 3, cap. 2, §. 7, et ibi Coccei. in com. — Gail, *de Arrest. imp.* cap. 13.

(3) *Illiade*, liv. 11, vers. 697 et suiv.

Eléens, pour venger l'insulte faite à sa patrie. Tite-Live offre l'exmple d'Aristodeme, héritier des Tarquins, qui arrêta à Cumes des vaisseaux appartenant aux Romains, pour se dédommager de ce qu'on retenait à Rome les biens des premiers (1). Aristote nous apprend aussi que parmi les Carthaginois, il y en avait qui jouissaient du droit de représailles. Voici ce qu'il dit à ce sujet (2) : « Les Carthaginois avaient à leur solde quantité d'étrangers à qui ils ne pouvaient payer ce qu'ils leur devaient. Pour trouver moyen de s'acquitter ils s'avisèrent de cet expédient. Ils firent publier que ceux des citoyens ou des habitans, qui avaient droit de représailles par rapport à quelque état ou à quelque particulier, et qui voudraient faire valoir ce droit, eussent à le déclarer. Un grand nombre de gens se présenta, et l'on se mit à arrêter les vaisseaux qui allaient dans le Pont-Euxin, sous quelque prétexte apparent ; après quoi on marqua un temps où l'on jugerait ce

---

(1) Tit.-Liv. *Histor*. lib. 2, cap. 34, n°. 4. Denis d'Halicarnasse raconte ce fait d'une autre manière, mais dans le même sens des représailles, cap. 12, pag. 411, édit. Oxon.

(2) Arist. *in Œconomic*. lib. 2, pag. 503, édit. rom.

qui serait de bonne prise. Par ce moyen, on ramassa beaucoup d'argent, et l'on eut de quoi payer les troupes que l'on congédia ; l'état prit sur ses revenus, pour rendre à ceux qui se trouvèrent avoir été arrêtés injustement ».

§. 9. Comme les représailles sont presque toujours le prélude de la guerre, il s'ensuit nécessairement que le droit de les accorder aux particuliers ne peut appartenir absolument qu'à la puissance qui, seule, a le droit de la déclarer (1). Les publicistes conviennent unanimement que le délit d'un sujet ne doit être imputé au souverain à l'effet d'autoriser les représailles, qu'autant qu'il aura refusé d'en donner une satisfaction convenable : aussi la règle est que le souverain de la partie lésée s'adresse à celui de la partie qui a commis l'injustice, pour lui en demander une pleine et juste réparation; et jusqu'au refus de la donner, refus qui résulterait suffisamment d'une négligence marquée par des délais af-

---

(1) Privati jure repræsaliarum uti sine Principum aut Reipublicæ consensu, auctoritateque non valent; quibus enim belli gerendi jus non est, iis nec represalias decernere licet. Bynkersoeck, *quæst. Jur. publ.* lib. 1, cap. 24.

fectés, les lettres de représailles ne doivent pas être accordées. Telle est la disposition de l'ordonnance de la marine de France, à l'article II, titre *des Représailles*, où le roi déclare qu'il n'en accordera qu'après avoir fait faire par ses ambassadeurs les instances convenables en la forme et dans le temps portés par les traités faits avec les états et princes dont les sujets auront commis les déprédations.

§. 10. Il y a en effet plusieurs traités qui se sont expliqués sur ce point intéressant de manière à restreindre l'usage des représailles, comme étant par lui-même d'une exécution rigoureuse. Ce fut ainsi que par le traité de 1654 entre l'Angleterre et la Hollande, il fut convenu, à l'article XXIV, de ne point accorder de lettres de représailles avant que le souverain du sujet qui se prétendrait lésé eût fait des représentations au gouvernement de celui qui aurait causé le dommage ; et au cas où celui-ci, dans l'espace de trois mois, ne rendrait pas justice à la partie lésée. De même, en 1662, Louis XIV et les États-Généraux des Provinces-Unies arrêtèrent dans l'article XVII du traité, qu'on n'userait point de représailles, à moins qu'il n'y eût déni de justice, et qu'il ne serait point censé y avoir déni de justice avant que l'on eût communiqué la plainte de la partie lésée à l'ambassadeur du souverain contre les sujets duquel on aurait arrêté d'user de représailles, et qu'ensuite, dans l'espace de quatre mois, on ne fît pas justice à la partie plaignante (1).

§. 11. Le traité d'Utrecht conclu le 11 avril 1713 entre la France et l'Angleterre, à l'article XVI, conforme à l'article IX du traité de Riswik, porte les expressions suivantes: « Qu'à l'avenir l'une de deux puissances ne délivrera aucunes lettres de représailles contre les sujets de l'autre, s'il n'apparaît auparavant d'un délai ou d'un déni de justice manifeste; ce qui ne pourra être tenu pour constant, à moins que la requête de celui qui demandera des lettres de représailles n'ait été rapportée ou représentée au ministre ou ambassadeur qui sera dans le pays, de la part du prince contre les sujets duquel on poursuivra lesdites lettres, afin que, dans l'espace de quatre mois, il puisse s'éclaircir du contraire, ou faire en sorte que le défendeur satisfasse incessamment le demandeur ; et s'il ne

---

(1) Le traité des Pyrénées, art. 27, contient une semblable disposition.

se trouve dans le lieu aucun ministre ou ambassadeur du prince, on n'expédiera aucunes lettres qu'après quatre mois expirés, à compter du jour que la requête aura été présentée au prince contre les sujets duquel on les demandera, ou à son Conseil privé ». Cela se trouve aussi rappelé, en substance ou, par équivalent, dans l'article troisième du traité de commerce entre les mêmes puissances, en date du même jour, et dans les autres traités conclus à Utrecht avec les autres gouvernemens ; de sorte qu'en cette partie il y a pour l'Europe un droit conventionnel généralement sanctionné.

§. 12. Dans les temps modernes, les nations ont souvent usé de représailles, lorsqu'on troublait la liberté du commerce maritime ; quelquefois même elles ont porté trop loin ce droit qui doit avoir ses bornes, et dont l'exercice non dirigé par la modération, a souvent occasionné une guerre acharnée : dans ce cas les représailles deviendraient des actes d'hostilités qui rentreraient dans la classe de ceux qui dépendent du droit de la guerre.

§. 13. Par le traité d'Aix-la-Chapelle, du 6 octobre 1748, entre la France et l'Espagne, d'une part, et l'Angleterre, de l'autre, on convint que toutes les prises faites réciproquement, avant la déclaration positive de la guerre, seraient restituées. Cette disposition n'empêcha pas que les Anglais n'attaquassent sept ans après, le 8 juin 1755, avant toute déclaration, deux vaisseaux de guerre français, *l'Alcide* et *le Lys*, à la hauteur du cap Raz de l'île de Terre-Neuve, sous prétexte de représailles, en supposant que les Français s'étaient avancés sur le domaine de la Grande-Bretagne dans les mers d'Amérique. Ces navires ne furent point rendus à la paix de 1763, non plus que tant d'autres, quoique Louis XV eût ordonné de relâcher une frégate anglaise dont l'escadre de Brest s'était emparée par droit de représailles. « Ne voulant pas, dit le roi, à cette occasion, faire la guerre en temps de paix, ni être le premier en Europe à enfreindre le traité d'Aix-la-Chapelle ».

§. 14. Le gouvernement anglais avait déjà depuis long-temps contracté l'habitude de commettre des attentats contre les lois sacrées de la nature et des gens, en faisant précéder par des hostilités, la déclaration de la guerre, et en capturant les navires des autres puissances en pleine paix, sous le prétexte spécieux de représailles. Dès 1664, il commença par faire attaquer la flotte hollandaise qui sortait tranquillement de Bordeaux, sur la foi des traités. Alors les Wighs qu'on n'avait pas encore accoutumé à ces exploits, jetèrent les hauts cris. Ce fut à cette honteuse infraction que Milton fit allusion, lorsqu'il dit en parlant du roi de Syrie, qui attaquait de même, sans déclaration de guerre, celui d'Israël :

Assassin like, had lew'd war
War unproclaim'd. . . . . . .

« Comme un assassin il a porté la guerre ; la guerre sans l'avoir déclarée ».

Mais le début de la guerre de 1757 et toutes celles qui l'ont suivie, ont presque fait oublier cette ancienne injure. Le gouvernement actuel vient de fournir un exemple qui consacre plus solennellement sa politique ordinaire et son droit des gens particulier. Il n'y a pas encore deux mois qu'une escadre anglaise commissionnée, portant des ordres secrets, au milieu de la paix, au moment d'une négociation ouverte avec l'Espagne pour la consolider, a attaqué une escadre espagnole de quatre frégates, à la hauteur du cap Sainte-Marie, l'a prise avec ses trésors, a fait sauter un de ces bâtimens, avec la perte de trois cents passagers; parmi lesquels se trouvaient beaucoup de femmes et d'enfans, et emmené les équipages prisonniers.

§. 15. Conformément aux principes établis dans les paragraphes précédens, les effets pris par représailles appartienent de plein droit à celui qui s'en est emparé, mais jusqu'à concurrence de son dû, y compris les frais qu'a entraînés le recours à la justice, pour se faire adjuger ces effets. Grotius ajoute en cet endroit, que cette opération doit être faite « selon les règles du droit civil; on cite premièrement les intéressés, ensuite on vend ou l'on adjuge au créancier, par autorité de justice les effets saisis; et ce qu'il y a de plus, est restitué (1) ».

§. 16. L'ordonnance de la marine de France, de 1681, est en ceci conforme à la plus exacte justice. Après avoir réglé les conditions qui doivent précéder, accompagner et suivre la concession des lettres de représailles, elle veut à l'article VI, que les prises soient sous la main du roi et de la justice, sans les laisser à la disposition des impétrans, qui ne reçoivent rien que par l'autorité des tribunaux, et seulement jusqu'à concurrence de leur juste dédommage-

---

(1) Grotius, *de Jure belli ac pacis*, lib. 3, chap. 2, §. 7, n. 5.

ment. Les prises par représailles ne seront donc jugées bonnes, qu'autant qu'elles auront été faites dans les règles et dans les termes des lettres accordées au capteur, sur les seuls sujets de l'état qui aura refusé de réparer le tort. Ainsi elles ne seront valablement jugées que par le Conseil des prises, seul juge compétent pour connaître des prises maritimes.

§. 17. Les prises faites par représailles diffèrent de celles qui sont faites pendant la guerre, en ce qu'après que les capteurs ont été satisfaits de leur dû, s'il y a du reste dans le produit des effets saisis, cet excédant n'appartient point à l'armateur ni à l'équipage, comme dans le cas des secondes; mais il devra être déposé entre les mains du tribunal qui juge dans cette affaire, pour être restitué à qui de droit; c'est-à-dire, à celui sur qui les prises par représailles auront été exercées. Alors, en effet, ce premier possesseur demeure le vrai propriétaire de la chose, qui ne doit plus rien, dès que le tort qui avait donné lieu à la concession des représailles a été définitivement réparé ; ce qui est conforme au droit naturel et des gens, auquel le droit civil n'a fait de changement que pour mieux régler l'exercice du droit des représailles. Le propriétaire des effets saisis est par-là, fondé à réclamer en justice l'excédant du prix déposé, à moins que la guerre ne soit survenue entre les deux puissances, parce qu'alors la somme restée en dépôt peut être sujette à confiscation. Dans tous ces cas cependant, il est réservé à la partie qui a souffert la saisie de ses effets, de recourir contre celui qui l'a occasionnée, si l'impétrant des lettres de représailles, par un faux exposé, ou par exagération, a induit en erreur le gouvernement qui les lui a accordées (1).

§. 18. L'ordonnance de la marine de France a été plus loin en prévoyant ce cas : elle a établi à l'article VIII, titre des représailles, que les impétrans qui auraient ainsi prévariqué, devaient être condamnés « en tous les dommages et intérêts envers les propriétaires des effets saisis, et à la restitution du quadruple

---

(1) Ob represalias vero aut arrestum injustè alicujus navi, mercibus aut corpori impositum, damnum cum omni causa et expensis resarcietur. — Loccenius *de Jure marit.* lib. 3, cap. 4, §. 9. — *Voyez* Grot. *de Jure belli ac pacis,* lib. 3, cap. 2, §. 7, et ibi Coccei. *in comm.* — Jacob. a Canibus, *de Represaliis,* n. 36. — Ferretus, *de re navali,* lib. 5, n. 27.

des sommes qu'ils auront reçues ». Valin en commentant cet article de l'ordonnance, ne suppose pas des lettres de représailles, dont l'exposé soit totalement faux, autrement, dit-il, le crime mériterait une punition proportionnée à sa griéveté. Il convient donc de l'entendre dans ce sens, que pour faire encourir aux impétrans la peine du quadruple que cet article prononce, il suffit qu'ils aient tellement exagéré ou déguisé les faits, qu'il n'y ait plus de proportion entre le tort qu'ils ont réellement reçu, et celui dont ils se sont plaints au gouvernement, c'est-à-dire, entre la somme qui leur était effectivement due, et celle pour laquelle ils ont demandé la faculté d'user de représailles. Mais Valin n'avait pas réfléchi, que la peine de la restitution du quadruple, établie par l'ordonnance de la marine, est la même que les lois anciennes avaient attachée au crime de vol. Or, comme celui qui sous prétexte de représailles, se fait payer des sommes qui ne lui étaient pas dues, ou au-delà de ce qui lui était dû, commet réellement un vol, il était tout naturel que le législateur lui infligeât la peine que les lois romaines avaient attachées à ce crime. Tels étaient d'ailleurs depuis long-temps les principes de la jurisprudence française à ce sujet, comme il paraît par le *Guidon de la Mer*, chap. X, art. V, et par *la Bibliothèque* de Borchel, v°. *Représailles.*

§. 19. Les précautions que les puissances civilisées ont prises pour arrêter les abus que les particuliers pouvaient commettre en demandant trop légérement des lettres de représailles, ont rendu l'usage de cet expédient très-rare aujourd'hui; elles en ont même restreint l'objet, en ne permettant que de saisir les biens de l'étranger, situés hors de l'état, ou ceux que le débiteur même posséderait dans le territoire sujet à la jurisdiction de son souverain (1). On a préferé dans les temps plus récens de décerner directement au nom du gouvernement la saisie des biens qu'on veut faire servir à l'indemnité du sujet lésé. C'est ainsi que le roi de Prusse, en adhérant aux plaintes de ses sujets contre des armateurs anglais, décerna en 1753 la saisie des capi-

---

(1) Les exemples que la France ait accordé des lettres de représailles, sont en très-petit nombre : le plus ancien est de 1596; le plus récent celui de 1778, n'eut point d'effet à cause de la guerre survenue avec l'Angleterre. *Voyez* le *Code des Prises*, tom. I, pag. 25.

taux dûs à des négocians anglais dans ses états (1); c'est ainsi que les États-Généraux d'Hollande ordonnèrent, en 1783, la saisie des navires vénitiens, pour servir de dédommagement à MM. Chomel et Jordan dans leurs prétentions contre M. Cavalli, résident de la république de Venise à Naples (2). C'est ainsi, enfin, que le roi d'Espagne, en 1796, ordonna la saisie des propriétés anglaises dans ses états, pour servir d'indemnité à l'arrestation illégale de la frégate espagnole la *Minerve* (3).

---

(1) Voyez *Exposition des motifs*, etc. imprimé à Berlin en 1752, *in*-4°, ouvrage écrit par ordre du Roi, avec beaucoup de force, contre le cabinet d'Angleterre.

(2) Hausen, *Neue staatskunde von Holland*, st. I, pag. 165.

(3) *Voyez* le Manifeste de S. M. Catholique, du 5 octobre 1796.

ARTICLE III.

De la Course, des Armateurs et des Pirates.

§ 1. De prétendus philosophes ont beaucoup déclamé contre la course et les armateurs, en désapprouvant cette manière de faire la guerre. Selon eux, ce n'est pas ainsi qu'il faut servir l'état, car le profit qui peut revenir aux particuliers, disent-ils, est illicite, ou du moins honteux. Ce langage tenu sous le masque imposant d'une fausse sagesse et d'une conscience artificieusement délicate, n'est fait que pour donner le change et voiler ainsi le motif secret qui cause leur indifférence pour le bien et l'avantage de la patrie qu'ils haïssent. Autant donc ces déclamateurs sont blâmables, autant méritent d'éloges ceux qui exposent généreusement leurs biens et leur vie aux dangers de la course. « Plus en état, en quelque sorte, dit Valin à ce sujet (1), de nuire aux ennemis, que le gouvernement, avec l'appareil des flottes

---

(1) Valin, *des Prises*, chap. 1, §. 5.

les plus formidables, ils lui rendent encore le service de le décharger du soin d'armer à ses frais, un grand nombre de vaisseaux qu'il serait obligé de destiner à la course, sans leurs secours ».

§. 2. On a souvent confondu, mal-adroitement, le nom de pirate avec celui de corsaire, peut-être parce que le désir de faire des prises est le motif des courses sur mer de l'un et de l'autre ; mais il existe dans le fond une si grande différence entr'eux, qu'il n'y a pas de raison plausible de les confondre ensemble.

§. 3. Le pirate est celui qui court les mers sur un vaisseau armé, sans commission, ni passe-port d'aucun prince ou état souverain, mais seulement de sa propre autorité, et dans le dessein de saisir et de s'approprier, par la force et sans distinction, tous les vaisseaux qu'il peut rencontrer (1). Voilà pourquoi on

---

(1) Hostes hii sunt, qui nobis, aut quibus nos publice bellum decernimus ; cæteri latrones, aut Prædones sunt, L. 118, ff. *de verbor. significat.* — Casaregi développe encore mieux ce qui caractérise les pirates dans son ouvrage *de Commercio,* disc. 64, n. 4. ibi : Nam proprie pirata ille dicitur, qui sine *patentibus* alicujus principis ex propria tantum ac privata autoritate per mare discurrit deprædandi causa.

a de tout temps assimilé la piraterie à l'assassinat : toute la différence qu'il y a, c'est que la mer est le théâtre de la première, et la terre du second (1). C'est ainsi que les Rhodiens, suivant le témoignage de Diodore de Sicile, *lib.* 20, poursuivaient avec ardeur les pirates qui infestaient les mers, afin d'assurer la navigation des Grecs et des autres navigateurs. Le plus bel éloge qu'Auguste ait mérité, est celui d'avoir nettoyé la mer des pirates qui troublaient la navigation et le commerce de la Méditerranée. Cet éloge est consigné dans une ancienne inscription trouvée à Ancyre : MARE PACAVI A PRÆDONIBUS.

§. 4. Le corsaire au contraire, ou son armateur, est celui qui, étant simple particulier, arme un ou plusieurs navires pour les envoyer

---

— *Voyez* Ansaldus, *de Commerc. et mercat.* disc. 14, n. 23. — Hubner, *de la Saisie des Bâtim. neutres*, part. 2, chap. 3, sect. 6.

(1) Inter piratam et latronem nulla alia est diferentia, nisi quia pirata deprædator est in mari. — Santerna, *de Assecurationibus*, part. 4, n. 50. — *Voyez* Stracca, *de Nautis*, part. 3, n. 30. — Loccenius, *de Jure marit.* lib. 2, cap. 3, §. 1.

en course contre les seuls ennemis déclarés de l'état ; après en avoir obtenu de son gouvernement une permission spéciale et authentique, que l'on appelle généralement *Lettres de marque* (1). La course n'est donc point un acte

---

(1) L'usage d'accorder aux particuliers des *lettres de marque*, pour courir sur l'ennemi de l'état, est très-ancien. On trouve ces diplômes dès le douzième siècle ; et Ducange, v°. *marcha*, rapporte un diplôme daté de 1152. Mais là ce droit n'a rapport qu'aux représailles, c'est-à-dire, à la faculté de saisir d'autorité privée les biens ou la personne de ceux contre lesquels on avait des griefs. On voit par d'autres exemples vers la fin du treizième siècle, que des sujets sollicitaient auprès du souverain des lettres de *marque*. C'est ainsi qu'Edouard I.er, roi d'Angleterre dit dans une lettre datée de l'an 1295 : « Bernardus nobis supplicavit, ut nos sibi licentiam *marchandi* homines et subditos de Regno Portugalliæ, et bona eorum per terram et mare, ubicumque eos et bona eorum invenire posset, concederemus, qua usque de sibi ablatis integram habuisset restitutionem ». Il semble cependant que ce n'est qu'au quatorzième siècle que s'introduisit l'usage de considérer comme nécessaire d'être muni de lettres de *marque*. Aussi ce n'est qu'à cette époque qu'on en trouve la mention dans les lois des puissances maritimes et dans les traités publics

privé par lequel un particulier d'un état s'associe, de son propre mouvement et à son seul gré, aux entreprises dirigées contre l'ennemi de sa patrie. Le gouvernement étant seul investi du droit de faire la guerre et de poursuivre les hostilités, peut seul ordonner et guider l'emploi de tout ce qui fait partie des moyens de guerre; et, à ce titre, c'est lui qui donne à l'armateur l'autorisation expresse dont il a besoin, pour chercher, combattre et capturer les navires ennemis. C'est dans ce sens que Casaregi prononça un discours très-élégant, le 4 octobre 1753, en présence du grand-duc de

---

conclus entre elles. Dans une ordonnance de Philippe-le-Bel, de l'an 1313, qui se rapporte au traité avec le roi d'Arragon, il est dit qu'avant d'en venir au droit de *marque*, la réquisition à l'amiable devra précéder, et qu'elle sera nécessaire : « Ut de requisiti in rendenda justitia defectu constet illi qui *marcham* indicere voluerit per litteras regias, vel alia publica instrumenta antequam ad dictam *marcham* faciendam procedat ». Dans le traité de Trèves, entre la France et la Grande-Bretagne, du 7 mai 1360, il est question de faire cesser les *représailles*, *marques* et *contreprises*. Voyez Dumont, *Corps diplomat.* tom. 2, part. 1, pag. 16. — Rymer, tom. 2, pag. 291. — Ducange, v°. *marcha*.

Toscane, à qui il s'adressa en ces termes : « On ne peut douter que ce soit là notre cas, par la raison que le corsaire d'un vaisseau armé en course, pourvu d'une patente et ayant le pavillon de votre altesse royale, ne peut ni ne doit se considérer comme un particulier, mais comme représentant la personne du prince, et un officier de guerre qui, relativement à l'armement de son vaisseau, a le même pouvoir économique et la même jurisdiction qu'un général sur son armée ». (1) Telle est à ce sujet la déclaration du roi de France, du 24 juin 1778, où il notifie son intention de récompenser par des marques d'honneur et de distinction les armateurs et les corsaires qui se seraient signalés par des entreprises considérables contre les ennemis de l'état. Ainsi, celui qui veut armer en course, doit, selon la législation universelle, se munir aujourd'hui de *lettres de marque*, ou de commission d'une des puissances belligérantes (2); faute de quoi

---

(1) Casaregi, *de Commercio*, disc. 214, n. 57.

(2) Ordon. d'Espagne de 1622, 1718 et 1779, art. 1. Ordon. de France, de 1400, et celle de la marine, de 1681, tit. *des Prises*, art. 1. Ordon. d'Hollande pour l'amirauté, de 1489, art. 1. Ordon.

il peut être traité et puni comme pirate, tant par ceux contre lesquels il commet des violences, que même par son propre gouvernement (1). C'est donc dès-lors que les *lettres de marque* devinrent le caractère distinctif et essentiel entre le corsaire et le pirate.

§. 5. Il est en conséquence généralement établi que les armateurs destinés à inquiéter les ennemis de l'état, doivent toujours se conformer aux règles de police et aux ordonnances sur la course, qui toutes prononcent diverses

---

de Danemarck, de 1710 et 1711, art. 1. Ordon. de Suède, de 1715 et 1741, art. 1. Réglement de la Grande-Bretagne; 9 Edw. IV, 28. Henri VIII, c. 15, 12, 13; W. III, c. VII.

(1) *Voyez* p. e. les disputes entre le Danemarck et la Suède, au sujet de l'expédition de Carloff en 1658, rapportées par Puffendorf dans son ouvrage intitulé : *De rebus gestis Caroli Gustavi*, lib. 5, §. 40, et le cas singulier arrivé en France, où les sieurs Gradis de Bordeaux armèrent en course, avec permission du Roi, les frégates royales l'*Opale* et *la Brune*, et prirent quatre navires anglais ; mais, ne s'étant pas munis de commission en guerre, leur prise fut confisquée par jugement du 31 janvier 1761. — Emerigon, *Traité des Assurances*, tom. 1, pag. 574.

peines

peines contre les abus et les prévarications en pareilles circonstances, et dont la moindre est la privation des avantages remportés sur les ennemis. Ces lois précisent d'ailleurs les conditions qui rendent leurs prises légitimes, et assurent les récompenses de leurs travaux. Au reste, quelques sages qu'elles soient, elles n'ont cependant pu prévoir tous les cas qui se présentent en exerçant des hostilités sur l'ennemi ; mais il y a toujours un point fixe qui leur sert de règle invariable dans les circonstances qui auraient échappé à la prévoyance du législateur (1).

§. 6. Les réglemens que chaque puissance belligérante est en usage de publier, pour modifier la course en temps de guerre, quoique fondés généralement en raison et souvent sur des motifs légitimes, sont cependant variables, selon les temps et les causes qui ont donné lieu à leur publication : ils sont toujours par cette raison, susceptibles « dans leur ap-

---

(1) Valin, *Traité des Prises*, chap. 1, §. 7. — D'Habreu, *de las Presas*; chap. 9, §. 1. — Casaregi, *de Comm.* disc. 24, n. 25, et disc. 136. n. 10. — De Luca, *de Regaliis*, disc. 170, n. 71. — Targa, *Ponderaz maritime*, cap. 61.

plication, pour me servir d'un judicieux passage du célèbre M. Portalis (1), d'être tempérés par des vues de sagesse et d'équité. En exécution des réglemens d'une certaine rigueur, il faut plutôt les restreindre que les étendre, et dans le choix des divers sens, dont ils peuvent être susceptibles, on doit préférer celui qui est plus favorable à la justice et à la liberté..... Le droit ne naît pas des réglemens, mais les réglemens doivent naître du droit. Conséquemment, les lois où les règles particulières, doivent toujours être exécutées de la manière la plus conforme aux principes de la raison universelle, surtout dans les matières appartenant au droit des gens, dans lesquelles les législateurs se sont toujours glorifiés de n'être que les respectueux interprêtes de la loi naturelle ».

§. 7. Les lois sur la course varient donc et doivent réellement varier selon les temps

---

(1) *Voyez* les savantes conclusions au Conseil des Prises de Paris, données par M. Portalis, commissaire du Gouvernement, concernant la capture du navire américain *la Statira*, du 5 thermidor an 8 (1799), auxquelles est conforme la décision du Conseil, du 6 thermidor de la même année.

et les circonstances : elles ne sont pas des lois proprement dites, car elles ne sont pas permanentes, et leur exécution est presque toujours subordonnée à la politique du moment : elles inclinent souvent vers l'extrême rigueur au commencement d'une guerre ; mais elles se rapprochent de l'équité, lorsque les nations fatiguées sentent enfin le besoin de jouir des douceurs de la paix. On peut juger par une multitude de lois et d'articles de traités sur les armemens en course qui s'accumulent depuis les traités de Munster, des Pyrénées et d'Oliva, que cette époque est celle de laquelle date l'usage le plus étendu, le plus universel de ces armemens. Chaque guerre a fait naître depuis, de nouvelles ordonnances, ou des instructions sur la course. Chaque belligérant a renchéri sur les encouragemens donnés aux armateurs ; et les plaintes des neutres ont augmenté en proportion. Les guerres maritimes qui ont précédé les traités d'Aix-la-Chapelle, de Fontainebleau et de Paris, prouvent assez qu'on n'a pas fait cesser leurs réclamations : aussi n'y réussira-t-on pas, tant que les puissances ne voudront point s'accorder sur les principes du droit des gens, qui doivent servir de base aux instructions des armateurs et des vaisseaux de guerre.

§. 8. Dans tous les cas, lorsque ces réglemens ne sont pas assez clairs, ou qu'ils contiennent des dispositions qui peuvent avoir une double interprétation, il faut consulter les traités préexistans, et les conventions faites entre les souverains, puisque ces accords ont tant de force qu'ils peuvent même déroger aux lois ordinaires. Ainsi, dans les oppositions qui se trouveraient entre ces lois et les traités, on doit s'en rapporter à ceux-ci, pourvu qu'ils n'aient point été annulés. Si les traités, ni les lois ne suffisent pas pour guider les juges dans la décision de certains cas extraordinaires, il faudra alors se conformer aux usages reçus et invariablement observés dans la navigation. Les usages ou la coutume établis parmi les nations maritimes, ont pour lors force de loi, lorsqu'ils sont reçus depuis long-temps, et que le gouvernement qui les connaît ne les a point expressément abrogés. Il est alors censé y consentir et y apposer le sceau de son autorité (1). C'est ainsi que les puissances mari-

---

(1) D'Habreu, *de las Presas*, chap. 9, §. 2-3.

times de l'Europe sont d'accord aujourd'hui sur trois points principaux de leurs réglemens concernant la course, qui la distinguent de la piraterie. Ces points sont : 1.º Que tout armateur doit être muni de *lettres de marque*, ou de commission spéciale d'une des puissances belligérantes ; 2.º qu'un armateur légitime a le droit de demander que la prise par lui faite lui soit adjugée ; 3.º que la prise par lui faite ne puisse être considérée sa propriété disponible qu'après lui avoir été légalement adjugée par le tribunal compétent.

§. 9. Galliani, dans son ouvrage plusieurs fois cité, *dei Doveri de principi neutrali*, etc., commence par définir, chap. 9, §. 8, le mot *Pirate* dans le même sens que je l'ai fait ci-dessus §. 3 ; il remonte ensuite dans le §. 2 du chap. 10 jusqu'à l'origine des corsaires, des pirates et de leurs brigandages, comme il les appelle ; et développant avec beaucoup d'érudition l'origine de cet usage qu'il suit de siècle en siècle jusqu'à nos jours (1), il finit par dé-

---

(1) M. Martens a mieux développé l'histoire des armateurs dans le chapitre 1ᵉʳ de l'*Essai* que j'ai ci-dessus cité.

clamer avec le célèbre Mably dont il s'appuie, contre le métier de corsaire, qu'il appelle coutume barbare, même en temps de guerre, chez des nations civilisées (1); il prétend encore qu'elle est contraire à l'humanité, au bien public et à la saine politique des états, parce que, ajoute-t-il, tel qui pourrait servir utilement la gloire et les intérêts de sa patrie, et en soutenir les droits avec honneur, aime mieux s'unir aux pirates ou aux corsaires, et dévaster avec eux le commerce, que de consacrer ses services à son souverain. Il est clair que ces illustres écrivains ont confondu le métier abominable de pirate avec celui de corsaire, malgré la différence sensible qu'il y a de l'un à l'autre, et l'autorité des lois et de la doctrine universelle qui les distinguent absolument. Je respecte leur sentiment; je l'adopterais même si je parlais en philosophe; mais je ne puis m'empêcher de reconnaître que dans l'état actuel des affaires publiques de l'Europe, autant le métier de pirate est infâme et digne

---

(1) Cette déclamation n'était pas nouvelle : Linguet s'était déjà élevé très-amèrement contre cet usage, dans ses *Annales Politiques*, tom. 5, p. 518, et tom. 6, pag. 104, et suiv.

des plus sévères châtimens, autant est regardée aujourd'hui comme honorable la profession de corsaire, parce qu'elle est permise et avouée par l'autorité. Pourquoi Mably veut-il que l'usage de la course soit interdit aux nations belligérantes? Les raisons qu'il en donne sont fort affaiblies ou même détruites par l'aveu que l'évidence des choses l'a forcé de faire peu après, dans les termes suivans: « Si je prouvais qu'il est de l'intérêt de l'Angleterre de proscrire l'usage des pirateries, je craindrais qu'on n'en conclût que la France doit les maintenir (1) ».

§. 10. Les hostilités s'exercent de nation à nation; la course par des armateurs avoués fait partie des hostilités, et entre dans la classe des droits de la guerre que le belligérant peut exercer, et qu'il délègue à des particuliers aux conditions et suivant les règles prescrites; mais la piraterie est un vrai brigandage qui infeste furtivement la navigation. Alexandre-le-Grand demandait à un pirate qu'on avait amené devant lui, « de quel droit il courait les mers »: « De quel droit, lui

---

(1) Mably, *Droit public de l'Europe*, tom. 2, pag. 417.

répondit-il avec l'audace d'un brigand, » ravages-tu la terre ? Peut-être me traite-t-on de pirate, parce que je n'ai qu'un petit vaisseau ; et toi, qui commandes à une grande armée, tu passes pour un conquérant (1) ». Alexandre était cependant un souverain légitime qui faisait la guerre à la tête de sa nation contre d'autres nations entières, et suivant les règles ; au lieu que le pirate n'était revêtu d'aucun droit, ni d'aucune autorité publique : le premier se battait pour assujétir des peuples contre lesquels il avait des griefs à venger ; le second n'arrêtait les vaisseaux de toutes les nations que pour les piller (2).

§. 11. Les pirates étant ainsi les ennemis

---

(1) Cum quidam archipirata adductus esset ad Alexandrum, rex eum interrogavit, cur mare infestaret ? Cui ille : cur tu, o rex, orbem terrarum ? Sed quia ego parva navi facio, pirata vocor; tu vero, quia magnis classibus, diceris imperator. Stracca, *de Assecurat.* Glossa 20, n. 5. Cicéron, avait plus élégamment exprimé ce trait dans le passage suivant : Nam quum quæreretur ex eo, quo scelere compulsus mare haberet infestum uno myo... eodem, inquit, quo tu orbem terræ. Cicero, *de Republ.* lib. 3.

(2) Valin, *Traité des Prises*, ch. 1 et 2, et dans

du genre humain (1), c'est à juste titre que la piraterie est regardée comme un délit contre les lois universelles de la société, et qu'on y a partout appliqué la peine de mort. Comme ils ne forment pas un corps de nation, qu'ils n'ont aucun droit d'armer ni de faire la guerre, et ne peuvent être considérés que comme des assassins publics, à cause des rapines qu'ils commettent indistinctement sur tous les vaisseaux qu'ils trouvent en mer, chaque peuple a le droit de les poursuivre et de les exterminer, sans qu'il soit besoin de leur faire une déclaration préalable de guerre (2). Par ces

---

son *Camment. à l'Ordon. de la Marine*, tit. des *Prises*. — Loccen. *de Jure marit.* lib. 2, cap. 3, §. 1.

(1) Pirata non est perduellium numero definitus, sed communis hostis omnium. Cicero, *de Officiis*, lib. 1, cap. 29.

(2) Piratæ communes humani generis hostes sunt, quos idcirco omnibus nationibus persequi incumbit. — Bacon, *de Bello sacro*, pag. 346. Unde laudandus est mos eorum populorum, apud quos navigaturi instruuntur mandatis a publica potestate ad persequendos piratas, si quos in mari repererint : ut data occasione uti possint, non quasi ausu suopte, sed ut publice jussi. Grotius, *de Jure belli ac pacis*, lib. 2, cap. 20, §. 14; et au 8, n. n. 5

raisons il est généralement permis de les arrêter pour leur faire subir la peine que mérite leur crime ; mais il n'est pas licite de même de les spolier, encore moins de les tuer autrement que dans la chaleur du combat; et il faut nécessairement les déférer à la justice (1).

§. 12. Les pirates n'ayant pas le droit de faire des conquêtes dans leurs excursions, ne peuvent conséquemment acquérir et posséder légitimement leurs prises, parce que le droit des gens ne les autorise pas à en dépouiller le vrai propriétaire qui conserve toujours le droit de les réclamer partout où elles se trouvent. Ainsi, suivant les principes du droit commun et naturel, en quelque temps et par qui

---

ibid. Manet tamen vetus naturalis libertas primum in locis, ubi judicia sunt nulla ut in mari. Quo forte refferri potest, quod Cajus Cæsar privatus adhuc piratas, a quibus captus fuerat classe tumultuaria persecutus est, ipsorumque naves partim fugavit, partim mersit; et cum proconsul negligeret animadvertere in captos piratas, ipse eos in mare reversus cruci suffixit.

(1) Salva tamen magistratûs loci, jurisdictione criminali et instructione de modo persequendi piratas. — Loccenius, *de Jure marit.* lib. 2, cap. 3, n. 1.

que ce soit, que les prises faites par un pirate aient été recouvrées, elles doivent retourner à leurs anciens possesseurs qui n'ont rien perdu de leurs droits par cette injuste usurpation (1).

§. 13. C'est d'après ces considérations de

---

(1) L. 4, §. 7, ff. *de Usurpationibus.* LL. 24 et 27, ff. *de Captiv. et Postlim. revers.* Et quæ piratæ aut latrones nobis eripuerunt, non opus habent postliminio, ut Ulpianus et Javolenus responderunt; quia jus gentium illis non concessit ut jus dominii mutare possint. . . . . itaque res ab illis captæ ubicumque reperiuntur, vindicari possunt. — Grotius, *de Jure belli ac pacis,* lib. 3, cap. 9, §. 16. — *Voyez* Loccenius, *de Jure mar.* lib. 2, cap. 3, n. 4. On peut citer à ce sujet un traité remarquable de paix et de commerce stipulé l'an 1265, entre l'ancienne république de Pise et Emir de Momin, roi de Tunis, dont l'art. 30, conforme aux principes ci-dessus établis, est de la teneur suivante : « Et que les Pisans ne doivent acheter aucune marchandise ni aucuns esclaves qui auraient été pris ou enlevés par des corsaires aux Sarrasins d'Afrique et de Buggea ; et dans le cas qu'ils le fissent, il sera permis de les leur enlever, pour les ramener sur nos terres, sans être tenu à aucune indemnité ». Tronci, *Annali di Pisa* ad ann. 1264. — *Voyez* Dalborgo, *Diplom. Pis.* pag. 217.

justice et d'équité que l'article XXVI de la convention entre la République française et les États-Unis d'Amérique, du 8 vendémiaire de l'an 9 (1800), a été stipulé en ces termes : « Il est de plus convenu qu'aucune des deux parties contractantes, non seulement ne recevra point des pirates dans ses ports, rades ou villes, et ne permettra pas qu'aucuns de ses habitans les reçoivent, protègent, accueillent ou recèlent en aucune manière, mais encore livrera à un juste châtiment ceux de ses habitans qui seraient coupables de pareils faits ou délits. Les vaisseaux de ces pirates, ainsi que les effets et marchandises par eux pris et amenés dans les ports de l'une ou l'autre nation, seront saisis partout où ils seront découverts, et restitués à leurs propriétaires, agens ou facteurs dûment autorisés par eux, après toutefois qu'ils auront prouvé devant les juges compétens le droit de propriété. Que si lesdits effets avaient passé par vente en d'autres mains, et que les acquéreurs fussent ou pussent être instruits, ou soupçonner que lesdits effets avaient été enlevés par des pirates, ils seront également restitués ».

§. 14. Quelques écrivains ont cru devoir s'écarter de la rigueur de ces maximes, dans la vue du bien public, et pour encourager les peuples à poursuivre les pirates et à arracher de leurs mains les prises qu'ils pourraient avoir faites, et contre lesquelles la justice ne cesse de réclamer. Ils ont donc avancé qu'on pouvait posséder légitimement les prises enlevées aux pirates, quoique ceux-ci ne fussent que des détenteurs injustes et illégaux (1): ils fondent leur opinion sur ce que le bien public doit l'emporter sur celui des particuliers, et sur la difficulté du recouvrement de la part du premier propriétaire. D'ailleurs, ajoutent-ils, la disposition du droit commun et la pratique de la plupart des nations sont d'adopter, même relativement aux prises faites par les pirates, les règles qui sont généralement en usage, pour établir les droits des propriétaires, lorsqu'il est question d'une recousse faite sur un ennemi dans le cours de vingt-

---

(1) C'est l'opinion de Grotius, *de Jure belli ac pac.* lib. 3, cap. 9, §. 17, adoptée par Casaregi dans son discours 24, n. 6. Elle a pour objet, dit-il, de rendre les Chrétiens plus ardens à courir sur les pirates. — D'Habreu, *de las Presas,* part. 2, cap. 6, §. 4 et 6.

quatre heures, toutes les fois qu'il n'y a pas dans l'état une loi contraire à ce sujet (1).

§. 15. Quelques gouvernemens ont aussi adopté cette opinion et en ont formé un point de réglement. L'Angleterre a établi « que si quelqu'un commet quelque piraterie envers les sujets de quelques princes ou républiques, quoique en paix avec l'Angleterre, et que les marchandises soient vendues en place publique, elles resteront à ceux qui les ont achetées, et les propriétaires seront frustrés de leurs prétentions » (2). Le même esprit parait avoir dicté la déclaration du roi d'Espagne du 22 décembre 1624, conçue en ces termes : « Considérant les dommages que cause à mes sujets et à mes alliés le grand nombre de corsaires qui

---

(1) L. 44, ff. *de Adquir. rer. dom.* — Valin, à l'art. 10, tit. *des Prises.* — Roccus, de *Navib. et naulo*, not. 37, n. 9. C'est dans ce sens qu'a été rendue une sentence de l'Amirauté de Marseille, du 22 octobre 1678, et un arrêt du Parlement d'Aix, du 10 juin 1710.

(2) Extrait des Lois et Ordonnances d'Angleterre, art. 8, qu'on trouve à la fin de l'*Histoire des Pirates anglais*, par Charles Johnson, traduit en français. Ouvrage très-rare, imprimé à Paris, en 1726, chez Ganau, 1 vol. *in-12*.

infestent les mers, et voulant encourager les armateurs aux frais qu'ils doivent faire pour les poursuivre, j'ordonne que les reprises qu'ils feront sur les pirates leur appartiennent, en quelque parage qu'ils les fassent, pourvu que ces prises aient été pendant vingt-quatre heures au pouvoir desdits corsaires ».

§. 16. S'il est vrai, comme je l'ai démontré ci-dessus, que les pirates n'acquièrent jamais aucun droit sur la chose par eux enlevée, il est constant aussi qu'ils ne peuvent en transmettre aucun à l'acquereur, de quelque manière qu'elle soit passée entre les mains d'un tiers, ou par vente sur une place publique, selon la loi anglaise, ou après la révolution des vingt-quatre heures, comme dans la loi espagnole, puisque ni l'un ni l'autre de ces moyens ne sont capables de consolider les droits des pirates sur les prises. D'ailleurs, si ces dispositions n'ont d'autre but que l'encouragement des armateurs, peu importe que ce soit après la vente des effets en place publique, ou après les vingt-quatre heures révolues, puisque les pirates étant des usurpateurs, aucune solennité dans la vente, aucun terme, ni aucune prescription ne peuvent leur donner la propriété de leurs captures. D'où il faut conclure ou que les reprises faites sur les pirates n'appartiennent jamais au capteur, ou que si elles doivent leur être adjugées, la vente solennelle et la révolution des vingt-quatre heures n'y doivent entrer pour rien.

§. 17. L'ordonnance de la marine de France, de 1681, renouvellée à ce sujet par une autre ordonnance du roi du 5 septembre 1718, me paraît la plus régulière sur ce point, si elle n'est pas la plus conforme à l'opinion des auteurs précités. Elle est d'ailleurs beaucoup plus honorable à la nation, puisque sa disposition suppose dans les Français une générosité à courir sur les pirates, excitée, moins par l'intérêt et l'attrait du gain, que par l'amour de la gloire et du bien public. Aussi est-elle conçue à l'article X., tit. *des Prises;* dans les termes suivans : « Les navires et effets de nos sujets ou alliés repris sur les pirates, et réclamés dans l'an et jour de la déclaration qui en aura été faite à l'amirauté, seront rendus aux propriétaires, en payant le tiers de la valeur du vaisseau et des marchandises, pour frais de recousse (1) ». D'après

---

(1) Cette disposition est conforme aux principes

cette disposition aussi sage que généreuse, il importe peu que les marchandises ou effets volés aient été vendus avec solennité, ou que la reprise sur les pirates ait été faite avant ou après les vingt-quatre heures, la réclamation n'en est pas moins ouverte en France en faveur du vrai propriétaire, et cela durant tout l'an et jour qui suivra la déclaration qui en aura été faite. Ainsi, après l'an et jour, il y aura dans cette partie *fin de non recevoir* absolue, à défaut de réclamation de la part de l'ancien possesseur.

§. 18. La sagesse et l'équité de ces principes de l'ordonnance de France, se reproduisent dans l'édit du roi de Sardaigne, du 15 juillet 1750, lequel a consacré dans les §§. 63 et 64 les dispositions suivantes : « Nous

---

du droit commun et à l'équité, qui demandent que la prise injustement enlevée par un pirate, soit rendue à son ancien propriétaire, moyennant une rétribution pour les frais indispensables occasionnés par son recouvrement. » Ei tamen qui suo sumptu possessionem rei alienæ adeptus est, tantum ex naturali æquitate est repetendum quantum dominus ipse ad rem recuperandam libenter impensiturus erat. Loccenius, *de Jure marit.* lib. 2, cap. 3, §. 7.

déclarons premièrement que non seulement les pirates ne peuvent exercer d'action entr'eux relativement aux prises, dans aucun temps et dans aucun lieu, pas même lorsque la prise est de pirate à pirate, et encore moins si le capteur n'exerce pas la piraterie ; mais que même l'équité et l'humanité, toujours obligées de conserver les effets des naufragés, se taisent à leur égard ; de sorte que la restitution ne peut s'en faire qu'à ceux à qui appartenaient les effets avant de devenir la proie des pirates ; la propriété n'en pouvant être anéantie par la prise, ni par prescription, supposé qu'ils eussent passé des mains des pirates dans celles d'un tiers ; seulement dans ce cas les propriétaires devront rembourser l'acheteur, s'il n'a pas su qu'il achetait le butin des pirates, ou bien s'il n'y avait pas d'autres moyens de les recouvrer..... Cependant pour encourager tous ceux qui voudraient tenter à leurs périls et dépens, d'enlever aux pirates leurs prises, nous voulons qu'il leur soit accordé le tiers, et même la totalité de la prise recouvrée, si dans l'espace d'un an et un jour, à dater de celui qu'ils en auront fait la déclaration au secrétariat du consulat, ainsi que nous ordonnons dans tous les cas, les propriétaires n'ont fait aucune déclaration. Si quelque circonstance apporte quelque difficulté aux preuves des réclamans, leur serment et le concours de quelques indices suffiront pour la leur faire adjuger ».

CONCLUSION.

Parvenu au bout de la carrière que je m'étais proposé de parcourir, je m'arrête et termine ici mon travail. Je sens que je n'ai pas dit tout ce que je crois avoir conçu sur un sujet si vaste et si important au bonheur des nations. Néanmoins, je pense avoir atteint mon but essentiel, celui de poser les fondemens de la science que j'ai voulu expliquer. Une main plus habile pourra élever sur ces bases un édifice plus considérable. Heureux, si les vérités utiles que j'ai consacrées dans cet ouvrage, peuvent contribuer à la félicité du genre humain : plus heureux encore, si sa lecture peut graver dans les cœurs de tous les potentats de l'Europe, la grande idée que le Droit maritime n'est pas le résultat de théories stériles, ou de froides spéculations diplomatiques ; mais une émanation des principes lumineux et sacrés du droit de la nature et des gens; et que l'exercice de ce droit rendu commun à tous les peuples et réclamé par l'intérêt de tous, est peut-être l'unique secret, du moins le moyen le plus efficace et le plus magnanime d'assurer le repos du monde.

Fin du second et dernier volume.

CATALOGUE

DES AUTEURS ET ÉCRITS

CITÉS DANS CET OUVRAGE.

A.

Aimonius Monachus, de Gestis francorum.
Aix. (Arrêts du Parlement d')
Alexander ab Alexandro, Genialium dierum.
Æliani, Variarum Historiarum.
Alrymple (d'), Mémoires de la Grande-Bretagne.
Ambrosii (Div.), Hexamer.
Ammirato, Istoria Fiorentina.
Angleterre (l') en 1800, ouvrage anonyme.
Ansaldi, de Commercio discursus.
Anti-Mare Balticum, ouvrage anonyme.
Appianus, de Bello Syriaco.
Appollodori, opéra.

Apuléjus, de Mundo.
Aulus Gellius, Noct. Atticarum.
Aristides, Oratio Panathenaica.
Aristotelis, Politicon.
Arnould, Système maritime et politique, et Résultat des guerres.
Art (l') de vérifier les dates.
Asti (Donato da) dell' Uso e dell' autorità della ragion civile.
Athenæi, opera.
Audouin (Xavier), du Commerce maritime, de son influence sur la richesse et la force des états.
Augustinus (Antonius), de Legibus et senatusconsultis.

B.

Bacon, de Bello Sacro.
Baldus, de Rerum divisione.
Bandini, Vita del Vespucci.
Barère, la Liberté des mers.
Barthélemy, Lettres sur quelques médailles phéniciennes.
Bartolozzi, Ricerche istoriche critiche circa le scoperte d'Americo Vespucci.
Beaufort (Lettre de) à Ruyter.

Berger (Jo. Augustini), Succincta commentatio de imperio maris Adriatici, etc.

Berlinische Monatschirift herautg von. F. Gédik.

Berth (Petri), Commentaria in Wisbya.

Bertodano, Collection de los tratados.

Besoldus, de Jure territoriali.

Bettinelli, Risorgimento d'Italia.

Blakstone, Lois criminelles d'Angleterre.

Bodinus, de Republicâ. *Idem*, Tract. de represaliis.

Bonnemant, Traduction de l'ouvrage de d'Habreu, avec des notes du traducteur.

Borgo dal Borgo (Sig. abbate), Dissertazione sopra l'Istoria de codici Pisani delle pandette.

Bouchaud, Théorie des traités de commerce.

Boucher, Institution du droit maritime.

Bourgoing, Tableau de l'Espagne moderne.

Boxornii (M. Zuerii), Apologia pro navigat. Holland.

Braun, de Veste sacerdotali Hebræorum.

Breve Maris, ou Breve Maris consulum Pisæ. MS.

Brunnemanni, Dissertationes de pace.

Brunswickarum, (Scriptores rerum).

Burco (Petri Bapt.), de Dominio seren. reipub. Genuensis in mari Ligustico, libri duo.
Burlamaqui, Principes du droit politique.
Burnet. (Mémoires de)
† Boussola Nautica (Dissertazione sull' origine della), par l'auteur de cet ouvrage.
Bynkershoeck, de Dominio maris. *Idem*, Illustrium quæstionum.

C.

Cacheran, Decisiones Pedemontanæ.
Cæsaris, Commentaria.
Coepolla, de Servitutibus rusticorum prædiorum.
Cajetani (Constantin.), Comment. apud Muratori, Rer. Ital.
Cambden, Vita Elisabethæ. *Idem*, in Annal. Britan.
Campmany, Memorias historicas sobre la marina, commercio y artes de la antigua ciudad de Barcelona.
Canibus (Jacobus a), de Represaliis.
Canova, Elogio d'Americo Vespucci.
Capitulos del rey. D. Pedro de Aragon.
Capitulos de Corte.
Capitulos de Barcelona.

Casaregis, de Commercio et mercatura discursus.

Chapus, Histoire abrégée des révolutions du commerce.

Charta Suidonis regis Hierosolimitani.

Chartæ Ecclesiæ Vigornensis.

Chrisostomi (S. Joannis), de Sacerdotio.

Chronica Saxonica.

Ciceronis, Orationes, de Officiis, et de finibus, et in Epistolis ad familiares.

Cleirac, Guidon de la mer.

Coccei (Henrici), de Jure belli. *Idem*, Dissertatio de commissis.

Coccei (Samuelis), Disputatio de postliminio.

Code des prises.

Codex Legum Danicarum.

Codice per la Veneta mercantile marina.

Codinus, de Officiis.

Collection diplomatique espagnole.

Consolato del mare.

Consulado de Bilbao.

Corpus juris civilis, cùm notis Dionysii Gottofredi.

Correspondance de M. Drak, ministre anglais à la cour de Bavière.

Cragius, de Republica Lacedemoniorum.

Crusii (Andreæ), Commentaria, etc.

Cujacii, Observationes, etc.

Curia Philippica.

Curopalata (Codinus), de Mensa imperatoris.

D.

Décisions du Conseil des prises de Paris.

Delille, Traduction de l'Énéide et des Géorgiques.

Demosthenis, Orationes. *Idem* in Leptinen.

Diodori Siculi, Histor.

Dionysii Halicarnassæi, Histor.

Dizionario universale ragionato della Giurisprudenza mercantile, par l'auteur de cet ouvrage.

Ducange, Glossarium mediæ et infimæ latinitatis.

Dudley Carleton. (Lettres et négociations de)

Dumont, Corps diplomatique.

E.

Édits du Roi de Sardaigne, pour le Consulat de Nice. *Idem*, pour le Consulat de Sardaigne.

Eisenschmid, de Ponderibus et mensuris.

ÉMERICON, Traité des assurances.
ÉON (d') DE BEAUMONT, les Loisirs.
EUSEBIUS, in Chronica.
EXODE. (Livre de l')
EXPOSITION des Motifs, etc.
EZECHIELIS, Prophetiæ.

F.

FABRONI (Angiolo), Elogio di Pietro Moriconi.
FANUCCI, Discorso accademico sulla Storia militare della Republica di Pisa.
FERRET (Julius), de Re navali.
FILANGIERI, Scienza della legislazione.
FLORILEGIUM.
FLORENTINUS (Jo.), Vita Simonis Saltar. Archiep. Pisani.
FLORUS, Historiarum.
FORORD, af Frider IV.
FORTUNATO (Nicola), Riflessioni intorno al commercio antico e moderno del regno di Napoli.
FOURNIER (P.), Hydrographie maritime.
FRANCHIS (de), Decisiones Neapolitanæ.
FRANGIPAN (Cornelio), Allegazion in jure cc.
FRECCIA (Martini), de Subfeudis.

Fretas (Seraph. de), de Justo imperio Lusitanorum Asiatico adversus Grotii Mare liberum.

Frossard. (Histoire de)

Fuero Jusgo.

G.

Gail, de Arrest. imper.

Galliani, de' Doveri, de' principi neutrali, verso i principi guerreggianti, e di questi verso i principi neutrali.

Garat, Opinion sur la résolution du 4 pluviôse an 7, relative aux prises maritimes.

Gelasii II (Vita), ex MS. Bibliothecæ Ambrosianæ Pandulphi Pisani.

Gentilis (Albericus), de Jure belli.

Giannone, Storia civile del regno di Napoli.

Giballinus, de Usuris.

Goertz (M. le Comte de), Mémoire ou Précis historique de la Neutralité armée.

Gonzales, Commentaria in Decretal.

Gottofredi (Giacob.), de Dominio maris.

Graveri (Theodori), Amstelodamensis, Dissertatio de mari natura libero.

Granswinchel (Théod.), Vindiciæ adversus Jo. Bapt. Burgum Ligustici maris dominii Assertorem. Vindicatio maris liberi adversus Guil. Welwoodum Britannici maris dominii assertorem.

GREENVILLE (Lettres de lord), ministre plénipotentiaire au congrès de Lille.

GRIFFET, Journal historique du règne de Louis XIV.

GROENINGII (Jo.) Navigatio libera. *Idem*, Bibliot. universalis librorum juridicorum.

GRONOVII, Commentaria ad Grotium.

GROTT, Placcar Boeck.

GROTII (Hugonis), de Jure belli ac pacis. *Idem*, Mare liberum.

GRUTERI, Inscriptiones.

GUICCIARDINI, Storia delle guerre d'Italia.

GUILLAUME (archevêque de Tyr), Histoire de la guerre de la Terre Sainte.

H.

HABREU (d'), Tratado juridico politico de las presas maritimas.

HANNON. (Périple d')

HEBERSTEIN, rerum Moscovitarum comment.

HEINECCIUS, de Jure nat. et gent. *Idem*, de Navibus ob vecturam vetitarum mercium conmissis.

HENKEL (Baltazaris), de Belli prætextione Gustavi Adolphi.

Hennings Samlung, Von staats schristen.

Hevia (de), de Commercio navali et terrestri.

Herodiani, Historia.

Herodoti, Historiarum.

Hirtius Pansa, de Bello Alexandrino.

Histoire géographique, politique et naturelle du royaume de Sardaigne, par l'auteur de cet ouvrage.

Histoire universelle, par une Société de gens de lettres à Londres.

Homère, l'Odyssée et l'Illiade.

Horace, dans plusieurs de ses Odes et de ses Satires.

Hubner, de la Saisie des bâtimens neutres.

Huet, Histoire du commerce et de la navigation des anciens.

Hume (David), History of great Britain.

Hutcheson, A System. mor. philos.

I.

Ingennis (Francisci de), de Jurisdictione reipublicæ Venetæ in mare Adriaticum, scripta ad Liberium Vincentium batavum, contrà Jo. Baptistam Valenzolam hispanum et Laurentium Motinum romanum.

Johnson (Charles), Histoire des pirates anglais.

Jorio (Paolo), Storia del commercio e della navigazione.

Joseph, Antiquités Judaïques.

Isaias, in Prophet.

Isidorus, Originum.

Institutiones Justiniani imperatoris.

Isocrates, de Pace.

Justini, Historiarum.

Jus Navale Rhodiorum apud Leuclavium.

K.

Klok, de Ærario.

Kluit, Historia fœd. Belgiæ.

Koch, Recueil des traités et actes diplomatiques.

Knik, de Jure territorii.

L.

Lamberty. (Mémoires de)

Lampredi, Théoremata juris publici universalis. *Idem*, del Commercio de' popoli neutrali in tempo di guerra.

Laws, ordonn. et inst. de l'amirauté de la Grande-Bretagne.

Lediard, Histoire de la Marine anglaise.
Leyes de Partidas.
Leyes de la Recopilacion.
Legisterium Sueciæ.
Leicherri (Georg. Jacob.), Commentatio de jure maritimo.
Leunclavii, Jus Græco-Romanum.
Lessius, de Justitia et jure.
Libre de Consulat dels fets maritimes.
Leybnitzii, Codex Juris gentium.
Linguet, Annales politiques.
Loccenius, de Jure maritimo.
Lubeck, de Jure avariæ.
Luca (Cardinalis de), Discursus legales.
Lucretii (T.), de Natura rerum.

M.

Mably, Droit public de l'Europe.
Manifeste de S. M. Catholique, du 5 octobre 1796.
Mare Balticum, livre anonyme.
Marquardus, de Jure mercatorum.
Marseille. (Sentences de l'Amirauté de)
Mattei, Sardinia Sacra.
Martens, Recueil des traités ; *Idem*, Essai concernant les armateurs, les prises et les reprises maritimes.

Mémorial

Mémorial Anti-Britannique, par Bertrand Barère.
Mercure Historique et Politique.
Merula (Paulus), Cosmographia.
Meteren (Emanuelis de), in Chronica.
Michaud, Remarques sur la Traduction de l'Énéide, par M. Delille.
Milton, Paradis perdu.
Monte (Hieronimi à), Tractatus de finibus regundorum.
Montesquieu, Esprit des lois.
Mornac, Opera omnia.
Muratori, Rerum Italicarum, et dans ses Annales.

N.

Nierre, Verzameling, von Placaaten.
Noailles, Ambassades et Négociations.
— Notices sur les voyages maritimes de Pythéas de Marseille, par l'auteur de cet ouvrage.

O.

Olaus Magnus, Historiarum.
Olea, de Cessione jurium.
Oleron. (Jugement ou Rôle d')
Ordonnance de la marine de France, de 1681.

Ordenanza del Corso.
Ovidii, Fastorum.

P.

Park, System on the Laws of Marine Insurances.
Pastoret, Dissertation sur l'Influence des lois maritimes des Rhodiens.
Pausanias, de Veteris Græciæ regionibus.
✝ Pêches maritimes (Mémoire sur les), par l'auteur de cet ouvrage.
Peckius, ad Legem Rhodiam de jactu.
Pecquet, Esprit des maximes politiques.
Peregrinus, de Jure fisci.
Peuchet, Bibliothèque commerciale. *Idem*, Dictionnaire de la Géographie commerçante.
Plato, de Legibus.
Plauti, Comediæ.
Plinius, Historia naturalis.
Plutarque, les Hommes illustres, trad. d'Amiot.
Polybius, Historiarum.
Pomponii Melæ, de Situ orbis.
Pontani (Joannis Isaci), Discussionum historicarum de Mari libero, adversus Jo. Seldeni Mare clausum.

Ponte (Hieronimi à) , de Potestate proregis, tractatus.

Portalis, Conclusions au Conseil des prises de Paris.

Puffendorf , de Jure naturali et gentium.

Pugliese (Guiglielmo) , Poëme historique.

Procopii , de Bello Vandalico. *Idem* , Arcana Historiæ.

Q.

Quinti-Curtii, Vita Alexandri.

Quintiliani , Institutiones oratoriæ.

R.

Raguenet , Vie de Cromwel.

Raynaldi, Bullarium in cont. annal. Baronii.

Ranucci , Élogio del Lampredi.

Raynal , Tableau de l'Europe.

Recognoverunt Proceres , MS.

Recueil , van Zéezacken.

Ricard (Samuel) , Traité du commerce d'Amsterdam.

Richelieu. (Testament politique du Cardinal de)

Richeri, in Codicem Justinianæum.

Richesse (la) de la Hollande.

Rivii (Thomæ), Historia navalis média.

Robertson, Histoire de l'Amérique.
Roccus, de Navibus et naulo.
Roehrense (Christ.), de Jure circa Aquas majestatico.
Roetembec (Gregorius Paulus), Disputatio, an mare dominii sive imperii sit capax.
Roi (le), Sur la marine des anciens peuples.
Roncioni, Storia di Pisa, MS.
Rosini, Antiquitates romanæ.
Rota (Genuensis), Decisiones de mercatura.
Rousset, Intérêt des princes.
Roux (Vital), de l'Influence du gouvernement sur la prospérité du commerce.
Rymer, Fœdera, convent. et acta publica.

S.

St.-Augustin, Expositio Evangelica.
Sainte-Croix (baron de), Histoire de la puissance navale de l'Angleterre.
Sandi, Storia civile di Venezia.
Sannazzarro. (Poesie di)
Sarpi (Fra Paolo), Dominio del mare Adriatico.
Schiara, Theologia bellica.
Schnvzfleischii (Conr. Sam.), Dissertatio, maris servitus.
Schoeffer, de Militia navali.

Ségur, la Politique de tous les Cabinets de l'Europe.

Seneca, de Beneficiis.

Seldeni, Mare clausum seu de Dominio maris.

Sigonius, de Regno Italico.

Sixtinus, de Regaliis.

Solorzanus, de Jure Indiarum.

Statut civil de la République de Gênes, de l'an 1610.

Statuts des Officiers d'Assurances de la ville de Florence, du 13 mars 1522.

Strabonis, Geographia.

Stracca, de Navigatione.

Strauchii (Jo.), Dissertatio, de Imperio maris.

Struvii, Exercitationes.

Stipmanni, Jus maritimum Hanseaticum.

Suetone, Vie des Empereurs Romains.

T.

Tacitus (Cornelius), Annalium. *Idem*, de Moribus Germanorum.

Targa, Ponderazioni Marittime.

Tavernier, Voyages aux Indes.

Taylor, Lettres sur l'Inde.

Terrasson, Histoire de la Jurisprudence romaine.

Theocriti, Idilia.

Thomasius, Jurisprudentia divina. *Idem*, de Jure Asylii, Dissertatio.

Thucidides, de Antiquit. Græc. *Idem*, de Bello Peloponesiaco.

Titi-Livii, Historiarum.

Tommasini (Francesco Giacomo), Riflessioni sommarie sul modo di sottrarre il commercio e la marina Veneta da ulterior decadenza.

Tronci, Annali di Pisa.

U.

Ughelli, Italia Sacra.

V.

Valerii Maximi, Historiarum.

Valsechi, Epistola de Veteri Pisanæ Civitatis constitutione.

Vattel, Droit des gens.

Vellejus Paterculus.

Vegetius, de Re militari.

Victoria (Francisci), de Indiis Tractatus.

Viennot-Vaublanc, Rivalité de la France et de l'Angleterre.

Villani, Istoria Fiorentina.
Vinnii (Arnoldi), Comment. ad Peckium.
Virgilius, Æneid. et Georgicon.
Vitruvius, de Origine artium.
Valter Raleig, History, etc.
Wenk, Codex Juris gentium.
Werlhosii (Jo.), de Maritimis commerciis.
Westphalen, Monumenta inedita.
Wolf, Jus naturæ et gentium.

X.

Xenophontis, Historia Græca.

Z.

Zuarius, de Usu maris, Consilia.

TABLE
DES CHAPITRES
CONTENUS

DANS CE SECOND VOLUME.

~~~~~~~~

Du *Droit maritime de l'Europe en temps de guerre.*   Page 1

CHAPITRE Ier. *Des Droits des Puissances en état de guerre ou de neutralité.*   ibid

ART. Ier. *De l'Origine et des Causes des guerres maritimes.*   ibid

—— II. *De la Neutralité et du prétendu Droit des gens à ce sujet.*   25

—— III. *De l'Essence de la Neutralité.*   44

—— IV. *Des différentes espèces de Neutralités.*   55

—— V. *De la Déclaration de la Neutralité.*   69

—— VI. *Des Droits et des Devoirs attachés à la Neutralité.*   75

CHAP. II. *De la Liberté du Commerce maritime en temps de guerre.*   88

Art. Iᵉʳ. *Du Commerce des Neutres en général.* Page 88
—— II. *Du Droit qu'ont les Belligérans de limiter le commerce actif des Neutres.* 97
—— III. *Du Droit que peuvent avoir les Belligérans de limiter le commerce passif des Neutres.* 123
—— IV. *Du Droit conventionnel de l'Europe, touchant le commerce des Neutres en temps de guerre.* 137
—— V. *De la Contrebande de guerre.* 184
CHAP. III. *De la Collision des droits entre les Belligérans et les Neutres.* 198
Art. Iᵉʳ. *Du Droit conventionnel de l'Europe, sur la prise des marchandises ennemies, sous un pavillon neutre.* ibid
—— II. *Du Droit primitif et universel des gens, sur la prise des marchandises ennemies trouvées sur un vaisseau neutre.* 222
—— III. *Du Droit des Belligérans sur les marchandises des Neutres trouvées à bord de navires ennemis.* 245
—— IV. *De la Visite des bâtimens neutres en pleine mer.* 257

CHAP. IV. *Du Droit des Belligérans sur la mer, et de ses effets.* 283

Art. Ier. *Des Prises.* ibid.

—— II. *De la Légitime Propriété de la prise.* 300

—— III. *Du Juge compétent et capable de prononcer sur la légitimité des prises des bâtimens neutres.* 310

—— IV. *Des Tribunaux des prises.* 355

—— V. *De la Recousse ou des Reprises et de ses effets.* 349

—— VI. *Du Rachat des prises.* 395

CHAPITRE V. *Des autres différens droits que les Puissances peuvent exercer sur mer.* 405

Art. Ier. *Du droit d'Asile en faveur des Belligérans, dans les ports et la mer des Neutres.* ibid

—— II. *Des Représailles en temps de paix.* 419

—— III. *De la Course, des Armateurs et des Pirates.* 442

Conclusion. 467

Catalogue des Auteurs cités dans cet ouvrage. 469

FIN DE LA TABLE.